信息内容产业发展模式及政策支撑体系研究

杨全城　孙利华　著

合肥工业大学出版社

目　录

第1章　绪论 …… (001)

1.1　研究背景 …… (001)
1.2　研究意义 …… (004)
1.3　国内外相关研究综述 …… (006)
1.3.1　信息内容产业发展模式的相关研究 …… (006)
1.3.2　信息内容产业调控方式的相关研究 …… (019)
1.3.3　信息内容产业政策的相关研究 …… (021)
1.3.4　研究现状的评价 …… (026)
1.4　研究内容与创新之处 …… (028)
1.4.1　研究内容 …… (028)
1.4.2　创新之处 …… (030)
1.5　研究方法 …… (033)

第2章　信息内容产业的基础理论 …… (035)

2.1　信息内容产业的定义及相关概念辨析 …… (035)
2.1.1　信息内容产业概念的演变 …… (035)
2.1.2　信息内容产业的定义 …… (042)
2.1.3　信息内容产业相关概念辨析 …… (046)
2.2　信息内容产业的特征 …… (052)
2.2.1　信息的特征 …… (052)
2.2.2　信息内容产业的特征 …… (055)

2.3 信息内容产业的发展模式 …………………………… (058)
2.3.1 产业发展模式的概念及影响因素 ………………… (058)
2.3.2 信息内容产业发展模式体系 ……………………… (061)
2.4 本章小结 ……………………………………………… (064)

第3章 信息内容产业的链式发展模式 ……………………… (066)

3.1 信息内容产业链的概念和构成 ………………………… (066)
3.1.1 信息内容产业链的定义 …………………………… (066)
3.1.2 信息内容产业链的构成 …………………………… (067)
3.2 信息内容产业的链式发展 ……………………………… (074)
3.2.1 信息内容产业的纵向链式发展 …………………… (075)
3.2.2 信息内容产业的横向链式发展 …………………… (076)
3.3 信息内容产业链式发展的机理 ………………………… (078)
3.3.1 信息内容产业链式发展的动机 …………………… (078)
3.3.2 信息内容产业链式发展的经济解释 ……………… (080)
3.4 信息内容产业链式发展的实现途径 …………………… (086)
3.4.1 确立链式发展的思路 ……………………………… (086)
3.4.2 选择链式发展的方式 ……………………………… (090)
3.4.3 把握链式发展的要点 ……………………………… (093)
3.5 本章小结 ……………………………………………… (097)

第4章 信息内容产业集群发展模式 ………………………… (098)

4.1 信息内容产业集群的概念和特征 ……………………… (098)
4.1.1 信息内容产业集群的定义 ………………………… (098)
4.1.2 信息内容产业集群的特征 ………………………… (100)
4.2 信息内容产业的集群发展 ……………………………… (102)
4.2.1 信息内容产业集群主体间的相互作用 …………… (102)
4.2.2 集群模式发展信息内容产业的优势 ……………… (105)
4.3 信息内容产业集群发展的机理 ………………………… (107)

4.3.1　柔性生产组织网络的产生 …………………… (108)
4.3.2　社会关系网络的形成 …………………… (111)
4.3.3　缄默知识的传播 …………………… (113)
4.4　信息内容产业集群发展的实现途径 …………………… (115)
4.4.1　以本地特色和优势为基础发展信息内容产业集群 …… (115)
4.4.2　以经济技术联系为纽带发展信息内容产业集群 ……… (118)
4.4.3　以产业园区为载体发展信息内容产业集群 ………… (119)
4.5　本章小结 …………………… (120)

第5章　信息内容产业融合发展模式 …………………… (122)

5.1　产业融合的概念和特征 …………………… (122)
5.1.1　产业融合的概念 …………………… (122)
5.1.2　产业融合的特征 …………………… (124)
5.2　信息内容产业的融合发展 …………………… (125)
5.2.1　信息内容产业融合发展的分类 …………………… (125)
5.2.2　信息内容产业融合发展的技术特征 …………………… (128)
5.3　信息内容产业融合发展的机理 …………………… (131)
5.3.1　信息内容产业融合发展的过程 …………………… (131)
5.3.2　融合发展中信息内容产业的产生 …………………… (135)
5.4　信息内容产业融合发展的实现途径 …………………… (139)
5.4.1　推广应用信息技术 …………………… (139)
5.4.2　加快制造业服务化进程 …………………… (140)
5.4.3　推进信息内容产业链内融合 …………………… (143)
5.4.4　推动信息内容产业融合创新 …………………… (144)
5.5　本章小结 …………………… (145)

第6章　政府对信息内容产业发展的调控 …………………… (147)

6.1　政府在信息内容产业发展中的作用 …………………… (147)
6.2　发达国家对信息内容产业发展的调控 …………………… (148)

6.2.1 美国的宏观管理与市场自由调节相结合的调控方式 …（148）
6.2.2 日本的基于中观产业层次的调控方式 …………………（150）
6.2.3 德国的地方分权调控方式 ………………………………（151）
6.2.4 各国政府调控方式比较 …………………………………（152）
6.3 我国政府对信息内容产业发展的调控方式选择 ……………（155）
6.3.1 选择信息内容产业发展调控方式的考虑因素 …………（155）
6.3.2 我国政府引导市场的信息内容产业调控方式 …………（157）
6.4 当前需要着重解决的问题 ……………………………………（159）
6.4.1 培育社会对信息内容的需求 ……………………………（159）
6.4.2 加强信息基础设施建设 …………………………………（160）
6.4.3 加快信息资源市场化开发 ………………………………（161）
6.4.4 实施非均衡发展战略 ……………………………………（162）
6.5 本章小结 ………………………………………………………（163）

第7章 信息内容产业的政策支撑体系 ……………………………（165）

7.1 信息内容产业发展中政策的作用 ……………………………（165）
7.2 国内外信息内容产业相关政策现状分析 ……………………（167）
7.2.1 国外政策现状 ……………………………………………（167）
7.2.2 国内政策现状 ……………………………………………（170）
7.2.3 现状评价 …………………………………………………（182）
7.3 信息内容产业政策的发展趋势 ………………………………（187）
7.4 我国信息内容产业政策的目标和原则 ………………………（189）
7.4.1 信息内容产业政策的目标 ………………………………（189）
7.4.2 信息内容产业政策的原则 ………………………………（190）
7.5 我国信息内容产业政策支撑体系的构建 ……………………（191）
7.5.1 法律法规体系 ……………………………………………（192）
7.5.2 经济政策体系 ……………………………………………（198）
7.5.3 行政政策体系 ……………………………………………（203）
7.5.4 思想政策体系 ……………………………………………（206）

7.6　本章小结 …… (207)

第 8 章　总结与展望 …… (208)

8.1　总结 …… (208)

8.2　展望 …… (211)

参考文献 …… (213)

附　录 …… (226)

后　记 …… (237)

摘　要

现代社会中，信息已成为和物质与能量并重的基础资源。当前，我国的信息化潮头正从网络基础设施建设进入信息资源开发，“互联网＋”行动、大数据、工业4.0等应用日益突出，信息内容产业随之迅速发展。值此之际，研究信息内容产业的发展模式和政策支撑体系具有很强的理论价值和现实意义。

本文围绕如何发展信息内容产业这一主题，从信息内容产业的定义出发，结合现代产业发展的新趋势，深入剖析了信息内容产业链式发展、集群发展和融合发展的内涵、机理和实现路径，建立了信息内容产业发展模式的理论架构，分析了我国发展信息内容产业要采取的调控方式，提出了促进我国信息内容产业发展的政策支撑体系。主要研究及创新性工作如下：

1. 将近年来经济界和理论界对信息内容产业的新发展、新认识，融入信息内容产业的概念、特征和范畴中，定义了信息内容产业。在阐述产业发展模式概念和影响因素的基础上，提出了信息内容产业发展模式体系：即链式发展模式解决产业组织形式问题，集群发展模式解决产业空间布局问题，融合发展模式解决产业信息内容来源问题。

2. 在明确信息内容产业链定义的基础上，论述了信息内容产业链的构成（即内容素材、内容创意、内容生产、内容传播、内容消费、衍生品开发及配套服务）；信息内容产业链式发展（即信息内容产业链的构建、延伸和整合，主要包括纵向链式发展、横向链式发展和混合发展）；信息内容产业链式发展机理的实质（即通过信息内容产业组织的持续变化，寻求分工深化和降低交易费用，实现产业价值增值），提出了发展信息内容产业要用链式发展的思路，选择股权并购和战略联盟等纽带方式建立产业链，把握信息内容开发、产业终端掌控、衍生品拓展等链式发展的要点。

3. 在剖析信息内容产业集群内涵和特征的基础上，指出了信息内容产业集群发展的推动力在于集群主体间相互依存、相互竞争的作用关系，集群发展具有获取整体效应、降低企业成本、催生新的企业、促进企业创新和打造“区域品牌”等优势；通过分析产业集群内柔性生产组织网络的产生、社会关系网络的形成和缄默知识的传播，诠释了信息内容产业集群的发展机理；提出了借助历史文化、自然资源、人才优势、产业特色和资本技术等基础，按照信息内容企业间的经济技术联系，合理布局产业园区等信息内容产业集群发展的实现路径。

4. 在阐述产业融合概念和特征的基础上，指出信息内容产业融合发展是信息内容借助信息技术同其他产业及其内部的渗透、延伸和重组；从融合发展过程和融合发展中如何产生新的信息内容产业两个方面解释了融合发展的机理：信息内容产业在同其他产业的融合发展中，一方面，信息内容借助信息技术改造和提升其他产业，产生“隐性”信息内容产业；另一方面，利用其他产业不断提供的“信息内容”，形成新的信息内容产业；提出了推广应用信息技术、加快制造业服务化进程、推进产业链内融合和融合创新等信息内容产业融合发展的实现途径。

5. 信息内容产业的发展离不开政府的宏观调控。在借鉴发达国家经验的基础上，提出了我国发展信息内容产业要采取的调控方式，既要以市场为基础，又要发挥政府的引导作用；同时，还要根据产业发展周期，在不同时期采取不同的调控政策。政府对信息内容产业的调控主要依靠调控政策。本文在分析国内外信息内容产业政策现状的基础上，论述了我国信息内容产业政策构建的目标、原则，建立了由法律法规、经济政策、行政政策和思想政策四个方面构建的信息内容产业政策支撑体系。

关键词： 信息内容产业；链式发展；集群发展；融合发展；政策支撑体系

Abstract

The information content industry is rapidly becoming a part of our modern society and as such, information, together with material and energy, has become a fundamental resource. Presently, China is entering the information resource development phase which differs from that of the network infrastructure construction. For example, "internet+"、big data、Industry 4.0 and other applications have become more and more populer. As a result, the information content industry is emerging rapidly. Therefore, it is of great theoretical value and practical significance to conduct a study of the development pattern and supporting policy of the information content industry.

The focus of this dissertation will be to define the information content industry, to determine how to develop the information content industry; to combine the new trend of modern industry development, thoroughly analyzes the medium its mechanism and realization of chain cluster and fusion development as it pertains to the information content industry, and to analyze the regulation and control modes, as well as proposing its supporting policy system.

The main research and innovations are as follows.

1. Based on related research from recent years, this dissertation will redefine the concept of the information content industry. Based on the concept and influencing factors of the industrial development pattern, this

dissertation puts forward the development pattern of the information content industry: the chain pattern to solve the problem of industrial longitudinal organization, the cluster patternto solve the problem of industrial space organization, and the fusion pattern to solve the problem of industrial sources.

2. On the basis of defining the information content industry chain, it is pointed out that the information content industry chain consists of the content materials, content creation, content production, content communication, content consumption, and development of derivatives and its supporting service. The information content industry development goes through the information content industry chain construction, its extension and integration, including the vertical integration, horizontal integration and the mixed integration. The essence of this pattern is to deepen the labor division, to reduce transaction costs and to achieve the industry growth by the means of organizational reform. It is of great necessity to establish appropriate industrial chain through merge and acquisition, and strategic alliance if this pattern is adopted. The key lies in the grasping of the content development, the management of consumers' demand, and the development brand derivatives, to name a few.

3. The analysis of the characteristics of the information content industrial clusters, it is pointed out that the main impetus of the information content industrial cluster is the interactions between interdependence and competition. The advantages of this pattern lies in the following aspects: gaining overall superiority, reducing enterprise cost, generating new enterprises, promoting enterprise innovation and creating a regional brand. Through the analysis of the flexible organization network, the social network and the tacit knowledge spreading, the mechanism of

the information content industrial cluster is explained. The development of the information content industry cluster can be realized with the aid of history and culture, natural resources, talent advantage, industry characteristic and capital technology, as well as a reasonable layout of the industrial park according to the economic and technical relationship of content information.

4. On the analysis of the concept and characteristics of the industry fusion, it is pointed out that the industry fusion of the information content industry is the penetration, extension and reorganization of the content industry to others. The mechanism of this pattern is illustrated from two aspects, the process of the fusion and the generation of the new content industry. On the one hand, the information content industry transforms other industries by means of the information technology which creates the invisible content industry. On the other hand, other industries continuously provide new content which promotes the development of the new information content industry. At last, ways of realizing the fusion development of the information content industry are put forward, such as the application of the information technology, the acceleration of the service in the manufacturing industry, the promotion of the fusion in the information content industry chain and integration innovation.

5. Government's macro regulation is inseparable to the development of the information content industry. On the basis of experience of developed countries, it is suggester that the government's guidance should be offered to develop the information content industry inChina. This based on the market mechanism and government regulation as well. Different regulation policies should be taken in different times according to the industry development cycle. Again based on the present situation and the

development trend of the information content industry policy, this dissertation discusses the objectives and principles of the information content industry policy. The supporting system in China is built from the following four aspects: including laws and regulations, economic policies, administrative policies and ideology policies.

Keywords: information content industry; chain pattern; cluster pattern; fusion pattern; policy supporting system .

第 1 章　绪　论

1.1　研究背景

20 世纪 90 年代以来，信息技术不断创新，信息产业持续发展，信息网络广泛普及，信息化成为全球经济社会发展的显著特征，并逐步向一场全方位的社会变革演进。进入 21 世纪，广泛应用、高度渗透的信息技术对经济社会发展的影响更加深刻，信息网络更加普及并日趋融合。信息化与工业化、城镇化、市场化、国际化相互交织，推动着全球产业分工深化和经济结构调整，重塑全球经济竞争格局。

在这样的宏观背景下，信息资源作为现代社会同物质和能量并存的基础资源之一，逐渐成为重要的生产要素、无形资产和社会财富。在《权力的浪潮》[1]一书中，作者戴维·莫谢拉将全球信息产业的发展划分为四个阶段：1964～1981 年以系统为中心，1981～1994 年以个人计算机（PC）为中心，1994～2005 年以网络为中心，2005～2015 年以内容为中心。实践证明，当前信息化建设已从大规模“基础建设为主”的历史阶段发展到以“信息内容开发利用”为主的新阶段，信息社会也从“技术崇拜”时代发展到“内容为王”时代。世界信息内容市场步入高速发展阶段，年增长率达到 30％以上。以新媒体、网络技术、手机多媒体等为代表的信息内容产业（Information Content Industry，简称 IC 产业）被世界各发达国家作为新的经济增长点和提高国家竞争力的关键，成为基础性、战略性产业。在欧美，信息内容产业已经成为第一大支柱产业，远远超过了汽车、IT 等传统工业；在日本，信息内容产业也已跃居第二大产业；韩国则更是将以网络游戏为主的信息内容服务业作为其产业竞争的制高点。

人们越来越清晰地认识到，“内容”成为最重要和最有价值的部分，唯有开发出基于硬件设备和网络环境的优质“信息内容”，才能更好地满足市场需求，才能更有效地提升国家、企业的产业竞争力。据统计，在传统的电信行业中，80%的价值由电信网和电信服务的经营者创造，设备制造者为20%（内容无关紧要）。在传统的印刷媒体市场（指报纸和杂志的出版），内容创作者和组织者共实现40%的价值。而在新的数字服务行业中，在大部分情况下，内容创作和处理的部分将产生50%的价值，其他如综合服务、平台管理和“比特传输”各占10%～15%，剩下涉及终端用户的技术大约占到10%[2]。信息内容产业作为高成长性、高附加值的产业，具有很强的正外部性。它对社会的作用渠道分为三条：一是产业发展直接的增量效应；二是作为新一代增长源头的带动和结构调整效应；三是它的隐含效应，即能够创造良好的环境，体现文化生产力和国家形象，创造地区良好的投资软环境和条件。世界上许多发达国家和地区在其信息化发展战略中，都把信息内容产业作为重要的战略性产业发展。我国正处于经济社会发展的战略转型期和全面建设小康社会的关键时期，工业化、城镇化加速发展，面临着日趋紧迫的人口、资源、环境压力，现有发展方式的局限性、经济结构状况以及资源环境矛盾也越来越突出。2009年，我国生产粗钢5.68亿吨，水泥16.5亿吨，约分别占世界总产量的43%和52%，绝大部分由我国自己消费掉了；一次能源消耗达31亿吨标准煤，是世界能源消费总量的17.5%。而同期我国的GDP只有34万亿元，约合4.7万亿美元，仅占世界GDP54万亿美元的8.7%[3]，这种依靠大量消耗资源支撑发展的方式是难以为继的。加快培育和发展包括信息内容产业在内的新兴产业，是解决我国当前困境，推进产业结构升级、加快经济发展方式转变，实现经济可持续发展的必然选择。一方面，信息资源是一种能够共享、能够复用，没有消耗、没有污染的资源，生产过程中增加信息资源投入、提高信息技术含量可以降低物质资源的投入量；生产出来的产品或服务中信息和技术含量的增加，其附加值就随之提高，对物质资源和能源的消耗就随之大幅度减少。另一方面，信息内容产业群体庞大、关联度高、产业链条长，信息内容产业的发展可以拉动教育业、旅游业、电子信息产业、软件业、文化产业等众多产业的发展。有资料分析得出内容产业对GDP增长具有巨大的带动作用，每1个单位数字内容产业的直接收入将带来2个单位的媒体及出版业收入的直接贡献、4个单位的IT业收入的直接贡献、

7个单位通信业收入的直接贡献[4]。同时，发展信息内容产业可以向世界各地广泛传播中华民族悠久的历史文化，同世界各国交流价值观，增强我国的“软实力”。信息是一个国家或民族历史、文明、文化的载体，中华民族有着五千多年的历史，中国是世界上最古老的文明古国之一，名人辈出，文化博大精深、源远流长。但是，若不大力发展信息内容产业，借着发展信息内容产业大力创新，传播我国的历史、文化和文明，它就极有可能会被淹没在西方浩瀚的信息内容海洋之中。目前，在国际互联网上英文网页数占所有网页总数的68.4%；其他语言的网页数为32%，其中中文网页数就更是少得可怜，仅为3.9%[4]。以英文为载体的信息内容必然反映西方国家尤其是美国、欧洲的民族文化、国家意识和价值观念，相对于信息内容产业发达的国家，处于信息内容产业弱势地位的国家必然要被动地接受这些以英文为载体的信息内容。这个接受的过程在某种意义上就是一个淡忘和丢弃本民族文化的过程，也是一个西方文化影响和同化其他国家文化的过程。所以说，我国发展信息内容产业，不仅是发展国家经济的需要，也是传播中华文化、价值观和国家意志的需要，是增强中国“软实力”的现实选择。

当前，我国发展信息内容产业有着良好的基础和独特的优势。一是有深厚的传统信息内容积累。中华文化博大精深，社会信息资源丰富，有着向世界广泛推广的潜力和责任。二是我国劳动力资源十分丰富，公民素质得到了空前的提高，能在世界内容产业链条中占据重要地位。三是我国人口众多、经济高速发展，迟早要成为世界第一大信息消费市场，能够为信息内容产业提供足够需求。四是近些年来我国信息基础设施已初具规模，宽带和互联网技术、数字化信息发展较快，为发展信息内容产业打下了坚实的基础。五是党和国家高度重视信息内容产业的发展。1984年9月，邓小平就为新华社题词“开发信息资源，服务四化建设”；随后，江泽民同志指出：“四个现代化，哪一化也离不开信息化”。胡锦涛同志多次强调，要大力推进国民经济和社会信息化。2000年，党的十五届五中全会把信息化提到了国家战略的高度，提出“大力推进国民经济和社会信息化，是覆盖现代化建设全局的战略举措。以信息化带动工业化，发挥后发优势，实现社会生产力的跨越式发展。”2002年11月，党的十六大提出，“以信息化带动工业化，以工业化促进信息化，走出一条新型工业化路子”。2007年10月，党的十七大又提出要“全面认识工业化、信息化、城镇化、市场化、国际化深入发展的新形势新任务”，确立“发展现代产业体系，大力推进信息化与工业化融合，促进工业由大变强”的发展战略。2012 年 11 月，党的十八大把“信息化水平大幅提升”纳入全面建设小康社会目标，明确要“坚持走中国特色新型工业化、信息化、城镇化、农业现代化道路”，促进“四化”同步发展。

1.2 研究意义

目前，我国信息内容产业正处在初级阶段的发展中，文化产业体制的改革、传媒产业化的探索、信息技术的成熟和广泛应用，以及传统信息内容的数字化趋势等，都将我国内容产业推进到了一个新的发展转折阶段。一个新兴产业发展需要良好的技术、经济、政治和社会环境，其中技术、模式及政策是核心问题。技术是信息内容产业产生的前提条件，没有数字化、网络化技术的发展，信息资源的现代化开发利用不可能出现，信息内容产业也就没有生存和发展的基础；模式是信息内容产业的组织形式和发展方式，没有正确的模式选择，信息内容产业无法茁壮成长；同时，我国的市场经济体制尚不完善，处于起步阶段的内容产业需要国家政策的培育和扶持，政策是推进信息内容产业快速健康发展的重要驱动力。但目前，国内关于信息内容产业方面的理论研究还不多，尤其是关于产业发展模式和政策支撑体系方面的系统研究还处于零星研究和空白阶段。因此，本书选取模式和政策两个维度，提出“信息内容产业发展模式及政策支撑体系研究”这一博士论文命题，对信息内容产概念和范畴进行明确，对发展模式进行理论上的概括和提炼，对政府调控信息内容产业发展方式进行比较分析，对促进信息内容产业发展的政策体系进行归纳、总结和构建，具有重要的理论和现实意义。

1. 明确信息内容产业概念

研究信息内容产业首先必须认识信息内容产业。当前，我国信息内容产业处于发展初期，无论是学术界，还是产业界，都没有一致的认识，对其概念、范畴颇多争议。只有明晰信息内容产业的概念、本质、特征和范畴，才能从日新月异的信息内容产业的发展方式中，将其从其他相关产业中分离出来，认清产业发展规律，有效地开展学术交流，制定针对性的产业政策，培育和扶植产业发展。

2. 研究信息内容产业发展模式

产业链、产业集群和产业融合是现代产业呈现出的新的发展趋势。从理论的角度看，目前学术界对它们的研究还处于起步阶段，亟须从理论上向前推进。本书在现有产业发展理论的基础上，结合信息内容产业的特点，分析提出了信息内容产业的链式发展模式、集群发展模式和融合发展模式，构成信息内容产业发展模式的理论模型。这不仅是对信息内容产业发展理论的创新，也是对现代产业理论的继承和发展。

从实践角度看，信息内容产业在发达国家已有了很长时间的实践，在我国上海、北京、广东等多个省（市）也有了不同程度的发展。现在全国各地的信息内容产业开发区建设、区域自主创新、招商引资等诸多问题都急需产业理论的指导。明确信息内容产业链发展模式、集群发展模式和融合发展模式的内涵、形成机理和实现途径，有三个层面的实践意义：对国家来说，便于指导制定产业政策，促进信息内容产业发展，实现产业升级；对各地的信息内容产业园区来说，能够结合自身基础条件，更好地利用本地优势发展内容产业；对信息内容企业来说，能够主动地依据产业间的经济技术联系，把握市场需求，调整企业战略，提高整体绩效和企业竞争力。

3. 提出政府对信息内容产业调控方式的建议

信息内容产业的发展离不开政府的宏观调控。在比较分析发达国家信息内容产业发展经验的基础上，提出了我国发展信息内容产业要采取的调控方式及建议，有利于加快我国信息内容产业的发展。

4. 完善信息内容产业政策支撑体系

政府对信息内容产业的调控主要依靠调控政策。信息内容产业是新兴产业，其快速成长不是市场能够自发完成的。当前，信息技术的快速发展，信息传播方式和传播格局的急剧变化，使信息内容产业发展和管理面临许多新课题。我国尚处于经济和政治体制改革阶段，信息内容产业发展的体制和机制都有非常大的创新空间。我国现有的信息政策带有滞后性、局部性和片面性，不能满足信息内容产业发展的需要。因此，迫切需要在总结分析已有信息政策的基础上，研究能够有效促进内容产业发展的政策支撑体系。

1.3 国内外相关研究综述

1.3.1 信息内容产业发展模式的相关研究

1. 信息内容产业链的相关研究

西方古典经济学家亚当·斯密最早提出了产业链的思想，斯密在阐述有关分工的理论时，提出的著名“制针”例子就是对产业链功能的生动描述。只不过斯密仅把产业链看作是一个产品链，把分工理论局限于企业的内部操作，强调企业自身资源的利用[5]。马歇尔对产业链理论作了进一步发展，他把注意力集中到企业外部的生产经营联系上，强调了企业间分工协作的重要性，使分工理论扩展到企业与企业之间，这可以称为产业链理论的真正起源[6]。随后，产业链的范畴逐渐扩展到了企业外部，成为产业组织理论中的重要组成部分。1958 年，赫希曼（Albert Hirschman）应用“关联效应”论述了产业的链条关系及相关概念，强调了前向联系（forward linkage）与后向联系（backward linkage）对于经济发展的重要意义[7]。史蒂文斯（Stevens）将产业链看作是由供应商、制造商、分销商和消费者等相互连接组成的系统，反馈的物流和信息流贯穿系统之中[8]。Fredriksson 和 Lindmark 在 1979 年提出了“生产系统”（production system）的概念，认为生产系统由生产某种产品时所发生的一系列联系所组成[9]。20 世纪 80 年代初，哈佛商学院的产业经济学教授、竞争战略权威迈克尔·波特（Michael. Porter）提出了价值链理论。波特教授认为：“每一个企业都是用来进行设计、生产、营销、交货等过程及对产品起辅助作用的各种相互分离的活动的集合”[10]。即在产品或服务的生产经营过程中，从供应商的原材料获取到最终产品消费时的服务之间的每一个环节都相互关联并相互影响，这一系列相互联系的环节创造价值的活动就构成企业的价值链。哈里森基于价值网络的概念，将产业链定义为采购原材料，将它们转换为中间产品和成品，并且将成品销售到用户的功能网络[11]。随着经济全球化的发展，又出现了“全球商品链”（global commodity chain）和全球价值链（global value chain）等概念。

国内学者们在国外研究的基础上，对产业链的本质、作用、特征、类型，从不同角度进行了研究。在对产业链的本质认识上，郑霖、马士华首次提出“供应链是价值链的一种表现形式”。龚勤林博士对产业链的理解比较有代表性，他认为产业链是各产业部门之间基于一定的技术经济关联并依据特定的逻辑关系和时空布局关系，客观形成的链条式关联关系形态[12]。曹群、姜振寰认为，产业链是各个产业部门之间基于一定的技术经济关联，由价值链、供应链、知识链这三个维度有机组合、链接而形成的链网式结构模式，并从产业链具有三个层面价值链维、供应链维和知识链维及其之间的三种链接关系来理解产业链的内涵，深入分析产业链的产业特性和空间特性及其本质表现[13]。周敏认为产业链的总体结构可以表述为：某类产品或服务不同环节顺序相接的主体产业链位居中心，在其外围连接起主要由生产要素部门构成的支撑产业链、主要由服务行业部门构成的带动产业链，以及由利用主体产品或服务的成果开发出来的衍生产业链。因此，产业链不是一个简单的由上游、中游、下游环节组成的单一链条，而是一个复式结构的立体式的链条群[14]。在产业链的作用上，姜安印、杨银涛认为，当产业链全球配置成为一种基本趋势时，产业链式发展就成为提升区域产业竞争力的主要方式，其分析了产业链的区域性和产业链式发展对区域产业竞争力的意义，提出了区域经济以产业链式发展提升产业竞争力的具体途径[15]。在产业链的特征上，学者们的观点主要有：①构成产业链的各个环节是一个由大量同类企业构成的有机整体，这些企业相互联动、制约和依存，处于产业链上游环节和下游环节的企业之间大量的信息、物质、资金方面的交换，构成了产业链企业间的价值增值。②产业链的各个环节技术关联性强，在技术上具有层次性；同时，产业链之间相互交织，又呈现出多层次的网络结构。③产业链的各个环节价值创造的能力不同，存在着盈利水平或增加值的差异性。④产业链的各个环节对技术、人力、资本等生产要素的需求不同，存在着明显的差异性；同时，不同的环节因对要素需求不同而又具有不同的区位偏好。也有学者研究了产业链的类型，认为产业链的类型是产业链中的两个上下游产业之间或两个相邻市场之间的关联方式，是由产品特性及纯技术的因素所决定的，体现在接通产业链和延伸产业链两个层面，可以划分为外包分化式、技术（品牌）渗透式、业务整合式等类型，其中业务整合式又有生产驱动型和销售驱动型两个亚类型。

关于信息内容产业链方面的研究，业内专家和学术界主要集中在信息内容产业链的构成、构建以及产业链的作用等方面，也有研究产业链如何链式发展的。Chen X 对信息内容产业的价值创造和价值传递流程进行了分析，认为信息内容产业价值链有五个环节：内容来源、信息内容生产、信息内容整合、信息内容分销和最终用户。价值链上的关键角色是信息内容制造商和信息内容平台服务提供商[16]。彭祝斌从我国电视内容产业链成长的现状入手，分析了我国电视内容产业链的形成、延伸与整合等层面，系统提出了我国电视内容产业链的成长理论。他认为一个完善的电视内容产业链，包括电视节目市场调查、节目创意、节目生产、节目交易、节目播出和衍生产品开发六大环节，资金和人才作为生产经营要素参与上述产业链每一个环节的运作，而不是单独作为产业链上的一个环节[17]。孔令刚、蒋晓岚认为，创意产品价值链从创意灵感产生、创意构思、作品创作开始，通过一定的作品载体予以体现，到作品开发和产品生产，实现创意生产力转换，以产品载体体现，再到创意产品的传播、销售阶段，以消费品载体体现，实现创意经济价值和社会价值[18]。刘蔚认为文化产业的价值链可以分为四个环节：创意的起源，即文化观念和艺术品的产生；产品制造，也就是生产具有商业性的实物文化产品；发行和分销，即通过广播、唱片和电影等的流通；消费，也就是文化产品到达最终消费者的消费体验[19]。刘兆科认为内容产业主要包括内容制造、内容流通和内容消费三个环节。我国文化内容产业的价值链由内容生产商（新闻机构、电影制片公司、电视台节目制作机构等）、内容分发渠道商（电视台、电影发行公司、新闻机构等）和用户组成[20]。刘翔认为动漫产业链代表了一个从上游生产制作到下游营销开发，进而延伸到周边产品开发的整个产业链，串起了包括制作人、投资方、出版社、电视台、衍生产品生产商等在内的价值利益和运作模式[21]。谭天认为电视内容产业链包括了节目投资—节目研发—节目生产—节目销售—衍生产品开发及配套服务五个环节[22]。赛迪顾问认为完整的数字内容产业链由五大环节组成，即内容素材、信息内容、网络服务、播放载体以及信息终端[23]。北京大学文化产业研究院副院长陈少峰认为，产业链经营是现在文化创意产业很重要的一个特点，一个文化产品可以进行横向和纵向的产业链延伸，横向延伸就是把一个品牌做成不同的产品，比如可以做成电视剧、电影、游戏等；而纵向则是指在一个产业链条中，可以开发出产品授权，制造衍生品，比如动画片就可以授权给制造业，生产出文具、服饰、食品等等[24]。任国强指出我国动漫市场最主要的问题是没有形成有效的产业链，通过研究并借鉴美国、日本、韩国的动漫产业链发展，提出我国动漫产业链发展的电视台拉动型的发展模式、衍生产品带动型的发展模式和动漫制作技术启动型的发展模式[25]。徐贵宝认为IPTV产业链由六大参与者构成，即内容提供商、内容与增值应用集成商、内容服务与增值应用运营商、网络传送运营商、设备供应商和用户，并分析了IPTV产业链模式包括合作运营、电信自营、广电自营和联合运营等几种模式，这几种模式在业务开展种类、政策许可、市场运营、运维管理等方面各有不同[26]。凌勇以美国迪士尼公司和湖南卫视超级女声为案例研究了电视节目产业链[27]。

2. 信息内容产业集群的相关研究

自19世纪末马歇尔论述了产业区（industrial district）问题以来，产业集群（industrial cluster）或者说是产业集聚（industrial agglomeration）的类似形式就得到了经济研究者的关注，产业集群理论得到不断完善和发展。随着产业集群实践的逐步深入，产业集群理论的发展基本上横跨了人类整个工业时代，至今已有120多年的历史。

以产生的时间为序，国外产业集群理论的流派大致有三个：依次为外部经济理论（以马歇尔的理论为代表）、集聚经济理论（以韦伯的理论为代表）和新竞争经济理论（以波特的理论为代表）。

马歇尔从外部经济理论的角度阐述了产业集群思想，认为如果一个大企业附近集聚了很多中小企业，则这个由大企业和中小企业组成的区域就可以称为“产业区”。马歇尔“产业区”的概念是相对于当时农业区概念而言的，基本上是工业区的概念，具有一定的局限性[6]。

韦伯是从集聚经济理论的角度研究产业集群的，也是最早提出聚集经济概念的学者。韦伯发现在经济发展中有这样一种经济聚集现象：或是产业的生产活动，或是贸易与商业的交易活动，或是其他与经济行为有关的生产性活动（劳动力聚集）和非生产性活动，在区域上具有比较明显的集中倾向，并呈现出一种地理性聚集的经济状态。这种经济聚集现象就是后来学者们提出的产业集群。另外，当前学术界经常使用的“产业聚集”或“产业集聚”等概念，也与“聚集经济”的概念相类似，所有这些概念，较好地说明了产业与地理空间的关系，直观表达了产业在区域空间上的数量聚集，并且从内涵上一定程度地揭示了集聚现象的内部规模经济规律，即分工收益规律。韦伯的产业集群理论还从生产经营费用的角度分析了企业经营者的区位决定，认为经营者一般是选择在总体费用较小的空间进行企业布局，生产经营所产生的费用最低点就是企业集聚的最佳区位点。同时，韦伯还综合分析了产业集群区位的形成因素，认为工业区位的形成主要与运费、劳动费用和集聚（分散）力三个因子有关[28]。

波特是对产业集群有深入研究的学者。在1990年出版的《国家竞争优势》[10]一书中，波特提出“产业集（簇）群”就是“在某特定领域中，一群在地理上邻近、有交互关联性的企业和相关法人机构，并以彼此的共通性和互补性相联结”的现象。波特的产业集群概念同以往的相关概念相比，内涵和范畴都显著扩大，一方面强调的不仅仅是产业集群区域内各企业间的分工与协作关系，而且还是产业集群所在区域内各组织机构（包括企业、政府、同业公会、咨询机构等相关联的组织）之间的协作关系；另一方面，集群内的协作关系不仅仅是经济上的利益关系，还包括信任、合作等其他社会性联系。波特强调了其产业集群具有两大特征：其一，专业化。产业集群内包含了各种各样的集群主体，这些众多的集群主体体现了产业集群的专业化。集群主体有上游的原材料、机械设备、零部件和生产服务等投入供应商，有下游的销售商、销售网络商和客户，有同一层次的互补产品的制造商，另外还有技能与技术培训机构、行业中介，以及基础设施供应商等。其二，地理集聚。包括关联产业及其支撑企业、相应支撑机构，如地方政府、行业协会、金融部门与教育培训机构在空间上集聚。波特对产业集群产生的机理也有深入的研究。波特认为，竞争力和竞争优势是产业集群能够在市场中生存和发展的根本原因，产业集群能够从三个方面影响竞争力和竞争优势：第一，产业集群提高该区域成员企业或产业的（静态）生产率，空间的临近性、供给技术联系和人际关系，使市场、技术和其他专业化知识在集群更好地传播和积累，并进一步增强了对专业化投入品的需求和供给。第二，产业集群能够提高集群内企业的持续创新能力，使集群成为创新中心。集群不仅使创新的机会更为可视化，同时近距离的观察模仿，使新知识、新技术、新产品和新的管理方式得到迅速扩散，增强了企业快速反应的能力和灵活性。所以，产业集群指明了集群内企业的创新方向，提高了创新速率，增强了创新能力，因而提升了竞争力。第三，促进新企业的建立。集群提供了更丰富的资产、技术、投入和员工配置，从而能够降低新企业的进入门槛，一旦在产业集群中形成优势，利润就可以在前向、后向之间水平流动。因而产业集群能够促进新企业的建立，新企业的加入又进一步扩大了集群本身。

与此同时，国外学者对产业集群的内涵、类型、知识分工、社会关系、危险与不稳定性等开展了研究。在集群的内涵上，Thorellihb认为企业间的关系是一种网络结构，这种网络结构是介于市场交易和层级制之间的组织形式[29]。Haksnasson认为集群网络形成一个自组织过程，其演进带有路径依赖的特性，并从行为主体、活动发生和资源三个方面提出了影响集群网络结构的基本变量，从企业、关系和网络三个方面提出了网络的构成关系[30]。Tichy认为网络中主体间关系表现为网络的结构形态，这部分观点基本同Thorellihb一致，但Tichy又指出集群网络结构与产业集群风险也有着密切的关系，并给出了集群的最优结构是“集群成员基于相同的知识技能，合作开发一定范围的不同产品和服务，以不同渠道和方式提供给不同的客户”[31]。Myerson在合作博弈基础上模型化了产业集群网络结构的形成，认为集群中每个主体之间要建立其合适的联系，而且这种个体联盟只有链接在网络结构中才能使其发挥一个整体作用，并进一步指出集群网络由资源要素、规则要素、结构要素和动态要素构成，其中结构要素是指行为者联系的形式与强度，不同网络形式和强度会产生不同的结果[32]。在集群的产生上，Sengenberger Pyke指出产业集群有两种成长路径：第一种称为高端路线，特征是创新、高品质、柔性功能和良好的工作条件；第二种为低端路线，以低价、劳动力充足且廉价、廉价原料为特征[33]。在集群分类上，Markusen根据集群分工协作关系的不同将集群分为四种类型：马歇尔式集群、中心—外围集群、卫星平台集群和政府主导集群，不同集群具有不同的结构，而且不同类型之间可以转化[34]。1988年，联合国贸易与发展会议根据集群内企业技术的总体水平、集群变化的广泛性以及集群内企业间相互协作与网络化程度的三个标准，将集群分为非正式集群、有组织集群、创新集群、科技集群和孵化器及出口加工区五个类型[35]。在集群的知识分工上，Bell认为集群内专业化分工和企业本身知识禀赋的不同必然导致企业知识系统的差异性，这些差异化的知识积累也就形成了集群的知识结构[36]。青木昌彦分析了硅谷集群模块化的生产方式与联赛式的治理结构，认为结构紧密的模块化集群组织更加有效率，并将信息结构分解为三种基本单元，分别是层级分解式、信息通化式和信息包裹式[37]。Elisa Giuliani对意大利和智利的三个酒业集群进行了实证研究，认为由于企业吸收知识的基础和能力不同，酒业集群内部知识网络中的治理结构比商业互动网络更加不平衡，将对产业集群机理的研究深入到集群内部知识结构不平衡的微观层面[38]。在集群的社会关系上，Granovetter首先提出关系力量的概念，并将关系力量分为强和弱，认为强弱关系在个体之间、组织之间以及个体与社会系统之间发挥着根本不同的作用[39]。Burt提出了结构洞理论，认为在产业集群的竞争中那些拥有更多结构洞的松散型网络比紧密型网络更有优势，更能给网络成员带来获取社会资源上的竞争优势[40]。Johanson和Mattsson认为产业网络是由一群从事制造、销售和消费的厂商组成的产业系统，或称为厂商间的关系网络，分为非正式网络关系和正式网络关系。前者是集群行为主体基于共同的社会文化背景、社会生活经历、彼此之间的信任等基础上，在长期交往过程中建立起来的相对稳定关系；而后者是指集群行为主体之间通过合同等具有权威的形式而形成的关系。同时，对正式和非正式的集群网络关系Johanson和Mattsson又提出了多种衡量指标[41]。在产业集群的危险与不稳定性上，Markusen在研究集群的成功与风险之间的关系时指出，集群发展过程中自身蕴藏着危险的趋势，集群的发展需要松散的联系，而越成功的集群，其越倾向于发展成一个封闭的系统。封闭的系统会使集群逐步丧失获取应变市场变化所需的能力[42]。Tic在“农产品生命周期”理论基础上提出了集群的“结构性风险”。“结构性风险”源于产业集群面对不断发展变化的生产制造范式，不能够迅速作出与之相适应的调整，长期积累后造成的原有产业或产品簇的永久性衰退，进而又引起整个集群的没落，它关系到集群的长期生存发展[43]。

国内学者们对产业集群也进行了相似的研究。在产业集群机理上，翁智刚认为产业集群的兴起，从现象上看是一种新的产业组织结构形式的产生：从生产力发展的实质来看，则是因为全球化的社会生产方式以及信息技术的飞速发展带来的产业行为发生了显著性的变化，并导致生产组织形式相应发生了根本性的变革，实现了从所谓的福特制大工业流水线生产向后福特制的网络化敏捷组织形式的变迁。许多区域因为适应了新的生产力发展要求，实现了产业组织形式的创新，因而在参与全球化经济中获得了竞争优势。在这个过程中，现代网络信息技术的广泛应用为企业改变传统协作模式提供了关键的技术支持，在网络信息基础上，供应链及区域一体化协作，虚拟网络组织与产业集群等新的产业组织形式得以更有效的整合外部资源，实现“范围经济”，实现学习、创新与敏捷制造[44]。邝国良、阳水长认为一个成功的产业集群首先要有一个比较合理的网络结构。政府主导模式下的产业集群中发挥重要作用的是政府，此类集群中的企业以政府为核心，政府、企业、金融机构、大学科研、中介机构等网络的主体在政府的主导下，进行分工和交易，从而形成一个以政府为中心的网络形态[45]。王发明研究了产业集群的内在动力机制，认为园区有利于形成产业集群；园内企业的产业关联性以及知识共享性能够形成的协同效应；在园区内根据产业链的分工以及因长期合作所建立的信任基础，形成了非正式的合作契约，在这些个体、企业之间，既有相互竞争，又有基于知识共享和专业分工形成的协作[46]。梁志民、肖淑红认为区域经济的崛起要培育自己的“中心增长极”。区域经济中的增长极，是指具有推动性的主导产业和创新行业及其关联产业在地理空间上集聚而形成的经济中心[47]。丰志勇等认为集聚区是按照现代理念统一规划设计，依托交通枢纽和信息网络，以集聚区为载体，将相关的专业服务和生活服务配套设施合理有效的集中，在一定区域内形成形态新颖、内外连通、生态协调、资源节约、充分体现以人为本的、具有较强服务产业集聚能力的区域[48]。在产业集群的类型上，蔡宁根据集群内“战略性环节”的占有情况，将产业集群分为中卫型集群和市场型集群，认为中卫型集群结构是以大企业为中心，众多小企业为外围而形成的；市场型集群机构指的是产业集群内部、企业之间的关系是以平等的市场交易为主，企业之间以水平联系为主要联系方式，由于其结构不同，从而具有不同的技术创新优势[49]。仇保兴认为，按照中小企业集群的结构来分，其形式主要有：企业群落内部企业之间的关系是以平等的市场交易为主，各生产厂以水平联系来完成产品生产的“市场型”中小企业集群；以大企业为中心、众多中小企业为外围而形成的“椎型”（也称中心卫星工厂型）中小企业集群；以信息联系为主而不是以物质联系为主，以计算机辅助设计和制造业的柔性生产方式来进行生产的“混合网络型”中小企业群落[50]。王缉慈通过对新产业区的研究将企业集群分为以下五类：①沿海外向型出口加工基地；②智力密集地区；③条件比较优越的开发区；④乡镇企业集聚而形成的企业网络；⑤以国有大中型企业为核心的企业网络[51]。

关于信息内容产业集群，学者们也从不同层面对集群的产生、机理、类型和途径等方面开展了研究。斯科特研究了文化产业集群，认为文化产业的生产具有五个鲜明的特点，这些特点表明文化产业具有集群生产的趋势。一是产品的生产往往是有相互依赖的中小企业组成的网络来组织的。二是产业的技术和劳动分工过程使得文化产业需要大量的能灵活操作计算机的技术工人。三是密集的网络组成的多面产业综合体需要大量的本地劳动力，并对劳动技术具有多样化的需求。四是产业综合体依赖网络间的信息交流、技术交流，以及生产商之间的信任和合作。五是产业综合体产生了巨大的外部效应。所以，文化产品的生产往往被发现在地理空间上是集聚的，而且往往集聚在城市中心。另外，斯科特还在许多方面讨论了集群中学习、创意和创新等经济行为[52,53]。斯托波（Storper）研究了创意产业集群，认为创意产业区是大量专业性中小企业集聚生成的“柔性生产综合体”。通常出现在大城市外围地区以及废弃工业区等租金低廉的地区[54]。刘蔚从文化产业的集聚格局、文化产业集群的生产组织网络、社会网络，以及跨国公司与文化产业集群的互动关系等方面着手，分析了文化内容产业集群的机理。认为文化产业集群通常是以国际大都市为集聚区域，以柔性生产组织网络为生产模式，并借助个人关系网络突破公司界线，各种网络相互交织共同形成的集群网络。文化产业集群的柔性生产网络的形成是由文化产品和文化产业的生产复杂、不确定性和高风险的特点决定的，而大的文化企业垂直分离后形成的新企业是区域生产网络出现和发展的先决条件，同时，文化产业集群生产组织网络之所以能够在特定地理空间内集聚并稳定发展，近似的或相同的个人关系网络和区域社会文化因子起到了重要作用。另外，刘蔚还研究了跨国公司在产业集群中的作用，认为文化产业中的跨国公司在全球范围内投资，构成了文化产品生产和销售的全球网络，跨国公司的出现对文化产业集群的形成和发展都有很大影响，使得每个区域文化产业集群成为文化产业跨国公司全球价值链中的一个环节[19]。刘兆科分析了信息内容产业集群的形成原因，认为内容产业呈现融合化和产业集群化趋势的同时，信息技术的发展在不同程度上提高了内容产品的生产速度和质量，数字信息内容、手持终端等也为内容产品的传播提供了广泛的载体，使数字内容产业的发展空间和市场空间不断增大，这些又进一步强化了内容产业融合化和产业集群化趋势[20]。毕强、韩洁平、赵娜认为信息内容产业集群则是指大量专业化的产业及相关支撑机构在一定地域范围内的柔性集聚，并结成密集的合作网络，植根于当地不断创新的社会文化环境，是在集聚基础上基于信息和知识联系的“创新链”机制。产业集聚与产业集群的本质区别就在于企业的柔性集聚。信息内容企业集群化发展的内在动力，正是由于企业之间各种正式与非正式的合作和信息交流带来了创新灵感和加快了对技术的学习过程，从而能形成持续的创新动力。同时，大量 IT 专业人才在企业间的流动，也促使了信息内容集群中隐性知识的传播[55]。钱竞等学者分析了信息内容产业集群的类型。钱竞等把信息内容创意产业发展模式从驱动力来研究，得出博物馆模式、公共游憩空间模式、商旅文联合开发模式、园区模式等[56]。魏利、王玉光认为我国信息内容产业园区的发展模式大致有三种：政府推动的外生型发展模式、以市场为主导的内生型发展模式以及政府推动与市场主导互动的即内生与外生相结合的混合式发展模式[57]。雷光华认为信息内容创意产业发展模式有竞争－保护模式、产业综合模式、集约化经营模式以及特色推动模式[58]。安筱鹏等从信息内容产业发展的资本构成来划分，有民营资本主导型、外资主导型、民营资本与外资主导型和均衡发展型四种类型[59]。任秀琼等学者提出了发展信息内容产业集群园区途径。任秀琼提出创意产业发展业态层面的实践模式，可以分为原创产品模式、传媒盈利模式、价值链延伸模式等，并认为不同地区在发展创意产业时，要根据自身的优势和资源禀赋，因地制宜，选择适合自己的发展模式[60]。王发明提出创意产业园区发展的三种途径：依托大学发展产业园区，通过改造旧厂房、仓库产业园区，以及政府开辟新区创建产业园区[46]。

3. 信息内容产业融合的相关研究

产业融合是伴随技术变革与扩散过程而出现的一种新经济现象。国外产业融合思想最早起源于美国学者罗森伯格（Rosenberg）[61]，最初来源于实业界关于“电脑和通信”融合图景的描绘。20 世纪 70 年代末，该现象受到广泛关注。1978 年，麻省理工学院（MIT）媒体实验室 N·尼古路庞特对计算、印刷和广播业三者间技术融合的模型化描述，并认为交叉处是增长最快，创新最多的地方，开启了学术界对产业融合研究的大门[62]。到了 20 世纪 90 年代中后期，美国新电信法案通过后，信息通信领域里跨媒体、跨产业、跨地域的企业并购风起云涌，产业融合研究也出现了高潮，涌现出大量研究文献。

2001 年，波特（Porter）提出了新经济和旧经济日益结合，IT 企业与传统企业之间会消失界限走向融合的“合一论”，提出了关于产业融合的一个著名论断：新经济的本质是使用新技术的旧经济。信息技术革命在新旧经济结合中发挥着重大作用，使原本专于一个行业的企业能够走向混业经营，使得原有产业重新整合。技术创新或技术融合能够改变传统产业的边界，是产业融合产生的主要动力[10]。2001 年，日本学者植草益在《信息通讯业的产业融合》一文中，提出产业融合是通过技术革新和放宽限制来降低行业间的壁垒，加强各行业、企业间的竞争合作关系。植草益并进一步分析了限制放宽和技术革新对产业融合的影响，认为属于同一产业的企业群产业内部、企业之间存在竞争关系，超出产业之外就不存在竞争关系，这一点从产业的严密定义就可看出。但是 20 世纪 90 年代以来，一些曾经被政府严格限制的产业，现在管制正在逐步放宽，从而降低了各行业之间的壁垒，再加上技术进步，各产业内部的技术革新开发出了许多原有产品的替代性产品。管制放宽和技术革新这些因素使各产业的企业群处于互相竞争的状态之中，原有产业之间竞争激化，企业倒闭、兼并、重组开始发生，最终导致一些企业合并，企业界限模糊化，产业融合开始出现。产业融合为企业提供了开发新产品、发展新服务、扩大规模、扩展事业范围提供了巨大商机，同时，企业也在融合过程中演化出新的组织形式。产业融合在不同的产业领域以不同方式演进，如表现为现代农业生产服务体系的传统三次产业之间的延伸融合，表现为通信产业的电信网、广电网和数据传输网三网之间的交叉融合，表现为金融、证券、保险混业经营的传统产业内部的重组融合，以及表现为网络性金融机构、电子商务等的高科技产业对传统产业的渗透融合[63]。植草益的产业融合原因及结果的研究和分析，具有广泛的影响力，产业融合开始受到普遍关注。产业融合进程最终将促使产业结构的合理化并构架出融合型的产业新体系。在产业融合产生的动力上，Yoffie 认为，技术创新、政策管制放松和管理创新或战略联盟等是产业融合产生的主要动力[64]。Warren P 等人认为，内容产业正在主宰我们的文化和我们的社会交往，形成两种占主导地位的潜在趋势：一方面是收敛，越来越多的内容以数字形式表现；另一方面是发散，内容的创建、操作和查看方式越来越多样。这两种趋势相互作用，形成信息内容产业发展的两大力量[65]。关于产业融合的过程，Greenstein 等认为产业融合的过程可以分为生产融合、采购融合和分销融合，价值链中的一个阶段发生融合，会促成另一阶段融合的发生[66]。Witt U. 认为产业融合的过程包括价值链的分解与价值链的重构二个阶段[67]。Collin 认为产业融合的过程就是传统纵向产业结构向横向产业结构发展的过程[68]。Fai. 和 Tunzelmann 认为，所谓技术融合是指迄今为止不同产业分享共同知识和技术基础的过程。新技术创新与扩散，替代以前不同的技术，使得以前不相关的产业从技术视角看变得相关，并促进一个新产业的出现[69]。

我国对于产业融合的研究起步比较晚，直到20世纪90年代后期，才引起了国内学者的关注和研究。国内学者对产业融合的研究主要集中在对其内涵、类型、动力及意义等几个方面。其中比较著名的有：岭言研究了新旧经济的“产业融合发展”，指出高新技术及其产业对传统产业不断渗透融合，使得两个以上产业融合发育成为新的产业。产业融合不是简单相加，而是通过相互作用融为一体，显示出新的生机和活力[70]。厉无畏指出产业融合是不同产业或同一产业内的不同行业相互渗透、相互交叉，最后融为一体，逐步形成新产业的动态发展过程[71]。聂子龙、李浩认为，所谓产业融合是指不同产业或同一产业内的不同行业形成新产业的动态发展过程；在这一过程中同时会发生原有产业的退化、萎缩乃至消失的现象[72]。于刃刚、李玉红指出产业融合是由不同产业从分立走向合并的动态演变过程，认为技术创新在产业间的扩散导致了技术融合；产业融合就是指不同产业之间的传统边界趋于模糊甚至消失的现象；产业融合改变了原有产业各企业之间的竞争合作关系，从而导致产业界限模糊，甚至需要重划产业界限[73]。但值得提出的是，于刃刚、李玉红的产业融合界定在通信和信息行业内，仍有一定边界和局限性。周振华将产业融合同信息技术发展联系起来研究，指出产业融合是在信息化进程中发生的一种新经济现象，首先在电信、广播、电视和出版部门出现固定化产业边界的模糊与消失的融合现象[74]。

南京大学马建在总结国内外学者研究的基础上，提出了产业融合的定义，具有一定的代表性。马建认为产业融合是由于技术进步和放松管制，发生在产业边界和交叉处的技术融合，在经过不同产业或行业之间的业务、组织、管理和市场的资源整合后，改变了原有产业产品和市场需求的特征，导致产业的企业之间竞争合作关系发生改变，从而导致产业界限的模糊化甚至重划产业界限[75]。胡永佳认为产业融合在狭义上是在数字融合的基础上出现的产业边界模糊化现象，局限于计算机、通信和广播电视业的融合；在广义上是指融合不仅发生在信息产业部门，而且可以拓展到所有产业；总体上来看，产业融合是产业间分工内部化，或者说产业间分工转变为产业内分工的过程和结果[76]。张功让、陈敏姝概括了国内外产业融合理论研究，认为产业融合首先是一个系统性概念，包括技术融合、企业融合、产品融合、市场融合、制度融合等。同时，它又是一个过程性概念，是在技术融合基础上，以企业融合为主体，产品融合为客体，制度融合为保障，最终实现融合型产品的市场化过程。而且，这个过程是往复循环的过程，一次融合的实现并不代表着融合的终止，在新技术及新需求推动下，还会开始新融合。分析了产业融合的作用，认为产业融合有利于促进产业创新和升级，有利于优化产业构、市场和企业结构，有利于提高产业链条的增值空间和企业绩效[61]。

在信息内容产业的融合发展方面，学者们主要着眼于信息化与工业化的融合，开展了对相关产业融合的研究。主要观点有：王展祥系统地分析了信息化与工业化融合，认为从融合内涵的角度分析，信息化与工业化融合有四层含义：一是指信息化与工业化发展战略的融合；二是指虚拟经济与工业实体经济融合；三是指信息资源与材料、能源等工业资源的融合；四是指信息技术与工业技术、IT 设备与工业装备的融合。从融合外延的角度分析，信息化与工业化融合发生在宏观社会、中观产业以及微观企业三个层面：宏观社会层面的融合包括社会经济基础、结构以及生产力与生产关系的变化；中观产业层面的融合通过产业结构升级换代，促使经济增长方式从粗放式向集约式转变；微观企业层面的融合则指利用信息技术改造企业的生产、经营、管理与服务，实现核心业务的数字化、网络化、自动化、智能化。从融合媒介的角度分析，融合的层次分为工业产品、生产方式、产业发展以及体制机制四个层次[77]。胥军认为“两化融合”关键在融，要实现“信息化与工业化”的化学反应，而不是物理变化；在对影响“两化融合”的相关因素诸如有效的政府治理是“两化融合”的推进器，中介服务体系是“两化融合”活力之源，咨询企业是实现两化融合”的技术支撑，第三方公共服务平台是“两化融合”的工具系统，专业化人才是“两化融合”得以实现的核心因素等进行了分析、研究以后，提出了推动“两化融合”的相关政策、策略建议，包括推进关键性技术的自主创新、因应全球形势调整产业结构、重视并推进制造业服务化、加快传统产业的信息化改造，加快产权体制改革与制度创新等[78]。王金杰着重分析信息化和工业化融合，认为两化融合可促进产品边界模糊、业务边界模糊，进而导致产业融合、新产业衍生，并由此引起了社会价值模式、经济运行方式、经济增长方式等发生变化的动态过程[79]。天津师范大学秦丽洁和北京邮电大学王琏在产业形成来源上进行了阐述。秦丽洁从内部原因、外部原因和营销模式三个方面分析了驱动内容产业产生的原因：从内部原因讲，因特网与数字化技术的发展，给信息的数字化创造了条件，信息的数字化又促使不同行业之间相互渗透，从而将一些传统产业的边界打破，促进了产业的融合；再者就是网络媒体的出现，形成了基于网络平台的网络经济形态，从而促进了一种新型产业的出现。从外部原因来说，随着网络经济与信息产业的不断发展，信息资源的开发和共享成为信息化工作的重中之重，以内容为中心的新产业应运而生，内容产业的发展为相关产业的融合提供了基础。最后从营销模式的角度来看，时代华纳和美国在线的结合提供了实例。时代华纳和美国在线的合并实质上就是将各自原有品牌效应相结合、内容与网络技术相结合，以品牌加技术的方式为用户提供服务，时代华纳通过美国在线这一网络媒体与用户建立及时、有效的、“一对一”双向沟通关系。这样，就促使传统营销与网络营销模式有机结合，从而形成了一种全新的内容营销模式，也促进了一种新型企业的出现，新企业不断扩大又会形成产业，并且这种新模式还形成了一个以内容创建—内容整合—内容分发为主干的产业链，这同样带动了内容产业的发展[80]。王琏认为信息内容产业主要就是指数字内容产业。数字内容产业，顾名思义由“数字”和“内容”两部分组成，是文化内容产业和信息技术产业交叉融合的产物，一方面，数字内容产业作为新兴产业，与互联网、通信以及信息技术的进步有着密切关系；另一方面，数字内容产业的产生体现了文化产业与信息和通讯产业的交叉渗透[81]。毕强等认为信息内容产业与传统产业是一种相互依存、相互促进的关系，信息产业为传统产业改造提供着技术保证，可以带动其他相关产业的进一步发展。传统产业通过电子化、信息化，为信息产业的发展提供了新的发展方向，为信息产品提供了不断扩大的市场，刺激了信息内容产业的技术开发与应用，促进了信息内容产业集群的优化和升级[55]。张恒毅研究了信息化推动经济发展的动力机制，提出信息产业对经济发展具有引领作用；信息化对传统产业具有带动作用；信息化对服务业具有促进作用；电子政务对经济发展具有服务作用[82]。

1.3.2　信息内容产业调控方式的相关研究

关于国家在信息内容产业发展中的作用，学者们从政府应发挥的作用、世界各国调控信息内容产业的方式等方面进行了研究。张维达从政府与市场关系的角度阐述了政府的作用，认为在实践中，人们认识到“市场不是万能的”，市场的缺陷使得政府存在有了合理性。当人们的一些利益无法由个体自身完成时，人们就会建立各种各样的组织机构，借助群体的力量来实现共同的利益，政府就是这样一种社会组织。如果将政府视为一种制度安排，这种制度是人类为了更好地追求自身利益而建立的提高资源配置效率的制度。政府是一种组织，也是一种制度，政府的实质就是全社会的个人为了实现仅凭个人无法实现的目标而进行制度创新的结果[83]。周毅，白文琳研究了欧美信息内容产业发展的内涵和路径，认为欧美信息内容产业的发展有两条基本路径，即法律政策的保障和推进、管理机制的建构和运作。欧美国家推行高度自由的市场经济，政府对各经济主体开展市场活动的引导更多是依靠法律，而非强硬的行政手段。一切社会活动领域都需要管理，管理不是限制或控制，而是引导、培育、规范和协调。信息内容产业的形成与发展过程也需要进行引导、培育、规范和协调。欧美诸国信息内容产业的快速发展就得益于其建构了较完整的管理与运作机制[84]。从政府对信息内容产业调控方式上看，杨列勋和刁军等认为发达国家比较成功的信息内容产业发展模式是以日本为代表的国家中观产业干预模式和以美国为样板的国家宏观需求管理与自由放任模式[85,86]。贾光和贺修铭等认为世界信息内容产业发展可划分为三种模式，以美国为代表的宏观管理与市场自由调节相结合的模式、以日本为代表的政府干预模式和以亚洲“四小龙”为代表的出口导向型模式[87,88]。王展祥研究了政府在信息化与工业化互动发展机制研究中的作用，认为在信息化与工业化互动发展这个系统中，政府主要依靠其职能起着调控引导作用，企业本身通过信息化的应用和发展提高竞争能力，而市场则使信息技术创新和创新成果本身商品化和产业化，并通过自身机制引导信息化成果在信息产业自身循环和传统产业外在循环中推广和应用，这在整体上就成为以企业为主体、以市场为动力、以政府为导向的中国信息化与工业化互动发展机制[77]。赵小波研究了欧洲动画产业发展，认为以政府和社会为推动要素，欧洲动画产业发展模式可分为政府主导的法国模式、政府协调的英国模式和地方集权的德国模式[89]。温燕研究了创意产业，认为发达国家创意产业的发展模式，可分为创意产业集群化发展的英国模式、知识产权型的商业营运为主要特征的美国模式、政府主导发展的韩国模式和日本模式等[90]。另外，孙淑慧、杨培芳、孙延福等人认为以苏联为主的计划经济发展模式也值得一提。20世纪50年代，苏联即已开始研制计算机，开展信息内容应用，其辉煌程度可以成功地实现计算机控制下的宇宙飞船空间对接，但由于缺乏市场机制，直至其解体计算机的应用触动民用范围很小，信息技术没有在经济发展中发挥大的作用[91]。这也从另一个角度证明市场经济是推动信息内容产业发展的重要条件。

关于我国政府对信息内容产业发展应该采取的调控方式，学者基本上分成两个学派。一派以贾光教授为主，认为我国信息内容产业要走政府扶持和市场调节相结合的发展模式。贾光认为适合我国信息内容产业的发展模式是“两个相结合”的模式，即宏观管理与中观干预相结合、满足内需与出口导向相结合[87]。与此观点相同的还有安徽财经大学的王有刚，他认为我国信息服务业的发展，应该走政府扶持和市场调节相结合的发展模式[92]。另一派以许欢、侯大悸教授为主，认为我国信息内容产业发展要分成两个不同的阶段。许欢、侯大悸提出了我国信息服务业发展的两段式发展战略模型，第一阶段，突出政府的角色，利用宏观经济政策法规和强有力的产业政策引导和培育信息服务市场和信息服务企业的迅速成长；第二阶段，减弱政府的角色，转而充分利用市场调节的作用来调配资源促进发展[93]。同时，杨列勋研究员也认为应分两步走：第一阶段，采取赶超策略的中观产业干预模式；第二阶段，在已有基础上采用宏观需求管理与自由放任模式[85]。

1.3.3 信息内容产业政策的相关研究

产业政策的概念产生于第二次世界大战之后，但在此之前产业政策的思想及其实践就已经出现了。19 世纪 40 年代，德国历史学派的代表李斯特（F. List）发表了他的名著《政治经济学的国民体系》，从历史的角度对各国的经济与政策进行了比较分析，并特别对比了英国的自由贸易政策与海外扩张政策，以及美国的关税保护与产业扶植政策，提出国家应在经济发展的不同时期采取不同的经济政策[94]。日本是世界公认的提出并实施产业政策且卓有成效的国家。随着日本经济奇迹的出现，产业政策越来越引起各国实业界与经济理论界的广泛关注。1970～1972 年，联合国经济合作与发展组织（OECD）曾经编写其 14 个成员国有关产业政策的一系列研究报告，使产业政策第一次在世界范围内被普遍接受。1975 年，OECD 发表的《产业政策的目的和手段》，指出产业政策的目的是促进产业增长和提高产业效率，其基本特点是通过刺激和规劝的方式来贯彻。要想达到提高产业效率的目标，产业政策需要从多个方面着手，如刺激管理者改善经营，培育有利于自由竞争的条件，鼓励新技术的扩散和应用，加强对劳动力的培训以增强适应性，提高人才的流动性，推动产业结构调整，等等。另外，一些日本经济学家把产业政策看作通过干预产业之间资源配置，或者通过干预特定产业内产业组织之间的资源配置，影响一国经济福利的一种政策[94]。李孟刚和蒋志敏认为产业政策包括四个方面的内容：①产业结构政策，通过干预对外贸易和外国直接投资，或通过补贴和税收等金钱刺激，从夕阳产业中将资源转移出来，进而培育、发展和保护朝阳产业；②产业组织政策，如建立投资卡特尔和萧条卡特尔，干预产业的竞争结构；③各种关于纠正市场失灵的政策，这些政策通过提供准确的信息或补贴、税收手段，鼓励资源配置达到更合理的状态；④基于政治考虑而采取的某些政策，如处理贸易摩擦的自愿出口限制和多边协议等。此外，还有针对特定产业部门或其中的企业，以达到提高整个经济的效率的目的，即被称为“有选择的产业政策”[95]。

对信息内容产业政策的研究国外始于20世纪中期，但直到20世纪70年代才形成一定规模。其研究的内容随着时代发展而不断变化。20世纪70年代，国外信息政策的研究主要集中在三个方面：探讨信息政策的概念框架、确认制定信息政策的条件以及强调科技信息政策。20世纪80年代，信息政策理论研究向纵深发展，同时针对信息活动实践中出现的新问题，开辟了新的研究领域。国际信息政策研究提上日程，发达国家针对信息经济提出了新的政策方向和领域，发展中国家信息政策研究浮出水面，信息政策的经济学问题受到关注。20世纪90年代，在美国NII、GII的推动下，信息政策开始全面推进，信息政策研究既有鲜明的地域特色，又呈现出全球一体化的研究趋势[96]。我国信息政策的研究起源于1980年以前，早期的研究主要针对科技情报系统的建立和体制的改革，研究层次低，较分散。但随着国外信息内容产业的发展，我国学术界在参考、引进和吸收国外经验的基础上，研究水平不断提高。但国家信息政策研究的全面铺开，是在1993年以后。这个阶段，在党和国家的重视下，我国的信息化开始全面推进。信息政策研究突破了情报政策的约束，研究活动开始围绕信息的生产、流通、分配和管理活动而展开。

学者们对信息内容产业政策的研究涉及各个方面。

关于对信息内容产业政策概念和范畴的研究。对信息内容产业政策概念和范畴的研究，国内外学者都倾向于将信息内容产业政策放在国家的宏观信息政策框架之下，从大信息政策观的角度进行研究。温格顿认为信息政策是“一整套旨在促进、限制或规范信息的生成、使用、储存、交流与演示的公共法律、规章和政策”[97]。卡文（Galvin）则给出了一个更详细的定义：“任何层级（包括联邦、州、地方，或跨国跨政府）的任何部门的政府机构（包括立法、行政、司法，或独立机构），通过颁布法律、制定规章、司法解释或阐述政策等手段，所采取的或未采取的能对信息流通环境的性质或质量产生影响的一系列措施[98]。伯格（Burger，R. H.）则给出了信息政策的具体范围，1993年，他在《信息政策——评价和政策研究框架》提出信息政策包括九大类：联邦信息资源管理；电信广播和卫星转播；用于教育、创新和竞争的信息技术；信息泄露、机密和隐私权；国家交流的信息政策；计算机法规和犯罪；知识产权；图书馆和档案馆政策；政府系统、证券交易所和信息披露[99]。国内信息内容产业政策研究的学术专著有卢泰宏教授的《国家信息政策》、梁俊兰的《台湾信息政策研究》、罗曼的《信息政策》、杜佳的《中国国家信息政策与法规体系构成研究》，以及蒋坡教授的《国际信息政策法律比较》、查先进的《信息政策与法规》、燕金武的《网络信息政策研究》等。卢泰宏认为，信息政策是国家用于调整信息产业的发展和信息活动的行为规范和准则，它涉及信息产品的生产、分配、交换和消费等各个环节以及信息业发展规划、组织与管理等综合性问题，涉及国家发展的宏观战略[100]。梁俊兰提到信息公开、电子签名等具体法律规章[101]。罗曼提出了“政府信息的获取和利用的相关政策”的概念，阐述了信息政策的定义、体系、制定与实施、影响因素、研究模型、研究方法和研究内容等基本理论问题[102]。杜佳将Archives、Libraries、Science information、Government information 和 Trade information 相关的信息法律法规统称为信息资源相关法律等[103]。还有一些学者以学术论文的形式提出了自己的观点。乌家培从系统的角度，提出信息内容产业的法治应有一个相对完整的体系，这个体系包括世界、国家、地区、行业、企业五个不同层面的法律、法规以及与之配套的政策，每个层面又有立法、司法和执行等诸多问题[104]。王福泉认为信息政策是指影响信息的创造、获取、组织、传播或评论的所有法律、规章、条例或惯例[105]。王鑫提出了“大信息政策观”、“小信息政策观”和“折中信息政策观”。“大信息政策观”就是上述所提的信息政策定义；“小信息政策观”将“信息政策”等同于早期的“情报政策”，外延和范围都比较窄小，在苏联和新中国成立初期比较流行。“折中信息政策观”是二者的结合，是在“小信息政策观”的范围上根据社会发展的需要加以扩展，在我国的学者中有一定的影响[106]。孙健夫等从学科的角度，提出信息政策是一个在信息科学、公共政策、政治科学、经济学和其他学科交叉、渗透、融合基础上产生的新领域[99]。

关于对信息内容产业政策属性或关注的具体领域的研究。1997 年，Bill Holland 关注到以计算机为基础的网络革命和互联网服务提供商在内容产业的版权问题上可能存在的问题[107]。Joseph Suda 等人关注到唱片业对于数字传送内容的反对，威胁到了消费者的权利和技术的发展[108]。Howard Besser 讨论了信息内容产业发展过程中出现的版权保护和公共利益之间的平衡问题[109]。Michelle Manafy 认为，由于信息内容具有的零成本复制和易于传播的特点，非常容易受到侵权，建立有效的法律保障体制非常困难，需要国家制定公共政策进行支持[110]。Dames K. Matthew 从美国几个运用合理使用行动条款来管辖版权的案例出发，研究了数字版权问题，认为要合理设定数字化时代的版权使用原则和范围，认为太过广泛的合理使用原则进行的电子储备，严重影响了出版商的销售[111]。荷兰 Delft 理工大学的 Johan A Pouwelse 等人采取网站测量、个案研究等方式，对 P2P 的法律诉讼和技术阻断等问题进行了研究，宣称现行版权法若不对 P2P 的禁止性规定予以革新，将无法继续实施[112]。Pamela Samuelson 则分析了 DRM（数据保护技术）和法律的关系，认为 DRM 技术是中立的，关键在于人们如何使用，技术可以加强、取代甚至凌驾于法律权利，法律也可以限制 DRM 的设计[113]。王株梅、马海群对信息政策法规的公平价值和效率价值进行了探讨，论述了在网络信息资源建设过程中信息政策法规的公平和效率价值的具体体现[114]。吴钢分析了信息资源开发利用政策的实施主体、客体、影响因素、手段，探讨了政策实施的流程，强调了信息政策的重要作用[115]。赵大鹏、张锐昕研究了各国信息内容产业政策的制定，认为各国国情不同，制定信息政策采用的模式也各异，常见的模式有多元化模式、精英模式和国际援助模式等[116]。

关于对国外信息内容产业政策具体内容的研究。袁文清研究了美国政府信息资源开发利用、管理体制、网络建设、网络安全等方面的政策体系[117]。汪礼俊分析了英国的数字内容产业发展水平一直位居世界前列，政策支撑体系所起的重要作用，包括前瞻性战略规划、完备的组织保障、高明的发展策略、“宽带英国”全覆盖，以及信息内容发展对成年人和未成年人带来负面影响的防范等[118]。尤小明和肖秋会研究了俄罗斯国家信息政策。尤小明阐述了俄罗斯联邦政府20世纪末期到21世纪初的国家信息政策，分析了俄罗斯国家信息政策的特征，指出了政策的发展前景[119]。肖秋会介绍20世纪90年代以来，俄罗斯对苏联的科技情报系统进行机构改革和政策调整的情况，对俄罗斯国家信息政策的内容主旨、特色与不足等问题进行了分析与评价[120]。麦侨生介绍了印度政府在信息基础设施、信息产业、信息技术、信息资源开发利用等方面的政策导向[121]。曾红颖分析了中国台湾数字内容产业政策框架与基本内容，特别研究了台湾内容产业包括环境建置与法规、人才培训与延揽、促进投资与金融辅助、研究发展与应用、产业信息与营销、推广与普及等六大方面推进措施[122]。

关于对国内信息内容产业政策具体内容的研究。汪少敏等研究了2000年以来我国信息政策研究的现状和趋势，分析了近十年信息政策热点问题，并结合信息化发展的大趋势，透视了未来信息政策研究的走向[123]。马费成等在分析了我国信息资源政策与法律的理论研究和实践进展，重点考察了信息资源政策与法律的研究状况的基础上，指出我国信息资源政策与法律研究分散，政府实践与理论研究步调不一、缺乏统一协调，政策法规实施上监督环节薄弱、反馈渠道不健全等问题[124]。李婧等在分析我国信息内容产业政策存在问题的基础上，提出利用政策手段建设完整的产业链；加强市场监管营造良好的数字内容市场运行环境，包括政策环境、法制环境、市场环境、文化创新环境、技术创新环境等；利用政策优势，提高自主创新能力等方面的政策建议[125]。刘社瑞等提出成立数字内容产业协会；加快数字内容产业软环境建设；形成完整的产业链；注重知识产权保护；鼓励文化创新，营造创新环境；大力延揽和培养数字内容产业人才等措施建议[126]。黄充提出从信息基本法、全局性政策法规、各个具体领域的政策法规三个层面，建立一个信息政策法规体系的大致框架[127]。相丽玲、史尚元等学者统计分析了我国各级人大及其常委会、国务院及其各部委、地方各级人民政府及其所辖厅、局所颁布的有关法律法规，总结了我国地方性信息法规建设的现状和存在的问题，提出了建设地方性信息法规的基本原则和策略[128]。

关于对国内外信息内容产业政策的对比研究。杨蒙达论述中国和美国的信息政策模式，并在此基础上进行中美信息政策模式的对比，总结了我国在完善信息政策体系、信息政策国际兼容性、信息技术转移等方面与美国的差距[129]。李东业，王志立就中日两国的信息政策环境、信息政策管理体制和信息政策内容等方面进行了比较[130]。李雪英、范晓珍、蔡艳青等则把美、日、中的信息政策放在一起，从信息政策环境、信息政策目标和信息政策特点等方面，比较分析美国、日本和我国的信息政策的差异[131]。王鑫比较研究了欧盟与我国信息政策的含义、目标、决策体系和主题领域等方面的不同[106]。

1.3.4 研究现状的评价

1. 关于信息内容产业链方面的研究

随着产业链全球配置成为一种基本趋势时，学者对产业链的研究非常活跃。对产业链的本质、特征、类型、结构，以及与价值链、供应链和知识链的关系，都有深入的研究，对信息内容产业链作用的研究已提高到提升区域产业竞争力的高度。但对信息内容产业链的研究多集中在产业链的概念、构成等方面，虽然也有学者提出了产业链模式，横向和纵向的产业链延伸问题，但基本上是具体案例的研究，缺乏对信息内容产业链式发展系统的分析。值得一提的是，不少学者开展了对电视内容产业链、创意产品价值链、文化产业的价值链、动漫产业链、数字内容产业链、大数据产业链、传媒产业链、IPTV 产业链等相关产业或子产业的研究，还有专题对超级女声、迪士尼等案例的分析研究。尤其是彭祝斌关于中国电视内容产业链的研究，指出了完整的电视内容产业链构成，虽然只分析了资金和人才作为生产经营要素参与产业链每一个环节的运作，而没有提及土地、技术等其他生产要素，但构建了电视内容产业链的成长模型，分析了形成机理、延伸模式和整合模式，并提出了电视内容产业链的成长策略，是研究较为深入的学者。所有这些都为我们研究信息内容产业的链式发展模式提供了很好的借鉴。

2. 关于信息内容产业集群方面的研究

由于经济学家研究问题的社会经济环境和视角的差异，在生产力的社会化程度和技术发展的不同阶段，产业集群的属性、市场竞争态势及其与其他经济单元的联系各不相同，集群演进的动因、优势也必然不一样。可以说无论人类生产的技术水平和组织方式发生了怎样巨大的变化，集群理论一直与集群的实践同步发展，并保持着对现实集群现象的解释力和指导作用。从工业化早期适应于传统产业集群的外部规模经济理论，到关注区位因子的区位聚集理论，直至当前知识经济时代产业集群的区域创新系统理论。集群的网络结构也引起了学者们的关注。但总体说来，对产业集群的研究，国内外学者多侧重于传统产业产业集群研究，对信息内容产业集群的研究还很少，尤其是对信息内容产业集群形成机理的研究。即使是对创意产业、文化产业等相关产业的研究，学者也只是研究了集群产生的原因、类型和作用等方面，真正系统的研究还很少。

3. 关于信息内容产业融合方面的研究

产业融合现象受到广泛关注，是伴随技术变革与扩散过程而出现的一种新经济现象，其最初来源于实业界关于“电脑和通信”融合图景的描绘，随着信息通信领域里跨媒体、跨产业、跨地域的企业并购风起云涌，大量研究产业融合的文献开始出现。

相对于产业链和产业集群的研究，产业融合的学术研究论文相对较少，虽然有波特、植草益、周振华、马建等较为知名的产业融合研究学者，但对产业融合的研究领域多集中在电信业、广播电视业和出版业的融合，或新兴产业同传统产业的融合，内容多集中在产业融合的内涵、类型、动力及意义等几个方面，对信息内容产业的融合发展基本没有提及。周振华提出信息技术的发展及广泛运用是产业融合的前提条件，王展祥、王金杰等学者着眼于“两化融合”的研究，但他们研究的重点也多是把信息内容和信息技术作为工具，用于改造提升传统产业，没有重点研究融合中发展信息内容产业的问题。

4. 关于国家对信息内容产业调控方面的研究

关于国家在信息内容产业发展中调控作用的研究，学者们一致的观点是政府应该发挥积极作用，对信息内容产业进行引导、培育、规范和协调。对世界各国调控信息内容产业的方式，虽有学者提出以亚洲“四小龙”为代表的出口导向型模式、以苏联为主的计划经济发展模式，但基本一致的观点是：世界上比较成功的信息内容产业发展模式是以日本为代表的国家中观产业干预模式和以美国为样板的国家宏观需求管理与自由放任模式。对我国信息内容产业发展的调控方式分为两派，一是认为我国信息内容产业要走政府扶持和市场调节相结合的发展模式，但对如何结合分析不够深入；二是要分成两个不同的阶段：第一阶段，突出政府的角色；第二阶段走向市场调节。但“二段论”忽略了近阶段我国市场经济的发展。

这些对国家调控作用方面的研究，为我国政府选择调控信息内容产业发展的方式提供了很好的思路。

5. 关于信息内容产业政策方面的研究

关于对信息内容产业政策的认识，学者突破了狭义的产业政策观，基本倾向于广义上的信息内容产业政策观，认为信息内容产业政策就是信息政策，是影响信息的所有法律、规章、条例或惯例。对国内外信息政策的研究视野宽广，涉及的领域广泛，研究也较为深入。从视野上讲，进行研究的有美国、欧盟、日本、俄罗斯、印度、中国台湾等几乎所有信息内容产业发达的国家和地区，采取的研究方法有直接研究和对比研究；从研究的领域有世界、国家、地区、行业、企业等层面，有立法、司法和执行等环节，有政策环境、法制环境、市场环境、文化创新环境、技术创新环境等角度，有法律法规、经济政策、行政管理和思想文化等角度；从研究的内容深度讲，有信息资源开发利用、管理体制、网络建设、网络安全，有信息公开、电子签名，有成立协会、制定规划，有信息基本法、全局性政策法规、具体领域政策法规制定等。

上述对信息内容产业政策的研究，丰富了我们的认识，尤其是发达国家信息内容产业起步较早，政策制定上积累了很多好的经验和做法，给本书建立信息内容政策支撑体系提供了借鉴。但信息内容产业不断变化发展，信息内容产业政策也是要随着实践发展不断发展。当前，我国信息内容产业的快速发展，信息传播方式和传播格局的急剧变化，使信息内容产业发展和管理面临许多新课题，如三网融合、网络媒体化、知识产权保护、信息安全等问题的日益突出，学者们没有及时考虑进行系统研究，当然也不可能未卜先知。另外，我国监管体制的特殊性，也是国外信息政策学者们没有研究的内容。对于政策体系及其研究存在的诸多问题和缺陷，我们还将在第七章中作详细阐述。

1.4 研究内容与创新之处

1.4.1 研究内容

本书在系统分析国内外学者关于信息内容产业发展模式及政策研究成

果的基础上，结合我国实际，围绕如何发展我国信息内容产业这一主线，沿着信息内容产业的定义，在阐述信息内容产业概念、外延和特征以及辨清同相关产业关系的基础上，分别阐述信息内容产业链式发展模式、产业集群发展模式和融合发展模式的含义、形式、机理和实现途径。研究信息内容产业的目的是为了更好地培育扶植，任何一个新兴产业的发展都离不开政府的作用。接着论述了政府在信息内容产业发展中的作用，提出了政府引导市场的信息内容产业调控方式。最后，针对我国信息内容产业政策法规的现状，提出了构建我国信息内容产业政策支撑体系建设的建议。本书的研究思路架构见图1-1。

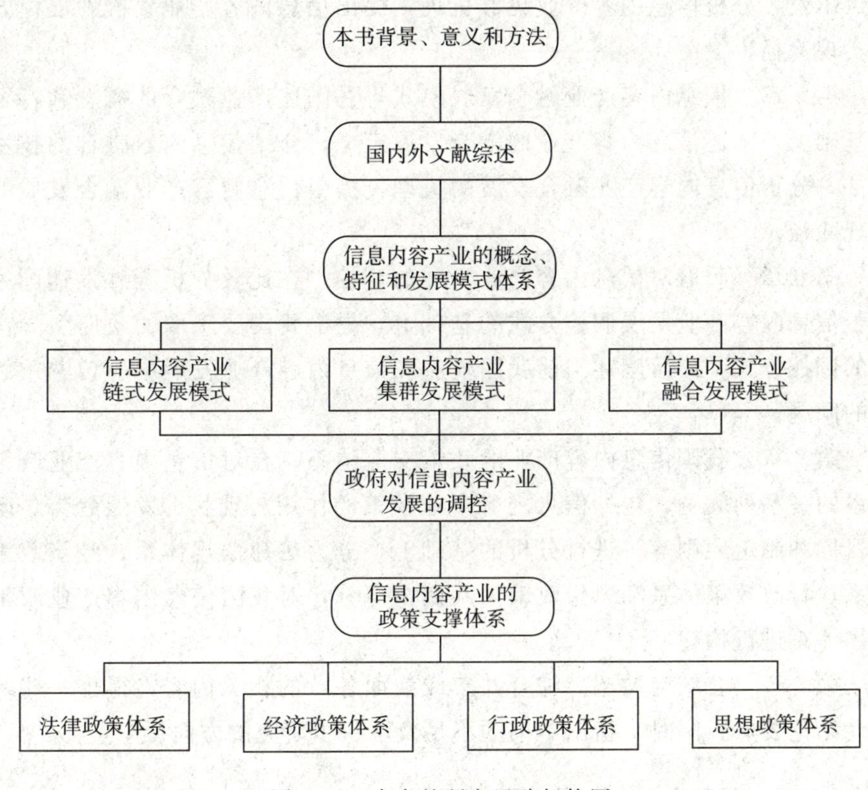

图1-1 本书的研究思路架构图

全书共分八章，各章的内容安排如下：

第1章 绪论。主要介绍研究背景、研究意义，系统分析国内外产业链、产业集群、产业融合、政府对信息内容产业调控，以及信息内容产业政策等的研究现状，并对各相关研究进行分析评价，阐述本书的研究内容、创新之处和研究方法。

第 2 章　信息内容产业的基础研究。分析信息内容产业的演变、定义、特征，以及同关联产业之间的区别和联系。根据本书建立信息内容产业发展模式理论模型的需要，阐述产业发展模式的概念及影响因素，提出了信息内容产业发展模式体系。

第 3 章　信息内容产业链式发展模式。提出信息内容产业链的概念，分析产业链的构成，阐述链式发展的定义和机理，提出信息内容产业链式发展的实现途径。

第 4 章　信息内容产业集群发展模式。从信息内容产业集群的概念和特点出发，分析信息内容产业集群机理，提出信息内容产业集群发展模式的实现途径。

第 5 章　信息内容产业融合发展模式。在阐述产业融合的概念和特征的基础上，阐述信息内容产业的融合发展定义，介绍信息内容融合的技术特征，分析信息内容产业融合发展的机理，提出信息内容产业融合发展的实现途径。

第 6 章　政府对信息内容产业发展的调控。在比较分析国外发达国家关于信息内容产业发展调控方式的基础上，提出我国要采取的政府引导市场的调控方式，最后阐述当前我国政府在信息内容产业发展中应该着重解决的问题。

第 7 章　我国信息内容产业的政策支撑体系。在对信息内容产业政策体系的一系列问题，包括信息内容产业政策的作用、现状、发展趋势、政策目标和制定原则等，进行分析的基础上，分为法律法规体系、经济政策体系、行政政策体系和思想政策体系四个部分，对我国信息内容产业政策支撑体系进行构建。

第 8 章　总结与展望。综合并集成前面各章的相关内容，得出一些综合性结论要点。同时，指出本书的不足及下一步研究的方向。

1.4.2　创新之处

本书在党的十八大提出“信息的水平大幅提升”、“四化同步发展”，国家强调发展新兴产业、调整经济结构的背景下，针对信息内容技术日新月异，我国信息化建设进入信息资源开发利用为主的新阶段，选择在我国刚刚兴起的信息内容产业作为研究课题，具有一定的超前性和新颖性。选题的超前性和新颖性为本书内容的创新提供了有利条件。在学习、研究和借鉴前人研究成果的基础上，本书的创新主要体现在以下几个方面：

1. 信息内容产业界定方面的创新

针对当前国内外理论界对信息内容产业概念的认识众说纷纭、莫衷一是的现状，将经济界和理论界对信息内容产业的新发展与新认识融入信息内容产业的概念、特征和范畴中去，分析信息内容产业的特性，比较信息内容产业同相关产业概念的区别和联系，从而定义一个崭新的信息内容产业概念体系，为今后信息内容产业的研究和交流奠定基础。

2. 信息内容产业发展模式方面的创新

信息内容等新兴产业的成长和发展需要理论指导。产业链、产业集群和产业融合是现代产业呈现出的新发展趋势，将这些学术界取得的最新理论成果应用到一个处于起步阶段的新兴产业之上，是本书选题思路的创新。本书在现有产业发展理论的基础上，抓住信息内容产业链的内容创意和衍生品开发，产业生产组织网络、社会关系网络和缄默知识的特殊性，以及信息内容技术在同其他产业融合发展过程中不断产生新的信息内容产业等独有特征，提出了信息内容产业的链式发展模式、集群发展模式和融合发展模式，并详细阐述每种发展模式定义、发展形式和发展机理，在整体上较为系统地提出了信息内容发展的模式体系。不仅是对当前信息内容产业发展理论的创新，也是对现代产业发展理论的继承和发展。同时，结合实际，提出每种发展模式的实现途径，具有较强的现实指导意义。

关于信息内容产业链式发展模式的创新。尽管产业链理论已经比较成熟和完善，但信息内容产业链式发展的相关理论尚未构建起来，特别是信息内容产业链式发展机理的论述较少。本书定义信息内容产业链，系统地提出了信息内容产业链由内容素材、内容创意、内容生产、内容传播、内容消费、衍生品开发及配套服务构成，较以往的研究更为全面。链式发展机理的分析，实现了产业链理论的普遍性同信息内容产业特殊性的结合。提出的链式发展内容产业的思路，股权并购、战略联盟等链式发展方式，以及加强内容开发、衍生品开发等特色环节的实现途径，较好地结合了当前的实际，为内容企业的联合兼并和多样化经营指出方向。

关于信息内容产业集群发展模式的创新。尽管产业集群的研究已有很多，但相关研究多集中在传统制造业领域。虽然也有对文化产业、创意产业等相关产业的研究，但还没有系统地对信息内容产业集群的发展进行研究。本书立足信息内容产业的特性，提出信息内容产业集群发展模式是目前国内较早的。本书将国内外产业集群研究成果与信息内容产业的特征相结合，分析了在一定区域内，按照内容企业间的经济技术关系，通过柔性生产组织网络产生、社会关系网络形成，以及缄默知识传播的分析，诠释了信息内容产业的集群发展机理，具有一定的创新性。本书结合实际，提出了依托本地信息内容产业的优势和特色，按照信息内容企业间的经济技术联系，合理规划布局产业园区等加快发展信息内容产业的途径，具有较强的实践性。

关于信息内容产业融合发展模式的创新。在本书之前，信息内容产业和产业融合都有学者研究，但却没有学者提出或研究过信息内容产业融合发展问题。可以说，信息内容产业融合发展模式是本书的首创。但融合发展模式的提出，不是简单的概念翻新，而是有深厚的产业背景和理论依据。产业融合受到关注是自 20 世纪 90 年代电信业、广播电视业和出版业的融合开始的，后来推而广之，人们也关注到其他产业之间的融合，尤其是信息化与工业化融合的提出，使融合发展成为当今产业界的一个新趋势。本书提出的信息内容产业融合发展模式不仅阐述了信息内容借助信息技术解构其他产业的生产流程，能够改造和提升其他产业，而且详细分析了传统行业提供“内容”产生新的信息内容产业，尤其是产生马克·波拉特所说的不进入市场的“第二信息服务部门”的隐性信息内容产业。因此，可以说本书的信息内容产业融合发展模式，提供了一个发展信息内容产业的新思路。

3. 政府调控方面的创新

本书在比较分析发达国家关于信息内容产业发展调控方式的基础上，创造性地提出了我国要采取的政府引导市场的调控方式。政府引导市场的调控方式，是目前我国理论界阐述关于政府在信息内容产业发展中如何发挥作用的较为新颖的调控主张。政府引导市场调控方式既要以市场为基础，发挥市场自发调节和资源配置功能，又要发挥政府的引导作用，同时，政府还要根据产业发展和市场情况，尤其是根据产业发展周期，划分为政府主导和市场主导两个阶段，在不同时期采取不同的支持政策和调控措施。

4. 信息内容产业支撑体系方面的创新

信息内容产业的发展需要信息内容产业政策的引导、扶持和规范。一个能够促进信息内容产业发展的政策体系一定是与时俱进的。本书在分析国内外信息内容产业政策现状的基础上，针对近年来日新月异的信息技术带来的变化，把握信息内容产业政策的发展趋势，从法律法规、经济政策、行政政策和思想政策四个方面构建信息内容产业政策支撑体系，具有系统性、前瞻性和国际性，可以作为下一步我国信息内容产业政策的建议或信息政策储备。

1.5　研究方法

本书在广泛收集与综合分析国内外信息内容产业相关研究资料的基础上，综合运用了调查法、文献法、案例分析法、理论演绎与归纳、比较与分析等研究方法。

调查法。由于本研究将对象定位于信息内容产业，为了取得第一手资料，对信息内容产业发展情况有感性认识，理论上能得到支持，对部分地区（芜湖市）、部分行业（通信业）进行了实地调查，并写出了芜湖市信息服务业发展调查报告。

文献法。查阅了各种相关的书籍、报刊、论文和网络资料，研究了大量关于国内外信息内容产业发展现状、模式和政策的分析文章和著作，以达到充分运用国内外研究成果的目的。对国内现有的信息政策法规，进行了系统地搜集和整理，在充分研究的基础上，作为本书构建我国信息内容产业政策支撑体系的基础和依据。

案例分析法。在本书的主体分析部分，选取了大量的实证案例予以佐证。几乎每个章节都配以相关案例。就案例而言，既有国外的好莱坞、迪士尼、伦敦、香港等典型案例，也有国内北京、上海、深圳以及安徽省芜湖、宿州等地案例。案例涉及领域几乎涵盖了信息内容产业的各个方面。

理论演绎与归纳。本书在阐述信息内容产业链式发展模式、集群发展模式和融合发展模式机理时运用理论演绎与归纳的方法进行分析，说明经济现象之间的逻辑关系。

比较与分析。信息内容产业作为一种不断发展的新兴产业，各种实施主体在实践探索时，采取不同的发展模式、支持政策和实现途径，如国家层面上，美国、日本和德国等发达国家信息内容产业调控方式就迥然不同，只有对以前的实践经验和教训进行比较和分析，才能更好地理解不同的发展模式的实质，找出各自的适用条件，为探讨我国信息内容产业的发展模式和实现途径提供理论支持。

第 2 章　信息内容产业的基础理论

概念和理论是本书阐述的基础。开宗明义，本章首先分析信息内容产业的演变、定义、特征，以及同相近产业之间的区别和联系。接着，根据本书建立信息内容产业发展模式理论模型的需要，阐述了产业发展模式的概念和选择产业发展模式的影响因素。最后，提出了由链式发展、集群发展和融合发展构成的信息内容产业发展模式体系。

2.1　信息内容产业的定义及相关概念辨析

2.1.1　信息内容产业概念的演变

信息论的创始人申农最早提出了实用信息的概念："信息是用以消除不确定的东西"[132]。控制论的创始人维纳提出"信息是我们适应外部世界，并且使这种适应为外部世界所感到的过程中，同外部世界进行交换的内容的名称"[132]。我国学者陈禹将信息定义为："信息就是传递中的知识差"[133]，等等。因此，本书认为从本质上来说，信息是对客观事物及其运动状态和存在方式的反映，源于事物运动变化过程中形成的差异，它是人类认识客观事物的前提和基础。在社会政治、文化、经济日益信息化的趋势下，信息已成为比物质和能源更为重要的资源，越来越受到人们的重视。

产业（Industry）泛指国民经济的各行各业，是一个相当模糊的概念。在英文中，"产业""工业""行业"等都可以称"Industry"，汉语的概念更加模糊。所以，对于不同目的的研究，必须给"产业"以特定的定义。

产业经济学对“产业”的定义是“从事国民经济中同一性质的生产或其他社会、经济活动的企业、事业单位和机关团体的总和，即在社会分工条件下的国民经济各部门”。简言之，“产业”是指具有同一特性的企业集合[134]。

信息内容产业（Information Content Industry）作为一个概念，国际社会普遍认为首次出现在1995年的“西方七国信息会议”，作为产业统计的正式门类则出现在1997年美国提出的“北美产业分类标准”（NAICS）取名信息业。1995年，欧盟在比利时召开的“西方七国信息会议”确定了发展全球信息社会的八个基本原则，其中第七个原则就是促进多样性的内容，包括多样性的文化和语言。会议提出的借助网络基础构架上的多媒体技术发展多样性的文化、语言等内容，被看成是开发信息内容的一种安排。随后，欧盟的《INFO2000计划》的启动、实施以及最后评价，进一步明确了信息内容产业概念。《INFO2000最后评估报告》对“信息内容产业”界定为“那些制造、开发、包装、销售信息产品和服务的企业”，其范围包括：① 在各种媒介上的印刷品（报纸、书籍、杂志等）；② 音像与电子出版物（联机数据库、音像制品服务、以传真及光盘为基础的服务以及电子游戏等）；③ 音像传播（电视、录像、广播和影院）；④ 消费型软件业等[135]。

1997年，美国提出的“北美产业分类标准NAICS”（North American Industry Classification System）规定，信息业由下列单位构成：生产和发布信息和文化产品的单位；提供方法和手段，传输和发布这些产品的单位；信息服务和数据处理单位。具体包括出版业、广播电视和电讯业、电影和音像业、信息和数据处理服务业四部分。这里的信息和数据处理服务业包括新机构、图书馆、档案馆、网上信息服务、数据处理服务等活动。2002年，NAICS进行了重大修改，把主要的内容生产活动和机构重新归入信息业类别（编码51），具体见表2-1所列[135]。

从调整后的NAICS内容可以看出，这里信息的一般概念既包括信息生产、处理和发布活动，也包括使用可利用的信息和信息技术进行更有效生产的各项活动，产业范畴包含了数据处理服务、信息服务业、出版业、电影和录音业、广播和传播业，但却没有包括通常意义上的计算机，新调整的信息业实际上就是信息内容产业。这种分类思想体现出一种对信息产业的全新理解：信息产业的重心已由信息制造业转向信息服务业，信息内容提供与信息服务方式成为信息产业发展的关键。随后，信息内容业受到世界各国的普遍关注，纷纷从不同的角度进行界定。从表 2-2 可以看出，美国、澳大利亚、加拿大、英国、日本、韩国以及中国，国际组织如北美、欧盟、联合国服务统计局、亚太经合组织等都对信息内容产业给出了定义或范畴。

我国政府在尚未使用“信息内容产业”的提法之前，就已经如火如荼地进行着信息内容产业的建设。《国民经济和社会发展第十一个五年规划纲要》《国家中长期科学和技术发展规划纲要（2006—2020）》《2006～2020 年信息化发展战略》《关于加强信息资源开发利用工作的若干意见》《信息产业“十一五”发展规划纲要》《国务院关于加快发展服务业的若干意见》《国务院办公厅关于加快发展服务业若干政策措施的实施意见》2009 年颁布的《电子信息产业调整和振兴规划》《文化产业振兴规划》，以及 2010 颁布的《新兴产业振兴规划》等文件，多次提到现代信息服务业、数字内容产业、信息资源等问题，并多方面要求发展信息内容产业，如发展动漫产业，丰富中文数字内容资源，发展增值和互联网业务，推进电子商务和电子政务，构建数据交换中心、数字认证中心，开发基础数据资源和办公资源，研究开发金融、网络教育、物流、医疗、传媒、旅游信息系统，完善重点业务系统，以文化创意、影视制作、出版发行、数字内容等产业为重点，发展新兴文化业态等。

在国内理论界，“内容产业”的提法得到普遍关注，学者们从多个角度对信息内容产业的概念开展了研究。

经济学家乌家培认为信息内容及其产业，有传统和现代之分。所谓传统的信息内容，是指尚未数字化的、网络化的信息，在网下脱线进行开发、传递和利用；所谓现代的信息，则指数字化的在线联网的信息产品或服务，其中，一部分是由传统信息内容通过数字化生成的；另一部分直接产生于互联网的平台上，这两部分信息内容的发送和接收处于一种互动的状态。这样的信息内容企业或产业，通常还包括支持信息内容生产和营销的现代信息技术及其服务[136]。北京大学赖茂生认为数字内容产业是现代意义上的信息内容产业，是一种基于数字化、多媒体和网络技术，利用信息资源和其他相关资源，创（制）作、开发、分发、销售信息产品与服务的产业，包括移动内容、互联网服务、网络游戏、动漫、数字影音、数字教育、数字出版等[137]。

表 2-1　NAICS 中信息内容产业范畴表

类别名称	分类代码
出版业（不含互联网络）	
报纸、期刊、书籍、目录出版	5111
报纸	51111
期刊	51112
书籍	51113
目录及邮件列表出版	51114
其他出版	51119
软件出版	5112
动画和录音工业	
动画和视频	5121
动画和视频生产	51211
动画和视频发行	51212
动画和视频展览	51213
影视后期制作服务及其他	51219
声音录制	5122
录音生产	51221
完整录音生产/发行	51222
音乐发行	51223
声音录制演播	51224
其他录音服务	51229
广播电视（不含互联网络）	
广播和电视	5151
广播	51221
电视	51222
宽带和其他订阅节目	5152

（续表）

类别名称	分类代码
互联网络出版和传播	
互联网络出版和传播	5161
电讯	
有线传输	5171
无线传输（不含卫星传输）	5172
电讯转售	5173
卫星传输	5174
宽带及其他发行	5175
其他电讯内容	5176
互联网服务提供，网站搜索门户，数据处理服务	
互联网服务提供和网站搜索门户	5181
数据处理，客户服务及其他服务	5182
其他信息服务	
其他信息服务	5191
辛迪加制作	51911
图书馆和档案馆	51912
所有其他信息服务	51919

资料来源：NAICS，2002

表 2－2 不同国家和地区信息内容产业命名和范畴界定表

地区名称	名称及概念	范 畴
北美产业分类	信息业	出版业（报纸、期刊、书籍、数据库、软件出版），电影和录像业，广播和通信业，信息服务业（数据处理、图书馆、档案馆及网上信息服务）
欧盟	数字内容产业	各种媒介的印刷品、电子出版物（联机数据库、音像、光盘和游戏软件等）和音像传播

（续表）

地区名称	名称及概念	范畴
联合国服务统计局		出版业（含在线出版），电影录像业，唱片业和广播服务业，音、视频服务的播放和分发，视频游戏生产业
亚太经合组织	新型信息服务产业	由信息业和娱乐业提供的新型服务业，包括数据组织、出版和印刷、音乐和电影、广播和影视等。
美国	内容产业，也称为创意产业	出版、电影、广播电视、音乐、通信、网页设计、应用软件、信息处理、数字图书馆等
澳大利亚	创造性产业	能产生著作权、发明专利、外观设计专利或商标权的产业
加拿大	电子内容产业	分非文化和文化两部分，前者包括通信、健康信息、非文化多媒体产品、数据银行（数据库）、应用软件等，后者为可视艺术、图书馆、音乐、广播、电影、印刷媒体
英国	数字内容产业	涵盖广告、电影及影像制作、互动休闲软件、音乐制作、电视广播等13个行业
日本		包括娱乐性比较强的电影、电视、音乐、出版物、动漫、网络游戏等，也包括以信息服务为主的电子商务、手机通信、远程教学和远程医疗等
韩国	文化内容产业	包括网络游戏、动画、移动内容、电子学习、数字电视内容和出版音乐等9个领域
中国台湾	数字内容产业	包括数字影音应用、电脑动画、数字游戏、行动应用服务、数字学习、数字出版典藏、内容软件、网络服务和数字艺术产业8类
中国内地	信息内容服务业	信息传输服务业（电信、互联网、卫星等），计算机服务和软件服务，其他信息相关服务（新闻出版业、广播电视电影电视局和音像制作业、图书馆等）

中国人民大学王明明教授认为，信息内容产业是指利用信息资源进行

创意、开发、制作、分销、消费的产业，是基于数字化和网络化的内容产业，其特征主要有信息处理数字化、信息传输网络化、信息服务社会化、信息产品市场化，领域涉及电脑动画、数字影视、网络游戏、数字出版、数字馆藏、数字创作、数字广告、互联网信息、咨询、移动内容、内容软件、远程教育、数字图书馆等[138]。侯亮等人认为内容产业是基于数字技术，涵盖了信息与通信技术产业、文化产业部门，将多种媒体形态融合在一起，这些媒体形态包括出版、报纸杂志、音像电影、广播电视、通信网络等，从事制造、生产和传播有关内容的综合产业，是广义“知识产业”的重要组成部分[139]。张玲、李辉认为信息内容产业的边界不易界定，但共同之处在于，信息内容产业是一个以信息内容产品的生产与服务为主体行为，以创意为核心的高附加值产业群[140]。李晓玲、李会明认为信息内容产业是各种媒体汇集的产业群，是信息与通信技术产业和文化产业的融合体，具有技术关联性、服务竞争性、生产交互性、产业衍生性等上述产业的特征[141]。曾红颖认为数字内容产业的内涵和范围，目前国际上没有形成比较一致的概念，可分为八大领域，包括数字影音应用、计算机动画、数字出版典藏、数字学习、行动应用服务、网络服务与内容软件等。其中，网络服务与内容软件主要为支持性产业，是推动数字内容产业发展的重要基础，其余六项则为数字内容的核心产业[122]。

2003 年 12 月 29 日，国家统计局以《国民经济行业分类》（GB/T4754—2002）为基础，对与信息活动有关的类别进行重新组合，并参考了 ISIC/Rev. 3. 1 的相关分类编码方法，制定了《统计上划分信息相关产业暂行规定》，将信息产业分类为电子信息设备制造、电子信息设备销售和租赁、计算机服务和软件业、电子信息传输服务、其他信息相关服务五个部分。信息内容产业文件中虽然没有被明确提出，但包含在后三者之中。后三者被经济界和学术界普遍视为通常意义上的信息内容产业。由于社会发展的需要，国内的一些咨询和统计分析机构也对信息内容产业的范畴进行了界定。如中商情报网[142]把数字内容产业分为：门户网站、搜索引擎、网络游戏、数字音乐、即时通讯、手机游戏、影音动漫。赛迪顾问按照数字内容的传播载体和形式的不同，将数字内容产业分为五个部分：移动数字内容、数字影音动漫、互联网数字内容、数字刊物以及其他等几个重要的行业[143]。

综上所述，由于产业发展背景、国情和地区的差异，信息内容产业概念和范畴差异很大。在产业名称上，欧盟称之为“数字内容产业”，加拿大称之为“电子内容产业”，澳大利亚称之为“创意内容产业”，韩国采用“文化内容产业”，我国台湾地区称之为“数位内容产业”，等等。在国内，信息内容产业也没有统一的定义，概念相近的称呼有信息资源产业、信息产业、文化产业、文化创意产业、信息服务业、数字内容产业等。在产业范畴上，出版业和音频、影、视等产业，以及图书情报、咨询业与信息处理业，是大家都认可的信息内容产业部分，分歧较少。新兴的互联网信息内容部分，由于其发展较快，世界上各大分类体系虽然都有所涵盖，但各体系包含的名称以及各名称所代表的概念和内涵都存在差异。联合国服务统计局包含在线出版、视频游戏生产业；北美产业标准包含数据库、软件出版、网上信息服务；欧盟分类标准包含联机数据库；在日本、加拿大，包含远程教学、远程医疗、电子商务、游戏和信息出版；韩国重点强调网络游戏，等等。从世界上使用范围较大的主流分类标准来看，分歧较大的部分是对支持内容传播与分发的媒介的分类：欧盟分类体系和联合国服务统计局则没有包含这一部分，而北美产业分类标准把通信业包含在内。

这种概念和范畴的差异性，给研究对象信息内容产业的明确、产业发展政策的制定和学术的交流带来了困难。

2.1.2 信息内容产业的定义

在借鉴国内外学者们研究成果的基础上，本书综合各方意见，认为信息内容产业是指从事信息的生产、采集、存储、加工、传递、交流，向社会提供各种信息产品或服务的产业。信息内容产业可分为传统信息内容产业和现代信息内容产业。其中传统信息内容产业是以印刷文本、模拟信号等产品和形式为主提供服务，主要包括广播、电视、电影、音像制作、新闻业、传统出版业、文献情报、图书与档案、专利标准等。现代信息内容产业，又叫数字内容产业，是利用数字化、网络化等信息技术手段，通过对信息内容产品进行开发、包装、传播、销售以及提供相关服务等活动，为社会提供信息产品和服务的行业集合体，具体分类见表 2－3。从涉及的部门看，信息内容产业是一个庞大的产业群，涉及社会各行各业、方方面面，诸如信息生产采集部门：各类信息中心、情报中心、图书馆、档案馆、文化馆、开发中心等；信息加工处理部门：各类信息处理加工企业、科学技术研究机构、文化艺术、教育、银行、保险机构、财政部门、卫生机构、税务机构、计算机中心等；信息传输部门：宣传机构、印刷、新闻、出版、电信、广播、电视等；信息服务部门：信息咨询公司、人才交流中心、气象部门、中介机构、各类事务所等。

表 2-3　信息内容产业范畴表

<table>
<tr><td>出版业</td><td colspan="2">图书、报纸、杂志、期刊、软件和电子出版等</td></tr>
<tr><td>音像传播业</td><td colspan="2">电影、音乐、无线电广播、有线电视、数字电视、网络媒体的影音产品等</td></tr>
<tr><td rowspan="5">网络信息内容业</td><td>网络门户</td><td>门户网站、搜索引擎、电子邮件、网上购物、博客等</td></tr>
<tr><td>即时通信</td><td>网络聊天等</td></tr>
<tr><td>网络游戏</td><td>魔兽、三国风云等</td></tr>
<tr><td>网络广告</td><td>网幅广告、弹出式广告、流媒体广告等</td></tr>
<tr><td>网络教育</td><td>远程函授、职业与认证培训等</td></tr>
<tr><td>移动信息内容业</td><td colspan="2">网络短信、彩铃、图片、文本、手机游戏等</td></tr>
<tr><td>数据库业</td><td colspan="2">图书馆、数字图书馆、各种数据库、科技情报、档案、各类专业数据等</td></tr>
<tr><td>数据处理业</td><td colspan="2">信息咨询、市场调查、银行等</td></tr>
<tr><td>其他</td><td colspan="2">各类设计、文化旅游、服装时尚业等信息内容比重较大的行业</td></tr>
</table>

信息内容产业的概念是本书研究的立足点。为了准确理解本书信息内容产业的概念和范畴，需要进一步分析信息内容在信息内容产业中的地位，信息内容同数字化和网络化等信息技术的关系，以及传统与现代信息内容产业关系等关键点。

1. “内容”在信息内容产业中的地位

信息内容产业的“内容”是产业的核心。人们关心信息内容产业，主要是希望得到其所需的“信息内容”。国外研究表明：在一国的信息化进程中，信息技术、信息设备和信息内容三者的投入比为 3∶7∶12[92]，而且无论是制造信息设备还是发展信息技术，归根结底都是为用户获得信息内容消费服务的。一种商品到底是作为物质商品还是作为信息商品进入市场，主要取决于该商品中物质和信息两种成分的比重。正如英国著名经济学家保罗·霍肯（Paul·Hawken）[142]所说，任何产品（products）和劳务（services）都包含物质与信息比例关系，物质经济与信息经济的根本差别在于这种比例关系不同。当前，随着科学技术突飞猛进，物化于商品中的信息成分的比重逐渐增大，而且在很多情况下超过了物质成分，尽管信息商品需要一定的物质作为载体，但其主要价值则由信息价值所决定，而与载体形式关系不大。这就是说，信息商品已不再是物质商品中的附属部分，而是以其信息价值独立存在。本书采用信息内容产业作为研究对象，使用“信息内容产业”这一概念，就是为了区别于“信息产业”、“数字内容产业”等名称。原因在于“信息产业”这一名称侧重于强调信息技术设备，而“数字内容产业”这一名称侧重强调数字技术，都没有充分体现“内容为主”的时代特征。同时，使用“信息内容产业”这一名称以内容为主线，使得“数字内容产业”“信息资源产业”“内容产业”等名称，虽因各国国情或使用原因不同而存在，但其核心却因“内容”保持了一致。

2. 信息内容同信息技术的关系

信息内容产业是在信息技术基础之上发展起来的新兴产业，是信息化进程从信息基础设施建设阶段进入信息资源开发利用阶段的产物。数字化和网络通信等信息技术不仅是催生现代信息内容产业的重要动力，也是信息内容产业发展的技术基础。信息内容的数字化程度、载体依赖性、消费形式，以及产生方式、存在形态、传播体系等都与信息技术密切相关。以美国的最新动作大片《2012》为例，片中利用特技制作的山崩地裂、火球四射、洪水吞没陆地、世人熟悉的高楼大厦和自然景观都灰飞烟灭的景象，其逼真程度让人们有种身临其境的感觉，栩栩如生的场面帮助该片在上映一周内便在全球豪取了2.5亿美元。信息技术对信息内容的影响最主要有三个方面：一是数字化技术使原本存在于多种介质、互不相容的信息，加工成为形式一致（由0和1组成的字符串）的信息；二是数字化技术和网络技术的出现，使孤单的信息联成网络，互相补充、互相印证，并变得随时随地可取，成为一种对社会经济有着巨大作用的资源；三是信息技术的发展改变了人们获得信息的时间、空间及其成本。如果没有信息技术的蓬勃发展，就没有现代信息内容产业的产生发展，本书也就没有研究信息内容产业的必要。传统信息内容产业存在多年而没有作为独立的产业引起学术界的关注就是证明。但同时，信息内容产业也不同于信息技术产业。信息技术产业主要是物质产业，其产品也主要是物质产品，属于第二产业范畴；而信息内容产业是精神产业，其产品主要是精神产品，是为生产和生活服务的，属于第三产业范畴。因此，数字化和网络化成为信息内容产业特有的行业技术形式，定义信息内容产业离不开对其技术形式的把握。同时，也要正确处理信息技术对于信息内容产业的作用，不能因强调技术特征而忽略了“内容”这个核心。信息内容产业的发展既需要内容，也需要技术，是双翼支撑的。本书在后面章节分析信息内容产业的规律尤其是融合发展模式时，还要多次提到和论述信息内容产业的技术特征和两者的关系。

3. 传统和现代信息内容产业关系

正本清源，信息内容产业概念的产生，来源于数字化、网络化技术催生的现代信息内容产业，也就是数字内容产业。如果不是数字化、网络化等信息技术的蓬勃发展，使得信息资源开发利用成为可能，从而催生出现代信息内容产业，信息内容产业就不可能成为独立的产业纳入人们的视野。所以研究信息内容产业，主要是研究数字内容产业。之所以不用数字内容产业，而用信息内容产业这一概念，原因前文已作阐述，主要是为了突出“内容”，避免人们过分关注“数字”等技术特征。但是，信息技术催生的数字内容产业，同之前早已存在的传统信息内容产业，又是一脉相承的。信息内容产业要作为一个完整的学术概念，就既要包含原先的传统信息内容产业，又要分清传统和现代信息内容产业两者的联系和区别以及研究程度的主次轻重，不能主次不分或本末倒置，以致干扰了本书的研究重点。

信息内容产业划分为传统和现代信息内容产业的主要依据，在于两者采取的服务手段、使用的资源方式不同。传统信息内容产业是以手工或传统方式服务为主，以传统文献等资源为主要信息资源；现代信息内容产业是利用计算机和互联网等现代工具，以数字资源为信息资源，因此，又叫数字内容产业。同一个行业，虽然名称相同，如出版业，提供纸质印刷品的印刷服务，属于传统信息内容产业；而提供网络在线阅读的出版服务，则应属于现代信息内容产业。传统和现代内容信息产业因其满足社会的不同需求，一些形式可能长期并存，并能在一定条件下互相补充、相互转化。但由于信息技术的广泛和快速应用，传统信息内容产品的发展趋势也是向数字内容产品转化，现代信息内容产业（数字内容产业）将要或已经成为信息内容产业的主体。事实上，所有传统信息内容产品都具备数字化的条件和基础，是潜在的数字化内容产业。

本书对信息内容产业的研究，是立足于以现代信息内容产业为主开展对信息内容产业的研究。

2.1.3 信息内容产业相关概念辨析

为了进一步加深对信息内容产业定义的理解，本章对同信息内容产业相近的信息资源开发建设（信息资源产业）、信息产业、信息服务业、文化产业、创意产业和数字内容产业等概念加以辨析，阐述其区别和联系。

（1）信息资源开发建设（信息资源产业）与信息内容产业

信息资源概念有狭义和广义之分。狭义的信息资源指人类社会经济活动中经过加工处理有序化并大量积累后的有用信息集合。而广义的信息资源除了包含信息内容外，还包含与其紧密相连的信息设备、信息人员、信息系统、信息网络等。我国在信息化建设中，所使用的“信息资源”概念是广义的概念，不仅包含信息内容，而且包含信息设备、信息人员、信息网络等多个方面。对比信息内容产业的定义，我们不难发现，信息内容产业所界定的范围，是在我国信息资源开发的范畴下的。另外，在学术著作中，有时出现信息资源产业的名称，而信息资源产业同信息内容产业是大致相同的概念，所界定的范畴，也是在信息资源开发的范畴内。因此，为研究问题的方便，本书将信息资源产业等同于信息内容产业[127]。

（2）信息产业与信息内容产业

信息产业是一个不断发展的动态概念，通常是指从事信息资源的研究、开发、应用，利用信息技术进行产品生产、提供信息服务的行业，是一个子行业多、领域宽、涉及面广的不断发展壮大的现代产业群的总称。2004 年 2 月 10 日，国家统计局为了统一和规范以电子信息技术为基础的信息相关产业的统计范围，制定了《统计上划分信息相关产业暂行规定》。从《统计上划分信息相关产业暂行规定》中我们看到，信息产业除了包含传统的电子信息产品制造业和通信业，还包含了内容产业所涉及的广播、电视、电影和音像、新闻出版、互联网信息服务、软件服务、图书馆等，见表 2-4 所列。从我国国家统计分类的角度看，已将“信息内容产业”相关内容划入我国“信息产业”范围。

表2-4 我国信息产业范畴表

类 别	名 称
一、电子信息设备制造	1. 电子计算机设备制造
	2. 通信设备制造
	3. 广播电视设备制造业
	4. 家用视听设备制造
	5. 电子器件和元件制造
	6. 专用电子仪器仪表制造
	7. 通用电子仪器仪表制造
二、电子信息设备销售和租赁	1. 计算机、软件及辅助设备销售
	2. 通信设备销售
	3. 计算机及通信设备租赁
三、电子信息传输服务	1. 电信
	2. 互联网信息服务
	3. 广播电视传输服务
	4. 卫星传输服务
四、计算机服务和软件业	1. 计算机服务
	2. 软件服务
五、其他信息相关服务	1. 广播、电视、电影和音像业
	2. 新闻出版业
	3. 图书馆与档案馆

也有学者认为，内容产业标志着信息产业高级阶段的到来，是信息产业升级与重心转移的结果，所以它并不等同于信息产业，也不是简单地隶属于信息产业[145]。内容产业因信息产业的快速发展而形成和发展，它的繁荣反映了文化产业与信息和通信产业的融合。所以也不能将内容产业视为一个全新的产业，它源于传统媒体和出版产业，并以此为基础在现代信息技术环境下进行着不断地延伸和拓展。这些观点也从一定的角度阐述了信息内容产业与信息产业的关系。

本书原则上认可将信息内容产业是信息产业发展到高级阶段的产物，是信息产业的一部分。

3. 信息服务业与信息内容产业

根据国家统计局普查中心2003年8月15日公布的“基普分析之二十二：我国信息服务业的现状、问题与对策研究”，信息服务业是指以独特的策略和内容帮助信息用户解决问题的社会经济行为。从劳动者所从事劳动的内容和劳动属性看，信息服务业所指的经济行为包括三部分，分别是生产行为、管理行为和服务行为。信息服务业的范畴即行业划分的依据，要以信息服务的生产过程为主线，并以信息服务的劳动特性作为质的规定性。信息服务的劳动过程同信息、信息产品的生产过程不同，是指在一定的生产关系下，以信息和信息产品为劳动对象，借助信息技术等劳动资料，经过调查研究、增值处理等环节，形成信息服务产品，并通过提供、咨询或经纪等方式，解决用户问题的全过程。上述环节和方面缺一不可。因此，在辨别信息服务业时不要把只符合上述过程中的某个方面或某个环节的生产活动归入信息服务业，如以信息和信息产品为劳动对象并借助信息技术等劳动资料的还有广播、电视、教育等，我们不能把广电、教育和科学研究等归入信息服务业，因为它在行为方式和目的等方面与信息服务不同。同样道理，设备技术服务等也不宜归入信息服务业，因为它虽然也用于用户的问题解决过程，但不是以信息和信息产品为劳动对象[146]。

在统计分类上，国家统计局的《国民经济行业分类与代码》（GB/T4754—94），信息服务业被分为社会调查业、信息处理业、信息提供业、电信服务业、咨询业、经纪业、公共信息服务业和其他信息服务业等八个大类（见表2-5）。

表2-5　我国信息服务业范畴表

信息服务业	对应分类代码
1. 社会调查业	社会调查业（8224）
2. 信息处理业	计算机服务（8310）、数据处理业（8320）、数据库服务（8330）
3. 信息提供业	咨询、广告（8210）、出版业（9020）
4. 电信服务业	电信业（6020）

（续表）

信息服务业	对应分类代码
5. 咨询业	公证业（8221）、律师事务所（8222）
6. 经纪业	商业经济与代理（6500）、证券经济与教育（6860）、房地产经济与代理（7400）、文化艺术与代理（9080）、技术推广与交流（9370）
7. 公共信息服务业	图书馆业（90400）、群众文化业（9050）
8. 其他信息服务业	其他未包括的咨询业（8290）

资料来源：国家统计局《国民经济行业分类与代码》

从上述定义以及统计分类可以看出，我国信息服务业强调的是信息服务，信息内容产业强调的是信息内容生产、流通和消费的过程，两者都属于第三产业。信息内容服务业和信息内容产业在范畴上大致相同，部分范畴存在差异。如信息服务业中的出版、广告、数据处理、图书馆等与信息内容产业是一致的，信息服务业因强调信息服务，而没有将某些内容活动归入信息服务业，所以，在范畴上小于本书界定的信息内容产业。但本书对两者不做严格区分，将信息服务业视为对信息内容产业不同角度的描述。

4. 文化产业与信息内容产业

文化，广义上是指人类创造的一切物质产品和精神产品的总和；狭义上是指语言、文学、艺术及一切意识形态在内的精神产品。文化产业是指从事文化生产和提供文化服务的经营性行业，是社会生产力发展到一定阶段的产物，在我国是随着社会主义市场经济体制的逐步完善和现代生产方式的不断进步而发展起来的新兴产业。文化产业包含三部分：一是指经营以信息和符号性商品为主的生产经营活动，商品的基本经济价值源自于它们的文化价值和智力产权；二是文化产业具有巨大的包容性和扩展性，既有广播、电视、出版、视觉艺术等传统的文化产业，也包含互联网等现代文化产业，以及相关的一些高新技术产业；三是文化产业的核心是内容生产，原材料是个人的思想、想象力、创造力和技能，个性化、非标准化、单一化、非格式化是文化生产的主要方式[19]。按照国家统计局2004年制定的《文化及相关产业分类》，我国文化产业分为新闻服务、出版发行和版权服务、广播电视电影服务、文化艺术服务、文化休闲娱乐服务、网络文化服务、其他文化服务，以及文化用品设备生产和销售等九大类(见表2-6)。

表2-6 我国文化产业范畴表

名称	类别
文化产业	1. 新闻服务
	2. 出版发行和版权服务
	3. 文化艺术服务
	4. 广播、电视、电影服务
	5. 文化休闲娱乐服务
	6. 网络文化服务
	7. 其他文化服务
	8. 文化用品、设备及相关文化产品的生产
	9. 文化用品、设备及相关文化产品的销售

资料来源：国家统计局《文化及相关产业分类》(国统字〔2004〕24号)

从中可以看出，我国文化产业与信息内容产业是交叉的关系。文化产业的核心是信息内容，我国文化产业分类中的新闻服务、出版发行、广播、电视、电影服务、网络文化服务等属于信息内容产业范畴。文化产业与信息内容产业共同的部分成为文化内容产业。

5. 创意产业与信息内容产业

创意产业和信息内容产业一样，作为一个在实践中兴起和发展的产业，在不同国家或地区产业内涵和形式纷繁多样，因而创意产业到目前为止也没有一个统一的范围界定和统一的概念。创意产业最早提出的国家是英国，又叫创意工业、创造性产业、创意经济等，其主要是来源于英语creative economy或creative industry。20世纪90年代，英国将“创造性”概念引入文化政策文件，1998年出台的《英国创意产业路径文件》明确提出“创意产业”这一概念：“所谓创意产业是指那些源自个人的创造力、技能和天分，通过知识产权的开发和运用，具有创造财富和就业潜力的行业。”这一定义后来被许多地区和国家沿用[147]。它通常包括广告、建筑艺术、手工艺品、艺术和古董市场、时尚设计、交互式互动软件、电影与录像、音乐、出版业、表演艺术、软件及计算机服务、广播和电视等等。此外，还包括博物馆和美术馆、遗产和体育、旅游等。

创意产业和信息内容产业也是一个交叉的概念，一方面，二者是紧密联系的。主要部分是重合的，美国、加拿大、澳大利亚等国都把内容产业也称为创意产业。原因在于：数字化技术和网络技术是二者共同的技术的支撑，同传统产业结合催生出来的信息内容大多都是创意产业的范畴，而创意产业也离不开具有广泛渗透性和辐射性的信息技术手段，其主体是通过信息技术所形成的具有创意属性的信息知识产品和服务。创意产业的产品和服务多集中在信息内容产业领域，创意最直接的结果就是信息；内容产业的产品和服务也带有创造性。另一方面，二者是有所不同的。创意产业和信息内容产业是从不同的角度对事物进行定义，创意产业强调的是人的创造性，是受知识产权保护的产业化的生产活动。信息内容产业强调的是对信息资源的开发利用，是各种经过加工创造后提供给社会的信息产品或服务。创意产业中的非信息产品部分如雕塑等，不是信息内容产业；信息内容产业中的非创意产品部分如档案等，也不是创意产业。

6. 数字内容产业与信息内容产业

信息内容产业分为传统信息内容产业和现代信息内容产业，现代信息内容产业又叫数字内容产业，如在世界著名的北美产业分类体系（NAICS）中，信息内容产业就被称为多媒体交互式数字内容（MIDC）产业。但是，正如前文所说，由于信息技术的快速、广泛应用，数字内容产业已经成为信息内容产业的主体和发展方向。在实践中，人们需要更多地认识和掌握数字内容产业的新特点和新规律（传统信息内容产业经过多年的发展，其特点和规律已为人们所认识），从而更好地发展信息内容产业，这也正是本书研究的目的所在。从信息内容产业的来源可以看出，信息内容产业的概念是由于数字化、网络化等信息技术的出现才产生的，只是为了研究的需要，才从概念上分为传统信息内容服务业和现代信息内容产业（数字内容产业）的。换句话说，没有数字内容产业（现代内容信息产业）的产生，也就没有必要提出信息内容产业的概念。本书将研究对象界定为信息内容产业，目的是将传统信息内容产业包含在内，扩大研究对象的覆盖面。因此，本书将以数字内容产业的特征和要求为重点来研究信息内容产业，除在需要辨析概念的部分，不再特别强调区分信息内容产业和数字内容产业（可以把传统信息内容产业理解成数字内容产业的来源或特殊形式）。同时，为体现信息内容服务业的数字化和网络化特性，书中有时在称呼上以数字内容产业取代信息内容产业。

综上所述，信息资源开发建设、信息产业在概念外延上包含信息内容产业，信息内容产业所界定的范围是在我国信息资源开发的范畴下，国家统计分类也将信息内容产业置于信息产业范围之内。信息服务业、文化产业、创意产业和信息内容产业是一个交叉的概念，范畴上双方所包含的大部分内容重合，产业发展特点和规律类似。对于信息内容产业、文化产业、创意产业，我们忽略一些细节上的东西，它们所界定的对象就是同一主体，只是从不同角度研究同一对象的结果，也可以说信息内容产业就是文化产业和创意产业。信息内容产业虽然包含数字内容产业，但数字内容产业是信息内容产业的主体和发展方向，也是本书研究的着力点。所以，信息资源开发建设、信息产业、信息服务业、文化产业、数字内容产业、创意产业，以及信息内容产业的子产业（如电视内容产业、移动内容产业、动漫产业）等，在发展模式和所需支持政策类型上，应同信息内容产业有着共性部分，可以相互借鉴。信息内容产业、数字内容产业、文化产业、创意产业等名称，在研究信息内容产业时可以根据需要替代使用。

2.2 信息内容产业的特征

2.2.1 信息的特征

我们分析信息内容产业的特征，先从信息说起。信息一般具有以下特征：

（1）普遍性和客观性。信息是对客观事物及其运动状态和存在方式的反映。世界是物质的，物质是运动的，运动的物质既产生也携带信息，由此看出信息是普遍存在的。信息的普遍性还表现在信息是无限丰富的，原因在于宇宙空间的事物是无限丰富的。信息同人类认识紧密相关，人类认识存在阶段性和有限性，但不否认信息资源的普遍性，同时人类认识能力越高，获取的信息量越多，揭示的信息规律越深入。信息又是客观的。客观世界及其运动规律是不以人的意志为转移而客观存在的，所以反映客观存在事物及其运动规律的各种各样的信息也必然是客观的。信息的客观性还表现为它是以客观存在的物质为前提，并接受客观实践的检验。即使是主观信息，如决策、指令、判断、计划等，也来自客观物质，验证于客观实践。

(2) 可传递性和可转换性。信息是对物质运动和存在形式的反映，所以它依附于物质载体。但这种依附具有相对性，表现在不同的物质载体可以反映同种意义的信息，同一种物质载体可反映不同种意义的信息。载体变换时，信息可以保持自身含义不变的特性，使得信息可以根据需要不断地转换形态。文字信息、数据信息、语言信息、图像信息之间可以互相转变，也可转换为电讯信号、计算机代码等，数字化、网络化就是现代信息的存在形态。所以，信息传递载体的可选择性，使得信息有了不同的传播方式、传递时间和传递空间，并出现了各种各样的人类开发和利用信息资源的技术，也就是人们通常所说的信息技术。信息的传递一般是从信息源出发，借助信息载体传递，到达信息受体，然后被受体接收。信息在时间上的传递被称为信息的存贮。信息的传递与反馈构成了信息的运动，信息的运动同物质和能量密切相关，信息的运动过程通常伴随着物质的运动，以及能量及其形式的传递或变换。信息的传递虽然依附于物质载体，然而这种依附并不是被动地依赖，尤其是人类进行信息交流时，可以选择需要的载体及形式。人是社会中的人，人类的信息活动是社会性的，所以信息传递又分个人信息传递和社会信息传递。个人通常依靠语言、表情、动作等方式传递信息，社会信息的传递则要依赖报纸、书籍、杂志、文件等载体。信息技术出现后，又先后出现电报、电话、广播、通信卫星、互联网等传递方式。随着人类生产活动能力的提高，社会生产对信息的需求量不断增大，信息传递速度不断加快，社会信息的传递，应通过宏观信息网络系统有组织、有秩序、有计划地进行。

(3) 可知性和可度量性。人类研究信息的目的是利用信息为人类服务，所以信息同人类的认识能力分不开的，是人脑关于客观事物运动状态和方式的再现。人类再现信息的形式可以是口头的，也可以是书面表达的，还可以是其他形式表现的，所以信息是可知的。信息也是可以度量的，不少学者研究了信息的度量方法，如申农（信息论的创始人）给出了度量信息的熵函数方法。

(4) 可存贮性和可处理性。信息是可以存储的，但信息的存储需要物质承担者。人类除运用大脑进行信息存贮外，还发明了很多存储信息的方法，如原始人的结绳记事、殷商时代的甲骨文等。通常情况下，信息存储的短期形式有语言、图像、文字、符号，以及声波、电波、光波等；长期保存载体有纸张、磁盘、磁带、胶卷等。信息又是可以进行处理并加以运用的。信息可以变换形态，也可以压缩、扩充和叠加。人类能够根据自身需要，有目的地对信息进行收集、加工、归纳、概括，去粗取精、去伪存真，或者扩值放大，或者精炼浓缩。信息经过处理，变成对人类有用的信息资源。对于暂时不用的信息，存贮积累起来，成为信息资源，以资日后利用。信息经过不断地存贮、处理、再存贮、再加工，原始一次信息可以变成二次信息和三次信息，实现信息价值增值。

(5) 虚拟性和多维性。信息具有虚拟性，虚拟性是指信息不像物质一样看得见摸得着，由各种语言和非语言所表达。虚拟性需要信息有一定的物质载体。信息是实质，物质载体是形式，虽然对信息有一定的影响，但这种影响是第二位的。信息的多维性，是说信息同文化、知识、艺术等紧密结合在一起，而不可分割的，是同一种事物在不同层面上的反映。简单地讲，文化是指语言、文学、艺术及一切意识形态在内的精神产品，也可以讲文化是判断事物好坏对错的价值标准体系以及由此引起的志向、动力和激情。凡是涉及价值判断如好坏对错、成功失败、美丑善恶都叫文化。知识告诉我们用正确的方式方法去做事，凡是做事的正确方法和手段都是知识，科学、策略、技巧和制度等都是知识的范畴。艺术是关于美丑的问题，简单、自然、人性就是美。但总体而言，可以说信息、文化、知识、艺术都是对客观事物及其运动状态和存在方式的反映，是人们从不同角度对事物的不同认识和感受，所以说信息是多维的。

(6) 超前性和滞后性。一般说来，反映事物及其运动规律的信息，总是滞后于事物及其运动。先有了事物，而后有信息，这就是信息的滞后性。然而，信息虽然存在滞后性，但是人类的主观能动性能够在积累经验，摸索事物发生和发展规律的基础上，能够产生和利用超前于事实发生的信息，如预测性信息就是来源于大量滞后信息的积累和人的主观能动性，从而使人类主动地迎接、改变或消除同类事件的再次发生。需要强调的是，信息的超前性是相对的，滞后性才是绝对的，即使是人类对事物的预测，也是人脑思维的结果，并受时间和实践的检验。信息的滞后性和超前性，构成信息同时间的异步性，即我们通常所说的信息时效性。

另外，信息还具有动态性、时效性、无限性、共享性等，这些特性与信息的其他特性一起构成信息在运动中能够发挥其独特作用的基础。

2.2.2　信息内容产业的特征

信息内容产业具有同其他行业尤其是物质资料生产不同的特征和属性。理解和掌握这些特性，有利于认识和理解信息内容产业，把握对信息内容产业发展模式和政策体系的研究。

（1）产品虚拟性。同其他商品一样，信息内容产品具有使用价值和价值。与物质产品相比，信息内容产品的使用价值具有三个特点：①物质产品的使用价值是为了满足人们物质上或生理上的需要，而信息内容产品的使用价值主要是满足人们精神上或心理上的需要，即满足人们追求知识、了解信息、提高素养、娱乐性情的需要。使用价值的大小就取决于“内容”的容量和质量，或者说满足消费者精神需要的程度。观众看电视是为了欣赏故事情节，体验人物感情，而不是为了看电视机。电视机的质量对观赏效果当然有影响，但影响再大，也只是表现内容的媒介。②物质产品的使用价值会在商品的使用中逐步磨损、变小乃至消失，具有价值递减的特点，其过程是不可逆转的。内容产品可以重复使用，不会消耗，而且具有价值增值的特点。③物质产品是不可复制的，内容产品可以快速复制、下载、传播、扩散，且成本低廉。复制后的产品不影响其使用价值。需要强调的是，信息内容产品需要一定的物质载体，信息内容同它的物质载体是不可分的。但是，信息内容产品的使用价值不在于物质载体，而是物质载体承载的信息内容，即由各种语言和非语言信息符号所表达的“内容”，承载“内容”的载体虽然对信息内容产品的使用价值有一定的影响，但这种影响是第二位的。

内容产品的价值也有自己的特点。对于物质产品的价值来说，其价值是由生产该商品的社会必要劳动时间决定的。价值量的大小与生产该商品的社会必要劳动时间成正比。物质产品的价值量比较容易度量，有客观性较强的价值尺度。但内容产品的价值衡量就复杂得多。内容产品的创造者多是经过长时期专业训练的作家、艺术家、导演、编辑等高级知识分子，从事的劳动都是以脑力劳动为主的复杂劳动，复杂劳动产品的价值是简单劳动的倍加，甚至要达到几十倍、几百倍。内容产品的价值度量也复杂得多，很难有客观、统一的标准。什么是生产信息内容产品的“社会必要劳动时间”和“社会平均的劳动熟练程度”？很难三言两语说得清。

同物质产品相比，信息内容产品这种独特的使用价值和价值，是由

“信息”的虚拟性等特性决定的，它说明信息内容产品不一定是有形的，需要一定的载体但又不依赖于特定载体，容量浩大、传播迅速、使用终端多样化，易实现个性化服务，易通过加载其他信息而实现增值。

（2）技术互联性。信息可以在不同的载体间传递，对于信息内容产业来说，信息在不同载体或媒介传递所需的信息技术具有互换性和互联性。从传统产业的角度看，书籍、报刊、音乐、广播、电视和软件等传播载体或传播媒介，无论在对象、用途，还是在社会功能、服务方式上都存在较大差异。然而数字化技术出现后，信息都可变成由“0”和“1”组成的字符串，从而能够在不同的传播媒介、传播渠道和终端设备上传递，使图书、报刊、音像、电视、广播、电影等信息内容产业形态融为一体，体现了信息内容产业的技术关联性。

（3）交流互动性。互联网的出现，改变了传统“一对多”的服务模式，使信息内容提供者和信息内容消费者之间呈现出“一对一”“一对多”“多对多”等多种组合。现代信息技术条件下，信息的这种互动交流既可以是人与人之间的，也可以是机器间的；既可以是同时发生的，也可以是先后发生的。在这个交流过程中，消费者改变了通常在报纸、书籍等传统信息传递方式中被动接受信息的“受众”地位，可以主动参与到信息内容的生产、传播和消费过程之中。这种交流互动性体现在多个方面：首先，信息消费者有选择自由权。对于信息内容产品这种精神产品，消费者不仅可以在近乎无限的范围内选择信息，而且浏览什么信息，查看什么信息，吸收什么信息，完全可以按照个人的喜好。而物质产品则不同，用户消费物质产品时有时要屈于财力、地域等因素。其次，是按需定制权。在信息产品的消费中，用户可以成为主导者。信息消费者的需求可以通过交互了解被内容生产企业所掌握，内容生产企业根据用户群的需要提供个性化的内容产品，甚至由用户来定制，以便获得更大的业务增值空间。最后，是传播或生产主动权。互联网的出现，使信息的即时交流互动成为现实，通过网络，信息内容可以直接传递给消费者，而不像传统的书籍报刊发行要经过供货商或中间商。同时网络上的每台电脑（每个人）都是一个信息发布源，可以像出版社、电视台或广播站一样发布消息。消费者利用计算机和网络可以随时随地、随心所欲地改变信息传输的形式和内容，信息内容生产和消费过程趋于统一、信息内容消费者和生产者身份走向统一的特征日渐突出，如网络报纸的阅读者通过“反馈”等功能发表对新闻等内容产品的个人意见时，研究者钻研学术论文加上个人分析归纳在博客上形成作品时，在消费与生产的过程中，消费者与生产者的界限就变得非常模糊了。浏览或者下载信息内容的消费者，同时成为发布或者上传信息内容的生产者（提供者），这就是信息内容产业的交流互动性。

（4）产业多重性。产业多重性是内容产业区别于其他产业的特有属性。信息内容是指信息内容产品中所包含的信息、知识、思想和其他观念体系，其价值或作用体现在人们的学习认知、精神享受、文化熏陶、心灵感悟、情感体验等科研教育文化社会活动中，所以，信息内容产品既是信息产品，又是知识产品、精神产品、文化产品，具有意识形态方面的属性。它的社会属性除了具有交换价值外，还具有非物质性和文化价值。同时，有一部分内容产品，如新闻、图书馆和公益性演出等，又是一种公共产品。因此，信息内容产业具有文化、知识、意识形态、公共服务等多重属性。

（5）产业衍生性。信息内容产业是围绕信息资源进行开发利用的知识型高附加价值产业，核心是具有创新性的内容创作，形式多种多样，包括科技、文化、教育、艺术以及游戏等，与这些内容相联系的软硬件设备的研制生产，以及数字化储存、传送、转换和服务等生产管理和技术开发，都是高科技领域，技术可以应用到多个系统，行业可以延伸到多个领域。同时，信息内容产品是精神产品，围绕着内容创意，一个成功的内容产品又可以衍生众多的产品与服务，常见的衍生模式有信息内容向玩具、服装、餐饮、旅游、装潢，以及游戏、音乐、出版、软件等市场的辐射。信息内容产业衍生性典型的案例，是迪士尼公司的衍生品开发，迪士尼公司的米老鼠、唐老鸭等动画片深受广大青少年的喜爱，伴随着无数少年儿童的成长，由米老鼠、唐老鸭形象衍生出了各种衍生品——玩具、录像带、录音带、图书、文具、服装、MTV 等（如图 2－1）。

（6）高收益和高风险性。信息内容产品具有高收益性，如各种好莱坞大片、畅销小说、迪士尼公司的动漫、印象刘三姐等成功的信息内容产品产生的高收益，是大家有目共睹的。但信息内容产业也是一个高风险性的产业，这种高风险性表现在以下三个方面：一是信息内容产品是一个体验性产品，只有在消费后，人们才能判断该产品的好坏。而且，消费者的满意度也是一个主观的问题。二是信息内容产业具有“不可预知”的特性。从信息内容产品的需求特性看，没有人能够事先肯定判断一个内容产品的

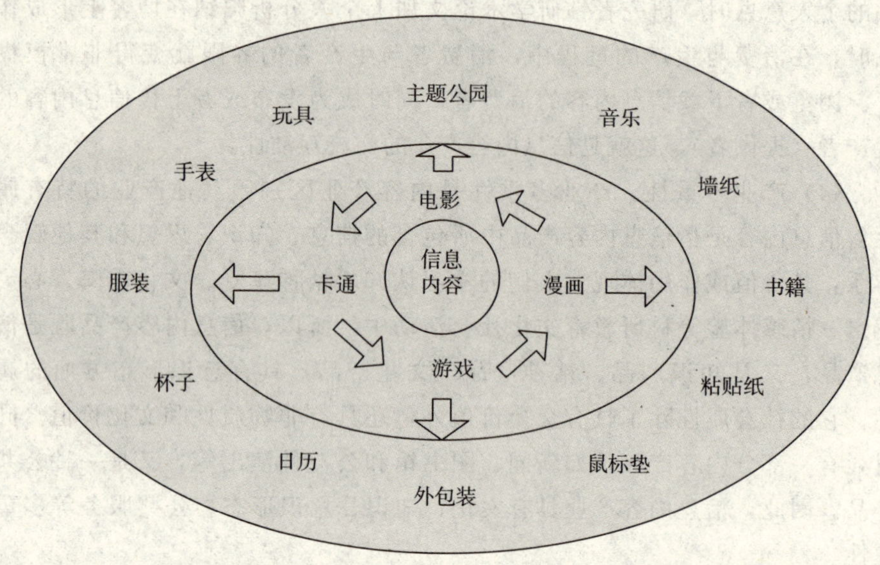

图 2-1　迪士尼公司信息内容衍生品示意图

成功与否，很少有人能够确定消费者如何评价新推出的信息内容产品，也很少有人能够根据过去的经验和案例来准确判断一个信息产品是否会满足现在的需要，即使某个内容生产商如制片公司花大价钱进行市场调查，然后再根据调查结果投入巨资进行宣传、拍摄，但拍摄出来的产品仍然有可能是一部烂片，不受市场欢迎，这种事例在好莱坞比比皆是。三是信息内容需求相对于人的生存需要来说是第二位的，并非生存的必需品，人们大多是在物质需求满足后，才追求信息内容产品的消费。所以，信息内容产品可能会得到消费者的认可，带来超过生产它们高得多的巨额财富，也可能会找不到认可它的买家，使生产者倾家荡产。信息内容产品需求的这种不确定性表明信息内容产业是一个高收益和高风险的行业。

2.3　信息内容产业的发展模式

2.3.1　产业发展模式的概念及影响因素

模式是反映客观事物及其规律的思维方式和思想体系，是某种事物的标准形式或可参照的标准样式，是解决某一类问题的方法论，它是研究客观事物的理论图式和解释方案。可见，模式是现实世界简单化、序列化和抽象化的结果，是理论的简化形式，强调的是形式上而非实质上的规律。

就经济领域而言，关于模式有以下几种说法：模式一即结构，是对经济现象内部有关经济结构问题的抽象和描述。钱纳里在《经济结构转换：经济发展的实证研究程序》中认为，模式就是结构，把库兹涅茨开创的结构转换理论称为："库兹涅茨增长模式"。模式二即类型，是指在一定的空间和时代背景下，国家和区域经济发展的不同路径和方法，如20世纪60年代的东亚模式，20世纪80年代中国的苏南模式和温州模式等。模式三是对多因素相互作用构成整体的认识和把握。模式覆盖的空间不是传统意义上的纯经济学空间，而是包括文化、政治、历史和制度在内的以经济学为中心向其边缘扩展的多维空间[148]。

一般说来，模式具有五个方面的属性：一是模式是包含一系列基本要素的整体，这些要素是模式存在和发展的基础；二是具有独立性，即模式能通过内部文化黏合剂的作用区别于其他模式；三是模式内部各要素之间相互作用，相互依存，推动模式内部结构不断创新和发展；四是模式内部各要素存在着合理布局与协调相处问题，模式整体不等于各要素之和，各要素功能的最大化不等于整体最大化；五是模式处于不断的运动变化之中，对来自外部的压力和内部各要素的反抗，模式能够迅速反应，予以调节和疏导。

产业发展模式是产业经济学和发展经济学的常用语之一。产业发展模式是在一定的外部发展条件和市场定位的基础上，通过产业结构反映的一种资源利用方式。任何一个国家的产业发展，都离不开模式的选择，合适的产业发展模式和发展路径直接决定一个国家产业发展水平的高低。产业发展模式本身没有好坏之分，但对于既定的国家和地区来说，适合国情的产业发展模式就是好模式。一国或地区选择合适的产业发展模式的依据在于，符合本国在全球产业分工体系中的地位，能够充分发挥自身优势，合理配置产业内部及外部资源[149]。关于产业发展模式的概念，可以从以下几个方面进行理解。

（1）产业发展模式是对不同产业发展结构的描述。出口导向型产业发展模式是指产业出口值在整个产业中所占的比重较高；劳动密集型产业发展模式是指在各种要素的投入中，产业的单位产值或单位资产中劳动所占的份额较高；产业集群发展模式意味着某一产品的生产要素在一定区域内容聚集生产。

(2) 产业发展模式代表某种资源利用方式。劳动密集型代表有限的资源被利用到劳动力比重较大的产业中，同样的资金能够帮助更多的劳动者就业；产业链式发展模式代表资源利用环节的紧凑和共享程度的加强；以大企业为主的发展模式代表着产业发展的资金、劳动力、技术等资源主要掌握在大企业手中，资源的集中度较高；产业的重点突破发展模式代表有限的资源集中到重点产业。

(3) 产业发展模式既可以通过产业发展的外部环境来反映，也可以通过产业自身的特点来反映。前者有以市场调控为主的发展模式，以计划调控为主的发展模式等；后者有以产业集群为主的发展模式，以融合发展为主的发展模式等。

(4) 产业发展模式都要受到一定的条件约束，如资金、技术、劳动力、市场规模、国家安全等。一个国家或地区，要根据自身的约束条件或者说根据本国国情选择相适应的发展模式，一种好的发展模式是一个能充分发挥本国优势的发展模式。

(5) 任何一个国家的产业发展模式都是一个动态变化的过程，所谓发展模式的优化是指一国的产业发展模式按照能够充分利用本国资源或更适合本国国情，从一种资源利用方式转变到另一种资源利用方式。

产业发展模式的形成与发展没有一定之规，也不是一成不变的，深受资源、禀赋、国际环境甚至政治制度的影响。具体分析如下：

一是经济发展水平和产业基础。经济发展水平是影响一国产业发展模式选择的主要因素。不同的经济发展水平，生产要素的稀缺程度不同，分工与专业化程度不同，经济系统的聚合要求不同，其所具有的比较优势就不同，而比较优势是一个国家选择产业发展模式考虑的主要依据。同时，产业发展模式的选择又依赖于原有的产业基础，良好的产业基础可以提供技术、资金、人才、制度等条件。

二是生产要素基础。资本、自然资源、技术因素、人力资源、基础设施等生产要素，对某一产业发展的适合程度是决定该行业能否取得竞争优势的重要因素。但发展模式不仅取决于生产要素，更取决于要素能否被有效运用。

三是市场与政策环境。市场与政策环境也是一国选择产业发展模式通常要考虑的因素。市场规模影响产业的市场定位，决定产业所能涉及的领域。政策能够重新配置生产要素，可以培育和保护产业，甚至使产业跨越式发展。因此，世界上所有国家，尤其是日、美等发达国家，在信息内容产业发展过程中都进行了政策扶持。

综上所述，产业发展模式的选择是产业外部条件和内部因素发生变化而共同作用的结果。产业内部的影响因素状态发生变化，或者外部的影响因素发生变化时，都会导致产业优势和社会分工中角色发生变化，因此产业发展模式中构成要素的状态也会随之调整，适应新的发展需求。一国或一地区选择产业发展模式时，重要的是要看该发展模式是否适合该产业、地区或国家的发展现状和需求。

2.3.2　信息内容产业发展模式体系

一个新兴产业发展的内在动力取决于社会分工、技术创新、社会需求变动，以及产业内部专业化协作等多种因素[150]。对于信息内容产业，这些因素如何体现？换句话说，我们研究的着眼点集中在哪里？以怎样的思路才能更好地发现信息内容产业的发展规律，才能在实践中促进信息内容产业的发展？

产业链、产业集群和产业融合是信息化时代产业发展的新趋势[151,152]，是产业内在发展规律在产业发展实践中的具体体现，是现代企业超出了单个企业自身的能力和资源范围的新型组织形式，也是产业发展对当今经济新变化和新特征的一种动态注释。信息内容产业同产业链、产业集群和产业融合的结合，使本书找到了研究信息内容产业发展规律的着眼点。从以上信息内容产业的定义可知，信息内容产品具有不同于物质产品的特性，尤其是产品的虚拟性决定了信息内容产品不同的使用价值和价值，使得成本、价格、产量、客户这些物质生产行业的核心概念，与内容产业关联起来后，其内涵发生了巨变。同时，政府对信息内容产业的管理方法和政策体系也必然有所不同。这样，信息内容产业的产业链、产业集群和产业融合等发展规律必然不同于物质产业。本书研究的信息内容产业链式发展模式、产业集群发展模式和融合发展模式就具有了理论创新意义和现实意义。

无论是产业链、产业集群，还是产业融合，都是适应时代发展涌现出来的高效率的产业组织形式：产业链是产业纵向一体化组织形式，集群是产业聚集的空间组织形式，融合是产业相互渗透发展的组织形式。罗纳德·哈里·科斯（Ronald H· Coase）认为“企业是对价格机制的一种替代，企业和市场是两种可以成为相互替代的协调生产的手段”[153]。这样看来，产业链、产业集群和产业融合这些产业组织形式就是介于市场和科层制一体化企业之间的准市场或准企业网络结构（如图2-2）。

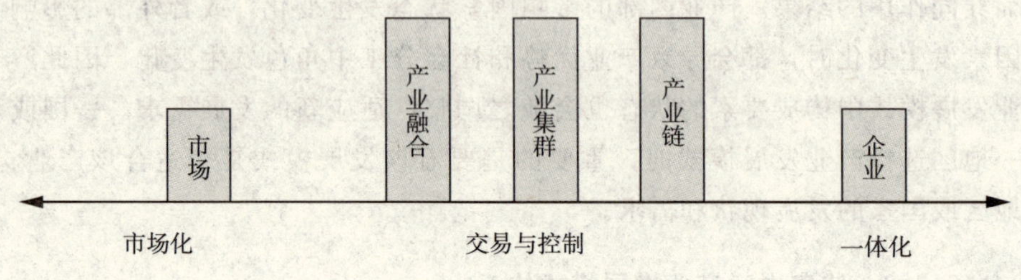

图2-2 产业组织结构渐变图谱

产业发展遵循经济发展的一般规律，即追求成本最低化，利润最大化。研究证明，一个产业内的企业对于某些生产环节是采取市场、科层制一体化企业，还是准市场或准企业的产业组织形式，主要取决于两个基础性问题：产业组织绩效及环境适应能力。换句话说，一个占优的产业组织结构，不仅需要节约市场交易成本，有较高的生产效率，还要有较强的环境适应能力、创新能力与市场竞争力。对产业链、产业集群和产业融合的解释涉及社会分工、交易效率、规模经济和范围经济等多种经济学理论，这些理论将结合信息内容产业的特点在后面章节中加以阐述。在这里，我们主要分析信息内容产业的链式发展模式、集群发展模式和融合发展模式的提出意义及三者间的关系，以便确定本书信息内容产业发展模式的理论体系。

我们知道，现代产业呈现出的产业链、产业集群和产业融合等新趋势，在信息内容产业身上得到了充分而更为集中的体现。一是由于信息内容产业的特殊性，内容产品单一环节的赢利性较差，内容创意性、产业衍生性等特征使产业各环节在生产过程中的联系日益密切。一些原本由一个企业完成的商品生产过程，由于分工更细分布到多个企业且每一个企业只在特定阶段进行专业化生产，但这些企业又按照产品的内在经济技术关系在分工的同时进行协作。这种经济技术联系的紧密性决定了该产业较传统产业更易采取产业链的形式组织生产。二是信息内容产品需求变化快，为了及时捕捉市场机遇，组织有效生产，信息内容企业更趋于选择以柔性生产为主，再加上内容企业中小企业较多，这些因素驱使信息内容企业“抱团”集聚，在一定的地理空间上将不同专业化部门的相关企业整合起来，形成产业价值活动的区位集中，从而形成信息内容产业集群。三是信息技术数字化、智能化和网络化的特点，使之具有较高的渗透性、带动性和融合性，信息内容借助信息技术融合渗透到社会、经济、文化等领域，在对其他产业进行渗透、融合和变革的同时，不断采用其他行业的丰富内涵和成果而发展壮大，催生新的信息内容产品和业态，成为信息内容产业发展壮大的不竭源泉，从而使融合发展成为信息内容产业成长的明显特征。

有鉴于此，本书将信息内容产业的发展模式分为链式发展模式、产业集群发展模式和融合发展模式，分别从三个不同的角度描述信息内容产业的发展规律，阐述了发展信息内容产业的途径。信息内容产业链式发展模式是解决内容企业之间的组织形式问题的。具体地说，就是解决这样一些问题：对于某一信息内容产品，在其个从信息素材、信息创意、加工制作、传播到被消费者消费的整个过程中，是被某一企业生产还是被众多企业生产是不确定的。如果是被众多企业生产，那么这些企业如何确定规模大小？企业之间建立怎样的联系？决定上述问题的原因何在？信息内容集群发展模式是解决内容企业之间的空间布局问题的。也就是说，生产某一信息内容产品，应该由哪些企业或机构集聚在一起？这些企业为什么要聚集在一定的地理空间内？是如何集聚在一定的地理空间内的？信息内容产业融合发展模式是解决信息内容来源的问题。信息内容如何借助信息技术同其他产业融合？在融合的过程中如何促进其他产业的改造提升而产生信息内容、催生新的信息内容业态？在融合中信息内容产业如何得到发展？

信息内容产业链式发展模式、产业集群发展模式和融合发展模式又具有极其密切的关系。在一定程度上，信息内容产业集群就是基于信息内容产业链纵向分工协作、横向有效竞争的信息内容企业在一定区域内形成的产业组织形式。如果没有信息内容产业链的特征，集群内信息内容企业就会因产品同质化导致集群内部企业的恶性竞争，或者因内容企业缺乏经济技术联系成为“一盘散沙”，这些都会使信息内容集群沦为低效率的组织。反过来，信息内容产业集群是具有产业链关系的内容企业在一定地理空间中的集聚，信息内容企业和相关的支撑单位只有集聚在一定的地理区域内，人才、资金、信息等各生产要素才能得以在产业链上各企业间有效流动，才能产生价值增值。信息内容产业借助产业链和产业集群的发展模式，快速成长壮大，使得信息内容产业具备了同其他产业融合发展的能力。信息内容产业融合发展不仅发生在产业链上各企业之间，而且发生在集群企业各集群主体之间，甚至发生在产业链同产业链、产业集群同产业集群之间，当然也发生在信息内容产业同其他产业之间。信息内容产业同其他产业的融合发展，除改造提升传统产业、展示信息内容的价值之外，还能创造新的信息“内容”、新的内容产品和新的内容业态，成为信息内容产业成长的源泉；这些新的信息内容、产品和业态，又会形成新的信息内容产业链和产业集群，从而形成一个信息内容产业发展的良性循环。

总之，信息内容产业链式发展、集群发展和融合发展交织在一起，相互支持，共同促进信息内容产业的成长、发展、壮大，构成了信息内容产业发展模式的理论体系。

2.4　本章小结

根据本书信息内容产业发展模式和建立政策支撑体系的需要，本章首先分析了信息内容产业的演变、定义、特征，以及同相关产业的区别和联系，接着阐述了产业发展模式的概念，选择产业发展模式的影响因素，最后提出了信息内容产业发展模式的理论体系。

信息、产业、信息内容产业和产业发展模式的概念是本书研究的基本概念。

信息是对客观事物及其运动状态和存在方式的反映，是一种重要的资源，具有普遍性和客观性、可知性和可度量性、可转换性和可传递性、超前性和滞后性、可存贮性和可处理性以及虚拟性和多维性。

产业是指国民经济的各行各业，简言之，“产业”是指具有同一特性的企业集合。

信息内容产业是指从事信息的生产、采集、存储、加工、传递、交流，向社会提供各种信息产品或服务的产业。信息内容产业可分为传统和现代信息内容产业。“内容”是信息内容产业的核心，数字化和网络化是其存在的技术基础，二者相互依存；传统和现代信息内容产业在一定条件下长期共存并可以相互转化。信息内容产业具有产品虚拟性、技术互联性、交流互动性、产业多重性、产业衍生性，以及高风险和高收益等特性。信息内容产业同相近的产业概念，如信息资源开发建设、信息资源产业、信息产业、信息服务业、文化产业、创意产业和数字内容产业等既有区别，又有联系。

模式是指可以使人们参照的某种事物的标准样式，强调的是形式上的规律，在经济领域中可以是结构、类型，也可以是对多因素相互作用构成整体的认识和把握。产业发展模式是一种资源利用方式，通过产业的内部和外部结构所反映。产业发展模式受经济发展水平、产业基础、生产要素基础以及市场与政策环境影响。

最后，结合信息内容特点，阐述了信息内容产业发展模式的提出背景，提出了信息内容产业发展模式体系由信息内容产业链式发展模式、产业集群发展模式和融合发展模式三部分构成，并分析了各模式彼此之间的相互关系。

本章阐述的这些概念和理论，为后文主体部分的论述提供了研究基础和思路启示。

第3章 信息内容产业的链式发展模式

现代产业的竞争是产业链之间的竞争。链式发展既是信息内容产业成长的重要途径，也是信息内容产业发展的重要模式。本章从信息内容产业链的概念和构成出发，阐述信息内容产业链式发展及其机理，最后论述了信息内容产业链式发展的实现途径，意在为我国信息内容产业的链式发展提供理论指导。

3.1 信息内容产业链的概念和构成

3.1.1 信息内容产业链的定义

产业链是一个产业成长发展的必然产物，是随着该产业的形成而自然形成的，并将随着该产业的消亡而自动消失。

目前学界和业界认为产业链的定义可以分为三大类。一类是从企业经营管理的角度进行定义，这是目前学界的主流观点，主要有内部型、物流型、信息型、网链型等四种类型。第二类是从产业的中观层面出发进行定义，认为产业链是各个产业部门之间基于一定的技术经济关联并依据特定的逻辑关系和时空布局关系客观形成的链条式关联关系形态。第三类是从社会生产的角度分析，产业链概念具有四层含义：产业链是产业层次的表达；产业链是产业关联程度的表达，产业关联性越强，产业链就结合得越紧密，资源的配置效率也就越高；产业链是资源加工深度的表达，产业链越长，表明产业生产加工可以达到的深度越深；产业链是满足需求程度的表达。产业链始于自然资源，止于消费市场，但起点和终点并非固定不变。

本书认为产业链就是从一种或几种资源通过若干产业层次不断向下游产业转移直至到达消费者的路径，是有着竞合关系的相关企业根据产品生产流程和产品价值分布进行分工合作的产业组织形式，是融供应链、价值链、知识链于一体的链条。产业链描述的是厂商内部和厂商之间为生产最终交易的产品或服务所经历价值增值的活动过程，涵盖了商品或服务在创造过程中所经历的从原材料到最终消费品的所有阶段[154]。

信息内容产业链是信息内容产品从“生产—流通—消费”全过程所涉及的各个产业部门之间基于一定的技术经济关联，由价值链、供应链、知识链有机组合、链接而形成的链网式产业组织形式。在信息内容产业价值链的最前端是信息素材，以及创作者在信息素材的基础上进行内容创意的构思，通过进一步的创作转化为依附于相应载体得以表现的信息内容作品，再经一定规模的复制、生产成为信息内容产品或服务，在市场上进行传播与交换，并最终作为信息内容商品（消费品）为消费者使用或体验。在这一产业链价值增值过程中，产业活动的核心内容分别围绕着信息内容的创作、复制、生产、传播、销售、消费和体验展开，并相应地表现为信息内容理念、信息内容作品、信息内容产品（服务）和信息内容商品等不同形态。

3.1.2　信息内容产业链的构成

信息内容产业链是链式发展模式的建立基础。分析和探讨产业链的成长规律，必须从构成产业链的各个环节入手。正如综述所言，国内外学术界对于信息内容产业链的构成至今尚未达成共识。从不同视角分析和阐释，信息内容产业链有不同的构成环节和要素。因此，无论是信息内容的创意、加工、发行、传输、营销乃至推广，还是投资、研发、生产、销售，以及衍生品开发和配套服务，都可以说是信息内容产业链的构成环节和要素。换言之，这些环节和要素在不同视角下都是内容产业链的组成部分。综合以上观点，本书认为信息内容产业链包括内容素材、信息创意、内容生产、内容传播、内容消费、衍生品开发及配套服务（如图3-1）。产业链中各环节之间紧密联系、相互配合，以满足消费者需求，实现内容产业链价值增值。

1. 内容素材

内容素材是信息内容产业链中最基础的一环，是信息内容产业的最原始素材。它可以是加工过的信息内容，也可以是原始状态的信息内容，在将要研究的信息内容产业链中处于未加工状态，为下游信息内容提供基本素材。相关的素材还应包括文字、绘图、影像、音乐以及出版等。

对信息内容开发商来说，内容素材需要搜集、积累、存储和取得，占有其使用权或所有权，因此，内容素材在产业链中可以直接参与市场交易，作为下游信息企业的创作生产原料，也可以由内容素材提供商进一步加工生产成信息内容产品，沿完整的产业链条生产提供给消费者。

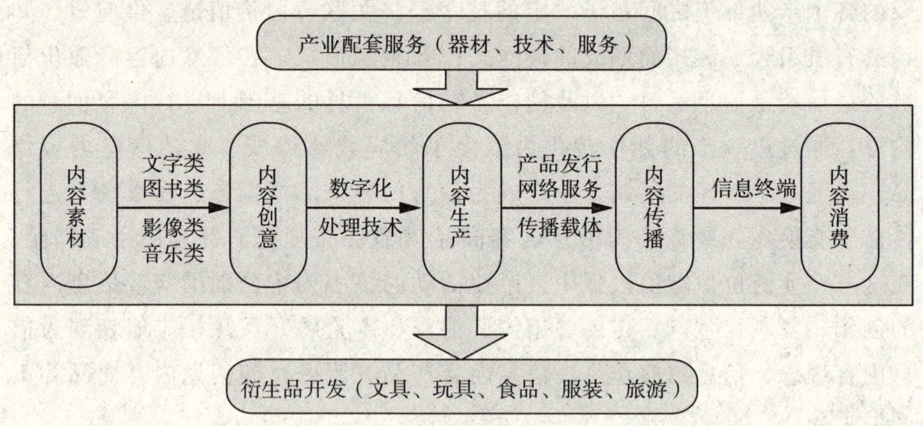

图 3-1　信息内容产业链构成图

目前比较成熟可以直接提供给消费者的内容素材，如影像、音乐等数字化程度较高的领域，已经发展成为较成熟的形式包括 MP_3 下载、WAR 网上影院、IPTV、彩铃等提供给用户。未来，新一代信息技术和互联网技术的发展将促使内容素材更加丰富。对于生产、生活中产生的内容，或一些作为创作原料的内容，则不能直接提供给消费者，如电影的拍摄素材，未经加工的数据库原始材料等。

2. 内容创意

内容创意是在内容素材的基础上，对信息素材进行的创新性制作，包括设计、开发、创新等。按照创作方式来分，内容创意包括内容原创和内容再创造。内容创意对整个内容产业链的重要作用是不言而喻的，在内容产业链这一系列互为依存的上下游链条关系中，内容创意是内容产业链的核心。

首先，独创性是内容产品的生命力所在，是产品市场受欢迎程度的主要源泉，是衡量内容产品价值高低的根本标志。作家最可贵的是“自己的声音”。列夫·托尔斯泰说过“没有什么比艺术中的因循守旧更为有害的了”。“文化创意产业靠简单的复制模仿不行，内容陈旧、老化也不行”[155]。其次，创作的内容质量决定了信息内容产品的最终使用价值，在后续的各个环节中都是以创作的内容作品为基础，作品的质量与最终产品销售、用户使用息息相关。最后，创作出的内容作品数量是决定整个产业繁荣程度的关键，只有在大量的内容作品的基础上，信息内容产业才能得到更好的发展。

再者，信息内容产业的价值来源于创意，内容产业发展的核心就是对原创内容的网络化和数字化的生产运营。人们基于对原创内容“独特性”的辨识和认可，有选择地消费了与之相关的产品和服务，以此来获得精神和物质需求的满足。在信息内容产品实现价值增值的过程中，信息创意起到了两个方面的作用：第一，作为信息内容产业价值的基础活动，大量的智力投入和无差别的劳动付出完成了内容产品的价值的创造，是一个从无到有的过程；第二，内容的再创造将已有内容产品的特征同数字载体相剥离，为相关衍生产业提供了原材料。这一过程中的劳动投入促使了内容产品价值在新的产业领域产生了增值。

香港特区政府与迪士尼公司达成的合作协议就充分说明了这一点。1999年，香港特区政府与迪士尼达成了共同建造全球第五座迪士尼乐园的协议，协议中有一个条款特别引人注意：特区政府的出资包括土地资源、设备等在内的290亿港元将占公园股权的57%，而迪士尼公司仅出资35亿港币，却能占有43%的股权，且乐园的管理权和专营权属于美国迪士尼公司。为什么精明的香港政府会做出如此让步？《南华早报》可谓一语道破天机：“香港虽然拥有令人羡慕的大量资金，但是在娱乐内容的信息内容方面却是贫困的。如果未来的迪士尼乐园仅仅是一个游乐场，而缺乏源源不断的新内容和全世界的推广力度，那么它很快就会破产，而迪士尼公司恰恰是一个不断喷发‘内容’的大油田，也是一个富饶的超级脑库”。[156]

3. 内容生产（数字加工）

内容素材和内容创意一起构成信息内容，成为信息内容产业内容生产的原材料。信息内容的生产过程，也就是对信息内容进行加工的过程，对于现阶段的信息内容产业来说，这个加工过程主要是指数字加工的过程。在内容素材基础上，以信息内容和策划为核心，综合运用动画、图像、视频等数字化处理技术，采取多种组织形式，对内容素材进行整合、集成、存储、包装，以便制造出能被相应终端设备获取并为人们所用的加工过程。在数字内容产品的定义中，“数字”描述的是数字内容产品的载体。数字加工的任务就是要将内容产品与相应的数字载体结合起来，例如游戏的开发就是将最初的设计方案用开发软件和计算机语言实现出来，完成方案的数字化。

内容生产是产业链的重要环节。虽然这个环节大量的投入并没有使得产品的内容信息量发生变化，但由于改变了产品的依附载体，使得加工后的数字内容产品可以通过终端设备被消费者所使用。因此本环节是数字内容产品具有使用价值的充分条件，即本环节使得产品的使用价值发生了增值。

内容生产通常由所说的内容生产商来组织实施，内容生产商以信息创意为核心，对获得的内容素材进行创造性加工，生产适合市场要求的信息内容产品。在很多情况下，内容生产商自身也是内容素材的提供者。主要内容制作商包括新闻/娱乐等门户网站（如CNN、Sina等）、数字影音内容商、数字出版商、软件开发商、游戏商、动漫制作企业，以及图片、图书、影视节目、音乐及其他音频节目等数据库企业，他们将生产出的信息内容，通过网络运营提供给用户和消费者，也成为内容提供商。当然，传统的内容制作商也包括纸质报纸、图片、图书和模拟电视信号等提供商，显然这不是本书研究的重点。

从具体运作来看，内容生产商不直接面对最终消费者，其收入的获得在于内容的授权/版权收入，另外还有与内容运营商的收入分成。因此，从一定程度上讲，内容生产商在产业价值链中处于被动地位，缺乏对市场的直接控制权，获得的业务附加值也有限，同时由于面临激烈的市场竞争，其盈利水平也受限制。从产业链的发展趋势来看，内容生产商的发展方向是逐步向运营环节渗透，成为综合性的内容服务企业，直接面对用户需求培育自己的品牌和对市场的主动权，提升自身的盈利能力。

4. 内容传播

内容传播包括内容产品的发行和网络服务两部分。

内容产品的发行指的是发行商向内容产品生产企业购买相应产品的发行权，使自身具备在限定时间内在特定区域向公众提供一定数量的内容产品复制件的过程。内容产品的发行伴随着交易、销售和发行权的转移，在前一环节只具备使用价值的产品通过政府的审查，被允许发行，从而具备了实现交易价值的充要条件。由于获得发行权的发行商通常要面对一个比较大的市场区域，甚至是全球市场，因此发行商会通过将内容产品提供给各地的销售企业，由他们完成销售的方式获得利润。在这个过程中，内容产品价值链产生交易价值增值。

对数字内容产品来说，内容产品的发行离不开网络服务。借助无线或有线等方式进行的网络服务能够使数字内容提供给用户使用或消费，包括内容供应服务、网络增值服务和电子商务服务等。网络服务商通常被称为ISP和SP，有的信息内容生产商生产信息的同时也自己提供网络服务，例如门户网站在提供大量信息资讯的同时，也直接提供网络服务；在网络游戏领域里，也有大批游戏开发商直接从事网络游戏运营等。网络服务是数字内容产业价值实现的关键环节，网络服务提供商也多位于产业价值链的核心地位，控制着盈利分配。因此，总体上看，网络服务的增值空间很高，相对而言盈利水平较高。

同时，网络服务也离不开网络传播载体。传播载体在数字内容产业链中起到链接和支持保障作用，主要包括互联网、移动通信、有线通信、数字广播等，其中互联网和移动通信是目前最主要的传播载体。由于管理体制的原因，我国的传播载体互联网、移动通信、有线通信、数字广播在运营时，都存在一定程度的资金、政策进入壁垒。在互联网的基础网络、移动通信方面，由中国电信、中国移动、中国联通三大电信运营垄断；在广电领域，约有5家全国性有线数字信息内容服务平台，400余个地方性有线数字信息内容平台、5家手机信息内容运营平台、2家IPTV运营平台。由于受到管理体制的保护，各大传播载体的运营商对产业运营平台具有较强的控制权，居于垄断主导地位，收益水平很高。而且从未来看，这种垄断地位有进一步加强的趋势，传播载体的运营商们也在逐步向信息内容产业其他的生产和运营领域渗透和发展，例如手机定位服务等。

5. 内容消费

内容消费指的是消费者欣赏、消费者使用相应内容产品，获得满足并影响自身的过程。这一环节可分为信息摄取、信息理解和信息反映三个阶段。这一环节体现了产品使用价值的实现，在用户使用过程中价值的增值源于消费者通过对内容的吸收并影响自身。由于数字内容产品按使用方向可分为：工具型、学习型和娱乐型。工具型产品可以辅助消费者解决问题；学习型产品可以改变消费者的知识结构、增加用户的知识数量以及扩大用户的知识面；娱乐型产品可以使消费者获得新的体验。内容消费是内容产业的目的和产业链成立的根本，是内容产品交易价值实现过程中最重要的一个环节。信息内容只有被消费者接受消费，才能实现社会认可，信息内容产业链才能得以持续存在和运转。没有这个环节，前面的环节都失去了意义。

对数字内容产业来说，实现内容消费还需要一定的信息终端。网络运营服务将信息内容通过网络服务提供给广大用户和消费者，消费者或用户实现信息消费还需要借助一定的信息终端，信息终端是数字内容最终展现在用户面前的工具或载体。目前，常见的信息终端有移动电话、PC/NB、PDA、信息内容机等。信息终端是信息内容产业的配套设施，也是典型的电子产品，任一品种的信息终端，在产业发展初期，都是企业数量较少，市场竞争较弱，盈利空间较大，但到产品成熟期后，随着新进厂商增多以及企业生产规模的扩大，竞争就趋于激烈。当前，常见的信息终端如手机、电脑、笔记本、信息内容机等相对成熟，生产商开始陷入价格战，盈利水平也逐渐走低。当然，随着用户对内容需求和应用的逐步升级和信息需求的出现，终端产品的种类也将不断创新。信息终端的不断更新，为生产厂商又提供了更多发展空间。创新能力高的企业，才能够占领新的信息终端市场。

6. 衍生品开发

衍生品开发是内容产业链的特色环节，内容产品借助其形成的品牌知名度和市场号召力形成产业链的延伸环节。当然，不是所有的内容产品都能产生出衍生产品，只有拥有较高的品牌知名度和市场号召力的内容产品才可能延伸产生链。换句话说，品牌是内容产业链得以延伸的基本前提。目前，常见的衍生产业链主要有三种模式：第一种，将同一内容符号在不同载体间转移，通过信息内容与不同信息载体的有机结合拓宽盈利范围和渠道。这一种最为常见，也较易被采用，例如信息内容节目“百家讲坛”受到信息内容观众的追捧后，出版的相关图书和光盘也受到了读者的喜爱。第二种，对内容产品中的某些环节或核心要素进一步拓展。如对在“超级女声”和“快乐男声”节目中脱颖而出的优秀选手进行培训、包装和经营，发展演艺事业。第三种方式是将品牌授权给其他产品经营使用，例如湖南宏梦卡通集团就将“虹猫蓝兔”的品牌影响辐射到了文具、玩具、服装、食品、医药等其他行业。

需要说明的是，衍生产业的产品在形式上可能仍然是信息内容产品，也可能不是信息内容产品。但是它们在内涵上都具有作为其基础的信息内容产品的某些特征。例如印有卡通形象的文化衫，游戏人物的玩偶，等等。

7. 产业配套服务

信息内容产业链的正常运行还需要必要的产业配套服务。产业配套服务是对整个产业的补充与完善，是为基本活动提供器材、技术、咨询等辅助内容的过程。首先，由于信息内容产品数字化的特点，消费者必须通过相应的传输渠道或者借助相应的接收终端的帮助来体验、使用数字内容产品。因此配套支持企业包含了传输媒介提供商、接收终端制造商等，这一部分的有些产业配套服务内容在前面相关环节中已作阐述。其次，数字内容产品制造商和发行商为保证产品的质量，及时得到关于产品的反馈信息会聘请相关的咨询服务公司对消费者的反馈信息进行统计分析，得出能够指导企业发展的信息。因此相关的咨询服务公司也是产业配套支持企业的一部分。器材的制造和传输媒介的提供能够使产业增值，原因有两点：①保证产业基本活动环节的顺利完成，例如接收终端的制造就是保证用户使用的必须前提；②提高基本活动的运行效率，例如动画制作软件可以帮助数字加工人员更好地完成动画制作的工作。反馈活动主要指的是消费者在信息反映中会产生一定的信息反馈，这些反馈的信息通过特定渠道影响整个产业的各个环节的过程。在用户吸收内容产品的过程中会产生大量对的反馈信息。这些信息通过相关渠道例如相关咨询公司，反馈至各个环节后，能指导各个环节的运作方向、模式等内容，使得产品的各个方面都与用户需求靠近，以满足用户个性化的需求。从产品增值过程来看，反馈活动并不能使当次产品价值产生增值。但它能够指导产业的各个环节进行调整，对下一次的产品价值能起到积极的影响。

内容素材、内容创意、内容生产、内容传播、内容消费、衍生品开发及配套服务构成了信息内容产业的完整产业链。但具体到某一信息内容产品来说，产业链不一定要涉及所有环节。如内容创意同内容素材二者的根本区别在于内容的创新性。对于某些信息产品如电影、小说等来说，没有创作和新意，就没有市场和消费者。对于这些信息内容产品的产业链来说，内容创意必不可少，需要在内容素材的基础上进行创新制作。对于某些学习内容产品如教科书、学习资料等，信息创意就不再是必需的环节。再如一些信息内容产品的产业链，就只有内容素材、内容创意、内容生产、内容传播和内容消费等环节，而没有衍生品开发。另外，同一内容产品，在不同的产业链中，其地位也是不同的。以小说《红楼梦》为例，如果作者曹雪芹进行发行销售，是原创作品；对于电视剧《红楼梦》剧组来说，小说《红楼梦》就是内容素材，需要以此为基础进行再创作。

3.2 信息内容产业的链式发展

信息内容产业链式发展简单地说，就是信息内容产业链的构建、延伸和整合，实现产业链结构优化，加强产业链企业之间的产业技术联系和市场交易关联，深化产业分工和专业化，促进信息资源要素共享和经济规模的形成。

现代社会，一个最终产品通常要由多家企业合作才能完成。从不同的角度看，产业链是产业内物质、信息、资金、技术、知识等多种生产要素构成的链条。产业内企业在原材料供应、产品生产、产品销售上构成了相互链接的供应链；在价值创造和价值实现上构成了相互协作的价值链；在信息、技术和知识传递、交流和共享过程中构成了相互作用的知识链。资源经历产业链的不同产业环节，形态被改变成消费者所需要的最终产品或服务，在这个过程中附加价值增多，知识含量增加。因此，信息内容产业链是围绕信息内容生产经营活动构成的链网结构，在信息内容生产经营活动中，物质、技术、资金、信息、知识等流动构成物质链（产品链）、技术链、价值链、信息链和知识链，这些不同的链条又内嵌于信息内容产业链的大网状结构之中，使得产业链链网关系变得较为复杂，也由此增加了我们分析信息内容产业链式发展的难度。

为了分析问题的方便，本书从产业链结构的角度，以产业链的环节数（n）、产业链每个环节企业数（M_i，$i \in n$）和分岔数（N_i）等来判断信息内容产业的链式发展。这样，关于信息内容产业的链式发展问题就转化为三个方面的问题：（1）信息内容产业链的纵向拓展或延伸，即产业链的环节数 n 变多，环节数目 n 的增大表示信息内容开发深度提高；（2）信息内容产业链每个环节的规模扩大，即每个环节所包含的企业数目增多或企业规模扩大，我们用 M_i 表示第 $i \in n$ 环节产业的企业数，也就是 M_i 变大，反映产业生产经营规模变大，该环节的价值创造能力提升；（3）产业链的横向拓展，即各环节的分岔数（N_i）变大，分岔数 N_i 的增大表示信息内容产业分型能力变强。因此，信息内容产业的链式发展又可分为纵向链式发展和横向链式发展。上述（1）信息内容产业链的环节数 n 变大的过程定义为纵向链式发展，表现为信息内容产业链的环节由少变多，由短变长，信息内容产业专业化分工由泛到精，由粗变细，信息内容产业规模由小变大，由弱变强。上述（2）和（3）的过程，定义为横向链式发展，即横向链式发展表现在两个方面：一是产业链的环节规模（M_i）变大，反映产业企业数目变多，生产经营规模变大，价值创造能力提升；二是信息内容产业链上的各个环节在原有链条基础上向新的空间和领域进行拓展，表现为信息内容产业链的各环节的分岔数（N_i）变大，信息内容产业分型能力变强。

当然，信息内容产业的链式发展也可以是纵向和横向同时发展，即混合发展，只是其规律依然可以分解为纵向和横向链式发展。

3.2.1　信息内容产业的纵向链式发展

纵向链式发展是信息内容产业链式发展的主要形式。通常所说的产业链式发展就是指信息内容产业链的纵向链式发展。

内容产业纵向链式发展可以从产业链上任一环节为开始端，进行前向或后向的构建、延伸、整合，或者称之为进行前向或后向发展。进行前向发展称之为前向链式发展，进行后向发展称之为后向链式发展。前向链式发展是从产业链的上游环节向下游环节渗透，如产业链上游的内容运营商通过与网络运营商的合作向下游用户端延伸。后向链式发展是从产业链的下游环节向上游环节扩张，如网络运营商向上游的内容运营环节或内容创造环节渗透。以电视内容产业为例，从目前我国的具体情况来看，主要是从两个环节开端的。一是从信息内容的播放平台环节开始。目前国有电视台（频道）依托电视播放平台，从播放环节向电视内容节目的创意、生产等上游环节，或者向衍生产品的开发延伸，实施产业链式发展模式。二是从电视信息内容的生产环节开始。中国大量存在的节目制作公司，从电视内容节目的生产开始，向电视内容节目信息内容、内容素材等环节延伸，最后形成一条完整的产业链。所以，我们得出信息内容产业链式发展的过程，就是信息内容产业在内容素材、信息创意、内容生产、内容传播、内容消费、衍生品开发等产业链环节上不断向前、向后进行拓展，就是信息内容产业不断成长的过程（如图 3－2）。

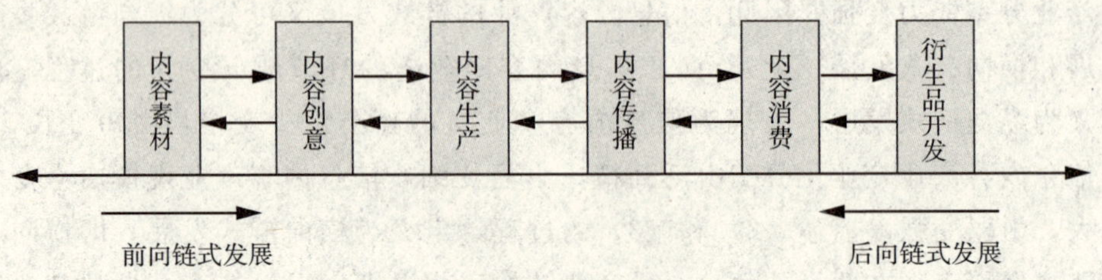

图 3－2　信息内容产业纵向链式发展示意图

在信息内容产业的纵向链式发展中，特别值得一提的是信息内容产品的衍生品开发，即品牌乘数，或者叫品牌衍生品开发[157]，即用品牌做乘数，在后面乘上各种经营手段以期获得最大的利润。也就是利用某个品牌开发各种衍生产品，延长产业价值链，来获得更广泛的盈利空间。

信息内容产业产品，一方面源于创造和利用知识产权来创造财富，具有很强的品牌效应；另一方面，单一的信息内容产品市场开发产生的效益往往不能弥补内容产品开发投入的效益。这样，信息内容产品的品牌衍生品开发就具有现实的经济意义。一般来说，一旦投入巨资建立了一个品牌，内容产品消费者就会在其一系列的产品上认同这一品牌。内容产品生产和销售企业就可以用不同的形式，从产品、产品形象、商标或是服务中，重复地收获利润，从而获取品牌乘数效益。

3.2.2　信息内容产业的横向链式发展

信息内容产业横向链式发展是以产业链上的任何一个环节作为基础，从垂直产业链的方向向新的空间和领域拓展。如信息内容节目播放环节，既可以是从一个播放企业，扩展到多个播放企业，也可以是向与信息内容产品播放相关的硬件生产业和软件生产业扩展，从而成为信息内容播放的硬件生产商（提供商）或者软件生产商（提供商）。从横向链式发展的行业领域来看，信息内容产业链的横向链式发展可以区分为产业内横向发展和产业外横向发展。

产业内横向发展可以使产业链的环节规模扩大（如图 3－3）。如电视内容产品制作公司不仅可以生产自身所需的电视产品，而且可以利用自身的生产能力，同时生产报纸内容产品、网络内容产品、广播内容产品。这样，对于电视产品的产业链来说，电视产品制作环节就得以发展壮大。当然，由于市场需求的增大，电视产品制作环节的公司规模和公司数量增大，也使得电视产品的制作环节规模扩大。

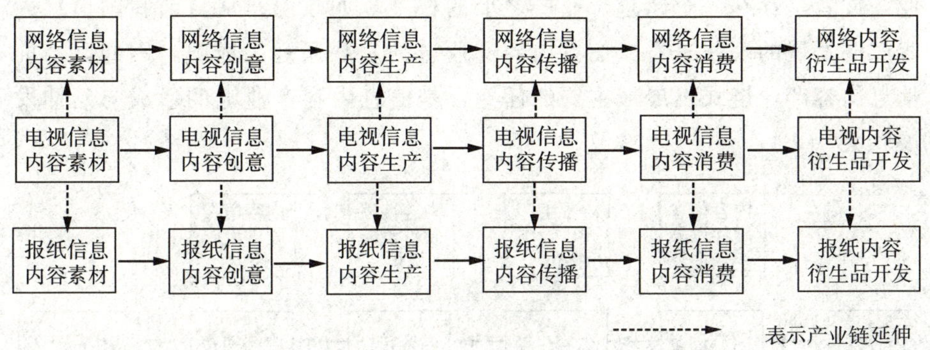

图3-3　信息内容产业内部横向链式发展示意图

信息内容产业外横向发展主要是指信息内容产业链各个环节的主体延伸到内容产业以外的业务之中。一般来说，信息内容产业外延伸主要是延伸到与信息内容产业相关的行业中。以信息内容产品播放环节为例，信息内容生产商不仅可以经营生产信息内容产品的播放，也可以经营信息内容产品播放平台所需要的硬件设备以及软件设备（如图3-4）。实际上，信息内容产业外延伸是指信息内容产业实施产业多元化的一种方式，通过产业外延伸涉入不同于信息内容生产企业现有生产过程和产品以外的其他产业，一般来说所涉入的这些产业与信息内容生产企业现有信息内容产品的环节存在密切联系，但有时也可能是全新的产业。

产业链链式发展可以是单独的纵向发展，也可以是单独的横向发展，也可以同时进行纵向和横向发展，用来解决产业链上企业不能协同运作的问题，产生合理的价值增值。信息内容产业链通过纵向链式发展、横向链式发展，以及混合发展，纵横交错，相得益彰，共同构成了信息内容产业的链式发展。

当然，信息内容产业的链式发展是一个动态的过程。当信息内容产业链发展到一定程度之后，无论是纵向链式发展还是横向链式发展形成的信息内容产业链，随着技术进步、企业间经济技术关系的变迁等会变得不再合理，需要对其进行整合以形成适应新条件下的合理产业链。信息内容产业链整合的目的是促使信息内容产业各种生产力要素，按照合理的方向流动和组合，使链上企业产生协同运作的效果，创造出新的生产力，为整个信息内容产业链带来价值增值。信息内容产业链整合是需要一定条件的，最主要的前提条件是要存在一家具有核心竞争力的信息内容生产主导企业，或者是存在一个超越产业链之上的权威，如政府。从目前我国信息内容产业发展的现状来看，信息内容产业链的发展还远未成熟，因此，当前信息内容产业链式发展最主要的任务，是信息内容产业链的形成与延伸发展壮大。

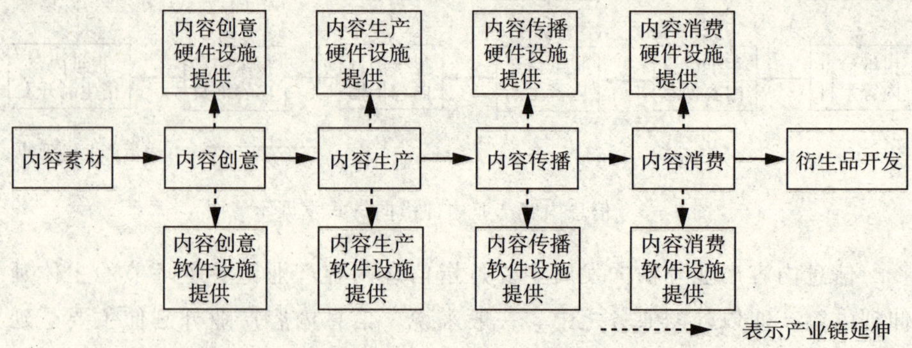

图 3-4　信息内容产业外部横向链式发展示意图

3.3　信息内容产业链式发展的机理

3.3.1　信息内容产业链式发展的动机

信息内容产业链式发展的成功取决于产业主体调动一切积极的因素实现信息资源向产业优势转变的能力。在这个过程中，信息内容产业链式发展在追求价值增值的基础上，还需要一定的内因和外因，这些内因和外因相互联系而聚集在一起，形成促进内容产业链式发展的动机。动机是信息内容产业链式发展机理的初始力量，是原始动力。

（1）寻找经济增长点。根据产品周期理论，任何产品都有“引入期—成长期—成熟期—衰退期”，内容产业也不例外。沿着产业链的纵向和横向拓展企业的生产经营业务，是任何企业内涵式扩大再生产常用的思路。因此，当内容产品进入产品周期后两个阶段时，有远见和危机感的内容企业，就会谋划通过产业链延伸进入一个新的领域，从而实现自身的可持续性发展。

(2) 解决市场需求。市场需求总是不断变化的，一些内容企业衍伸产业链的目的，是为了生产更多的相关产品或提供更多服务来适应市场需求变化，满足消费者需要。如经营图书的书店，看到消费者对电子刊物的喜爱，在发行图书的同时，增加经营光盘、磁带，甚至电子阅读器等。

(3) 提高内容产品附加值。由于内容产品有着丰富的价值内涵和无限开发的潜力，当信息内容企业经过一段时间的发展和积累，其产品获得市场认可拥有一定的可控资源，或者产品的市场竞争较大利润水平较低，企业就产生了提高内容产品附加值的动机。沿着产业链对信息内容产品进行精加工和深度开发，是提高内容产品的附加值的有效途径。如美国迪士尼公司，在动漫产品获得市场认可后，开始制作并包装动漫，打造产业链，通过主题公园、影视娱乐、特许授权、零售迪士尼“标签产品”等途径，极大地提高了公司初始动漫产品的附加值。

(4) 提高内容产业集中度。任何一个产业发展到一定程度，处于优势地位的企业为攫取更多的利润，都渴望提高产业集中度。链式发展是优势信息内容企业提高产业集中度的重要手段。优势企业可以借助自身在某一信息内容产品市场中的地位，通过拓展新业务、兼并重组、市场竞争等手段，集中资金向产业链的上下游环节拓展，或者扩大自身产品的生产规模提高市场占有率，以达到提高产业集中度的目的。如阿里巴巴集团，公司成立之初经营 B2B 贸易，为中小型制造商提供了一个销售产品的贸易平台，等到成为电子商务行业内的龙头企业以后，阿里巴巴集团开始沿着产业链向外部发展，又先后创建了淘宝、支付宝、中国雅虎、阿里巴巴云计算等公司，业务涵盖 B2B 贸易、个人零售、支付、企业管理软件和生活分类信息服务等领域，提供多元化的互联网业务，极大地提高了其在我国信息内容产业的集中度。

(5) 增加对内容产业链的控制能力。信息内容企业为了生存和增强可持续发展能力，降低由于市场需求的变化和价格的波动带来的经营风险，提高自身的竞争能力，通常倾向于加强对产业链不同环节的控制，实施产业链式发展战略。如总部从澳大利亚搬到美国的世界传媒企业新闻集团为了增强对传媒产业链的控制能力，将发展或控制传播渠道定为企业的发展战略，使集团的传播渠道涉及报纸、广播、电视、网络、图书出版、杂志等众多领域。这样的例子，还有美国时代在线对时代华纳的并购等。

(6) 减少市场交易成本或组织成本。产业链是一种准企业或准市场的组织方式，信息内容产业链式发展可以将原先的不适宜采取市场交易的生产活动，转变为企业内部控制，从而在一定程度上减少了合同监督、代理问题等市场交易成本；或者将原本不适宜放在企业内部的生产环节市场化，以寻求减少企业组织成本。通过寻求减少市场交易成本或企业组织成本的平衡，来达到提高生产效率和经济效益的目的。

3.3.2 信息内容产业链式发展的经济解释

信息内容产业的链式发展，实质上是信息内容企业通过产业链的形式组织信息内容产品或服务的生产，能够实现信息内容产业价值增值。纵向链式发展是信息内容产业链式发展的主要形式，我们研究信息内容产业链式发展，也主要是研究纵向链式发展。本书以信息内容产业链的纵向链式发展来阐述产业链式发展机理。

在产业链中，将产品价值分解到不同的经济单元体创造，各个经济单元体的经营性活动不仅决定着个别环节的价值，还决定着整个产品的总价值。价值单元的环环相扣，必将导致产业中价值的“链”化，从而形成产业价值链。迈克尔·波特[10]在研究跨国企业的战略管理时首次提出了价值链的概念，将其定义为原材料转换成一系列最终产品并不断实现价值增值的过程。从企业价值形成的角度分析，企业从各项投入开始到投产经营，再到生产的产品为消费者所消费的一系列环节和活动中，都显示出有新的价值创造，即价值增加，这样这一系列环节和活动就连接成一条价值链。当价值链理论的分析对象由一个特定的企业转向整个产业时，就形成了产业价值链。产业价值链是企业内部和企业之间为满足用户特定需求或进行特定产品生产（及提供服务）所经历的原材料采购、生产、销售、服务等一系列价值增值活动。后来，这个概念将链的两头向前、向后扩展到了供应商和顾客，提出实物价值链和信息构成的虚拟价值链。价值链理论揭示了产业链中关联企业在价值创造的流程中，相邻环节之间相关利益的存在性和一致性，这是价值链思想的重要贡献之一。近年来，产业界提出了附加价值曲线即“微笑曲线”理论：“微笑曲线”的中间是制造，左边是研发和技术，右边是品牌和服务，在其所揭示的曲线奥秘中，附加值更多地体现在研发和品牌营销两端，产业价值链中研发和营销的环节增值能力最强。“微笑曲线”理论揭示了在分工中各生产要素作用的变化规律，自然资源和劳动力等传统的作用趋于减弱，而技术、信息、人才、组织技能和创新机制等知识要素的作用趋于增强。

根据价值链理论，信息内容产业链得以存续并不断拓展，或者说信息内容产业之所以采取产业链的方式发展，是因为信息内容产业链能够更好地实现价值增值，满足了产业链的各环节主体追求利润的内在需要。进一步分析，信息内容产业链产生价值增值的经济学原因是分工深化和交易费用降低。具体地说，信息内容产业链式发展的机理，就是产业链生产效率高于产业链上所有企业生产效率之和（协作乘数效应），产业链的交易成本低于产业链上所有企业间的交易成本之和（分工网络效益）。用公式表示就是：

$$G(x) \geqslant \sum g_i(x_i)，而\ C(x) \leqslant \sum c_i(x_i)；\ i \in n \quad (3-1)$$

在这个数学模型中，式(3-1) 中 $G(x)$ 表示产业链的生产效率；$C(x)$ 表示产业链的交易成本；$g_i(x_i)$ 表示单个企业的生产效率；$\sum g_i(x_i)$ 表示产业链上所有企业的生产效率之和；$c_i(x_i)$ 表示单个企业的交易成本；$\sum c_i(x_i)$ 表示产业链上所有企业的交易成本之和，n 在上文已经定义为产业链的环节数。同时，单个企业的生产效率又受到自身规模经济效应和范围经济效应的制约。式(3-1) 中还暗含对单个企业的一个约束条件，即式(3-2)：

$$g_i(x_i) \leqslant m_i(x_i) \quad U \quad g_i(x_i) \leqslant n_i(x_i)；\ i \in n \quad (3-2)$$

其中，$m_i(x_i)$ 表示规模经济效应；$n_i(x_i)$ 表示范围经济效应。因规模经济效应和范围规模效应的存在，信息内容产品的所有生产环节就不可能集中在一个企业内部，这就是企业选择垂直分离与柔性生产等专业化分工的原因[158]。

1. 分工协作深化

信息内容产业之所以能够链式发展，究其原因是因为产业的专业化分工协作。产业链的存在，本身就是以产业内部的分工和协作为前提的。没有分工协作，就不可能出现产业链。信息内容产业的专业化分工，使产业链上的各个部门发挥了各自所长；信息内容产业链各环节的协作，又使产业链中各个部门的工作成果最大程度地得以保存，最终达到让用户享受更高价值服务的目标。

企业在组织生产的过程中，随着技术的进步、市场规模的扩大以及需求的多样化，由于规模经济、范围效应(即式(3-2)：$g_i(x_i) \leqslant m_i(x_i)Ug_i(x_i) \leqslant n_i(x_i)$)等诸多条件的限制，不能让生产过程全部由一个企业来承担，原来由企业承担的部分职能开始发生分离，因此就产生了分工。从另一个角度看，“当市场具有一定规模且前景看好时，许多工作的数量便会多到足以移交给专业化厂商去完成”，甚至“辅助性的环节又会分化成为独立的企业”，促进了“产业链的各个环节的分化”[159]。在信息技术发展的推动下，信息内容产业为了应对外部市场的多变性，特别是对产品需求的不确定性，如动漫、电影、唱片等信息内容产品的生产周期通常比较短，消费者的品位是不可预测的等，其产业组织形式几乎都经历了从垂直一体化的福特制生产方式，向垂直分离与柔性生产的转变历程(如好莱坞、香港、伦敦的影视业制作与传播渠道的分离等)[119]。垂直一体化是指一个产品的整个产业链或大部分产业链都被包含在一个企业或公司内部，产品产业链上全部或多个生产环节通过企业内部的科层制形式来控制。垂直一体化在一个产业的发展初期是常见的现象，但随着产业的发展、技术的进步、分工与协作的开始，垂直一体化开始走向垂直解分离。垂直解分离，是与垂直一体化相反的过程，在这个过程中，垂直一体化的企业为了降低企业组织成本等目的，将原来在企业内部的纵向链条上的生产过程分离出去，或者说从产业链体系的某些环节撤离出来，转而依靠外部供应商所需的产品、支持服务或者职能活动(如图3-5)。

亚当·斯密认为一国财富积累的首要原因是劳动生产率的提高，而分工是提高劳动生产率的最主要因素。垂直解分离是实现社会分工的一种途径。分工的种类有三种：一是企业内部的分工；二是企业间的分工，即企业劳动和生产的专业化；三是产业间的分工或者称为社会分工[160]。分工能够提高生产效率的主要原因有两点：其一，原来要求复杂劳动的工作通过分工变成了简单劳动，而简单劳动较易学习和掌握，所以分工缩短了人们用于学习和掌握劳动技能的时间，从而降低了生产活动成本；其二，分工使复杂生产变为简单生产，生产过程的简化为机器化生产创造了条件，而机器化生产不仅可以大规模提高劳动生产率，而且进一步降低了对人们劳动技能复杂性的要求。分工带来的专业化提高了人力资本，导致技术进步，技术进步产生报酬递增。分工使企业所承担的职能越来越趋向于专业化，可以专注于自己最具优势的生产环节，最大限度地发掘自身资源禀赋

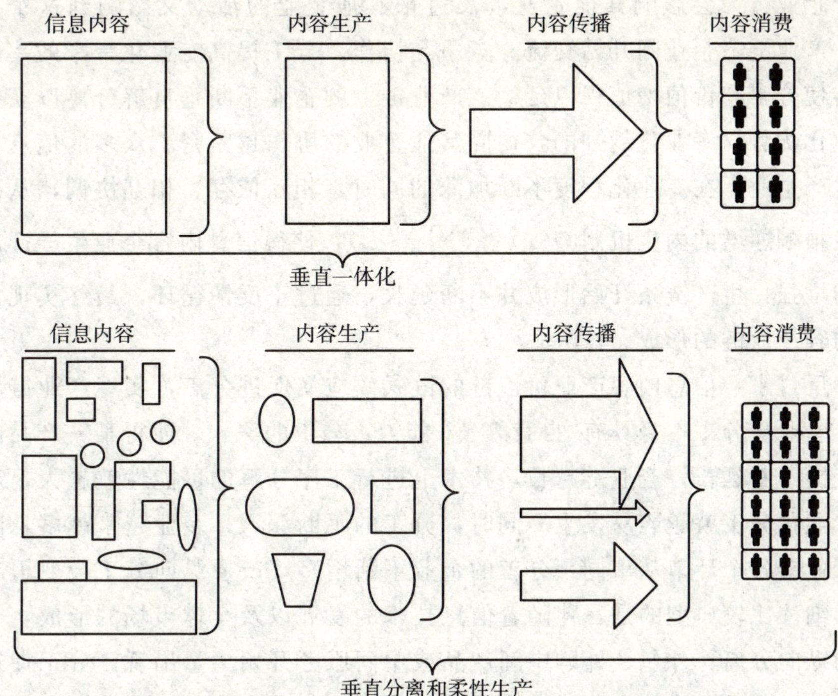

图 3-5　信息内容产业从垂直一体化到垂直分离和柔性生产示意图

的潜力。产业价值链上的分工越来越细化，产品的竞争力也就越来越强。分工离不开协助。从各国的实践可知，信息内容产业如影视业、新闻出版业和流行音乐产业组织的垂直分离导致了大量多样化的中小信息内容专业服务公司。但这些信息内容企业也不是独立活动的，他们之间以产品生产交易为纽带形成生产组织网络，这些网络又会和较大的信息内容公司联合，由于中小企业多从事信息内容创意和生产等活动，这些较大的公司就开始承担融资、调和、营销和发行功能等主要活动。随着产业分工的不断深化，企业间的关系也不断演变，既有相互竞争和制约，也有相互之间的合作与互补。这样，产业链的雏形就显现出来了。

这里需要强调的一点是，垂直解分离只是形成产业链的一种途径，不仅垂直分离产生的信息内容企业能够形成产业链，所有具备经济技术联系的内容企业都有可能形成产业链。本章以垂直分离来阐述产业链的形成，只是垂直分离产生的信息内容企业之间本身暗含经济技术联系，形成产业链更容易让人理解。

产业链的形成使得任何一个信息内容企业都不再是孤立的，产业链上一个企业行为会影响其他企业，反过来其他企业的活动又影响到这个企业，产业链上企业间开始交流、竞争与协作。分工提高专业化带来效率，协作使分工和价值增值得以延续。产业链上的企业不断垂直解分离以获得专业化优势，专业化越强的公司同其他企业的协作越紧密。众多的信息内容生产企业，在专业化程度不断加深的同时，相互依存、相互协调，从而产生报酬递增的内生机制 $G(x) \geqslant \sum g_i(x_i)$，使得信息内容企业生产迂回度的增强，生产链条开始形成并不断延长，通过正反馈循环，最终实现信息内容产业链的形成。

反过来，信息内容产业价值链的链式效应又促进分工，实现产业链增值。专业化分工本身具有“自我繁殖”能力：分工的深入，使得某一产品的产业链不断延长。产业链越长，技术上进行工序分解的可能性就越大，新的专业化分工就越容易发生。同时，分工的不断深入，企业越来越多，随着产业链各个环节从事同一分工的企业不断增多，产业纵向分工会变得越来越细。比较典型的是，伴随着信息技术的发展以及全球市场的形成，企业的纵向分离、外包、外购中间产品或中间服务开始大量出现。分工促进协作，协作进一步促进分工，在这种循环中，信息内容产业链就逐渐成长壮大起来。

2. 交易费用降低

尽管分工产生的报酬递增机制能够促使产业链的形成，但是并不必然带来产业链的快速成长，因为产业链各环节企业，是否愿意采取一定的形式进行联合，这种联合的意愿大小才是信息内容产业链式发展快慢的重要原因。

按照科斯定律，“企业是对价格机制的一种替代”，而“企业对市场的替代只不过是用要素市场取代产品市场”[161]。那么，企业规模大小(即企业边界）取决于企业节约的交易费用与自身组织费用之间的比较，即式(3-1）中 $C(x)$ 和 $\sum c_i(x_i)$ 之间的比较。

分工能够提高劳动生产率获得报酬递增，但随着专业化分工的不断深化，也带来了新的问题。由于分工使得交易的参与者数目不断增加，交易内容不断扩大，交易过程也日趋繁杂；分工细化在提高专业化和劳动生产率的同时，人们熟悉的工作范围也明显缩小了，交易信息的不对称程度加深，导致交易费用的不断增加。这种交易费用的增加至少表现在以下方面：信息不对称导致买卖双方博弈，而影响市场交易效率；信息不对称使人们面临着许多不确定性，而消除不确定性必须花费经济成本；信息不对称使人们无法辨别产品信息的真伪，导致优质产品市场萎缩。因此，分工在带来高效率的同时，使得企业间的交易成本也不断增加：原来由一个企业完成的工作，由于分工变成由多个企业来完成；原来一个企业时没有交易费用，即企业间的交易费用是零，而现在的交易费用是多个企业间的交易费用的总和。对于信息内容这种无法大规模标准化生产的产品来说，产品的开发依靠人力资本，产品质量消费后才能知道，企业间信息的不对称就更严重。

于是，分工能提高劳动生产率，但分工深化的代价是导致企业间交易费用增加，而降低企业间交易费用的解决办法又是将企业外部交易内部化，通常情况下外部交易内部化表现为两种形式：一是扩大企业的经营范围，将一些企业间靠市场交易完成的环节企业内部化，使单个企业规模壮大；二是寻找伙伴建立合作关系，用半市场化的企业间合作关系代替完全市场化的交易关系。这两种形式尤其是前者，又违背了社会化大生产依靠分工提高效率的逻辑。因此，在经济生产中采取什么样的形式联结不同的分工与交易活动成为日益突出的问题。解决两者矛盾的关键是寻求分工和交易费用之间的平衡，这样就在企业和市场之外产生了某种经济组织形式对生产信息内容产品的企业进行协调、组织与维系，就产生了企业间关联，产业链就是企业间关联的一种形式。

对于信息内容产业来说，当经济活动中只存在企业、市场，以及产业链这三类组织形式时，选取哪种组织形式作为合适的制度安排，取决于信息内容产业资产专用性、交易频率和交易的不确定性三个变量的水平[162]。当上述三个变量低于某一较低值处于较低状态时，市场调节是较为有效的组织形式；当三个变量均有某一较高值处于较高水平时，企业调节较为有效；而当三个变量同时或部分处于较低值和较高值之间时，市场的自动调节和企业的强制调节就会同时发生作用，这时信息内容产业的生产经营形式就是介于企业与市场的中间组织形式。因此，由产业链形式将企业联系起来的组织形式，是一种介于企业与市场之间的信息内容产业的生产组织形式。

从信息内容产业的行业特点来看，产业链的上游是信息内容素材的收集和制作公司、信息创意公司，企业具有数量多、规模小、布局分散的特点，以上述资产专用性、交易频率和交易的不确定三个变量水平来衡量，采用市场调节效率较高。到中游生产制作环节，交易的不确定性虽然较低，但信息技术设备的资产专用性开始提高、交易频率逐步变大，而到产业链下游的信息内容节目播放和消费环节则表现为交易频率和不确定性显著提高。这时，简单的市场调节和企业调节都不能实现信息内容产业的高效生产，信息内容产业适宜构建成一种具有网络关系的新的经济组织形式，这种新的经济组织形式就是信息内容产业链。由此可见，信息内容产业链式发展，在其特定的经济环境下，实现了公式(3-1)中的条件$C(x)\leqslant\sum c_i(x_i)$，比市场和科层组织的交易成本都要低，从而促进了信息内容产业的成长与发展。

另外，信息内容产业链式发展不仅更好地保存了分工合作的效益，还将产业价值链上具有不同优势的企业链接起来达到各个环节最优化，进而实现产业链整体价值最优；而且在产业链形成后，又可以开展基于产业价值链的资源整合，比如通过实施标准化生产、控制产业链内部企业间的管理费用等措施，可以有效降低信息产品的包装、库存、流通、销售、内部协调等诸多成本，获得整体竞争优势。

3.4 信息内容产业链式发展的实现途径

信息内容产业链式发展是信息内容产业发展壮大的重要方式。目前来说，我国信息内容产业链式发展不明显，各个环节各自为战，互不协调，自身发育不良且成熟度参差不齐；信息内容各个子行业，以及产业链上每个环节都有涉及，但没有形成良好的对接，尤其在互联网等新媒体信息内容的创作、播出、衍生品开发等环节之间缺乏紧密的联动开发，造成产业链断层或“有产无链”的尴尬格局；内容产品缺乏原创，缺乏艺术吸引力，有的内容企业沦为别人内容产品的代加工厂；品牌衍生品开发不受重视，或开发较少。

针对我国信息内容产业链存在的问题，我们要按照链式发展的原理，对症下药，因地制宜，以促进我国信息内容产业的茁壮成长。

3.4.1 确立链式发展的思路

产业竞争的成功，是产业链所有环节协同发展的结果，缺少哪一环节，都可能导致竞争失败[163]。产业链式发展模式要求我们在发展信息内容产业时，要用链式发展的思路来谋划产业，依靠产业链各环节的相互配合获得效益最大化。信息内容产业作为数字化、网络化条件下发展壮大的产业，涉及信息内容的生产、交易、传输，以及配套服务等多个细分行业，有传统领域，也有新兴领域，其链式发展需要结合实际，将多个在内容、技术或市场上有经济技术联系的企业链接起来，形成一种紧密合作、优势互补、利益共享、风险共担的链条关系。尤其是在招商引资发展信息内容产业时，要实施以产业链为核心的策略，完善地区产业链。

下面，我们以动漫产业的链式发展为例，阐述如何以链式发展思路发展信息内容产业。

动漫产业是信息内容产业的一个子产业，动漫产品的链式发展可以从产业链的任一环节开始。我国现行的动漫产业发展模式是利用相关内容素材，在分析市场需求的基础上，进行动漫创意，研发生产动漫产品，然后电视台购买播放权后播放，消费者消费，如获认可形成市场品牌，再开发生产衍生品。即动漫公司的创作生产→电视台播出→动画产品消费形成品牌→开发衍生品（动漫图书、音像制品、玩具等）（如图3－6）。

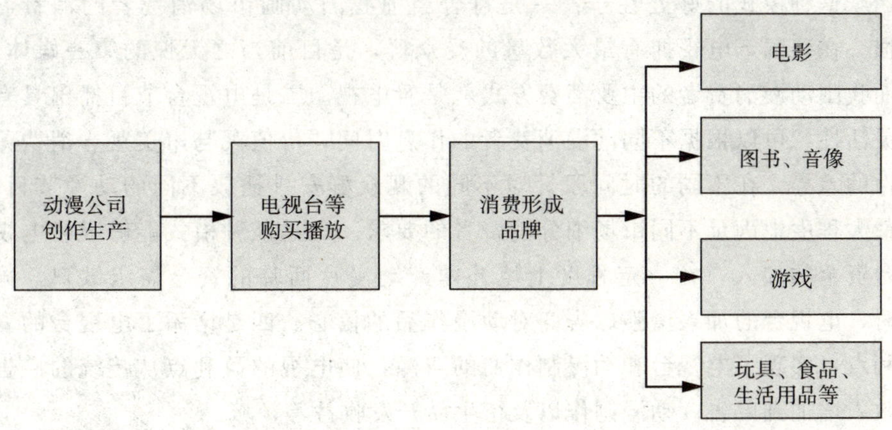

图3－6　我国传统动漫产业链式发展示意图

这种链式发展的优点在于制作和播放分离，动漫公司可以根据市场需求制作动漫，电视台按照市场规律购买播放权播放。缺点是把制作的风险全部推到动漫制作公司，使得动漫制作公司缺乏内容创新的积极性。同时，由于我国电视台的垄断地位，动漫企业缺乏频道资源，生存必须依附于电视台，使得动漫产业链的利益分配过多倾向播放环节，动漫制作公司利润微薄，另外，对于小的动漫产品制作公司来说没有能力统筹运作衍生品开发。总之，这种动漫产业链没有调动产业链上各方的积极性，产业链链接不紧密，出现了断裂，我国动漫产业的这种发展模式造成了产业发展缓慢。有统计表明，国内在青少年最喜爱的动漫作品中，欧美动漫占29%，日本动漫占60%，而包括港台地区在内的中国原创动漫的比例却只占11%[164]。

解决的办法可以有多种，我们可以尝试以链式发展的思路重新设计动漫产业链，如采取电视媒体拉动型的链式发展模式，或者衍生品带动型的链式发展模式[25]。

1. 电视媒体拉动型的链式发展模式

以电视媒体为主导带动整个动漫产业链，电视台与动漫公司一起合作或作为独资投资方开发动漫片，走“电视→音像制品→图书→电影→游戏→衍生产品”发展模式（如图3-7）。目前，中央电视台动画部和北京卡酷属于这种模式。北京卡酷下设制作、播出、渠道、衍生开发等部门，打造了全动漫产业链。

这种模式的好处在于：一是符合当前我国动画市场消费者的消费习惯。在我国，电视拥有最大数量的受众群，是目前当之无愧的第一媒体，而我国动漫消费者的主要消费方式就是看电视。二是电视台节目播出具有灵活性，可以根据不同动漫消费者的作息时间、价值观与审美观、消费习性的差异，在不同的时间段针对不同的观众群安排播放不同的动漫节目，最大程度地满足不同市场细分消费者的要求。三是该种模式能够吸收电视台资金的加入，在一定程度上填补国产动漫片面临的资金需求缺口，同时，电视台的加入增强广告商对动漫作品的信心。四是增添了电视台的赢利点，实现了电视台和动漫制作商的双赢，使电视的盈利点从传统的广告收入增加到广告、动漫制作以及衍生品开发收益等领域。

该模式的困难在于：首先，对电视台的要求比较高，要求电视台能够以市场为导向，具有现代企业经营制度，能够担负起整合我国动漫产业链的重任。但是我国的电视台目前是事业单位，管理和运行方式参照国家行政机构，经营管理与宣传管理相混合，与市场要求的运行机制严重脱节。其次，没有形成规范的动漫交易市场，制播不分离使原本没有频道资源的动漫公司更加困难。再次，电视台的市场风险。由于电视台的经营管理没有市场化，而其动漫作品的发行销售却是市场运作，如果动漫产品不符合市场需求，高昂的动漫制作成本就无法收回，可能会使电视台惨淡收场，发展动漫衍生品更无从说起。

2. 衍生品带动型的链式发展模式

衍生品带动型链式发展模式是以衍生品的生产和销售为出发点，动漫制作方通过与电影、电视台、互联网和移动通信等内容播放平台，以及衍生品制造商或流通企业的连接，带动动漫专业化运营的链式发展模式。这种模式特点是与传统动漫产业的发展方式相反，首先是以销售衍生品为目的，从开发衍生品的需要出发去设计动漫形象，创作动漫剧情，然后拍出动画片或设计漫画，最后进行播放（如图3-8）。

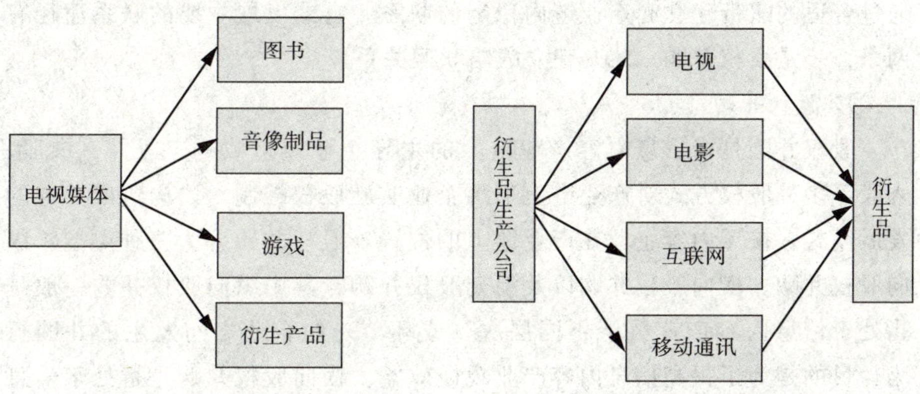

图3-7 动漫产业电视媒体拉动型链式发展示意图

图3-8 动漫产业衍生品带动型链式发展示意图

这种模式的好处在于：其一，在动漫产业链中，衍生品开发是最赚钱的环节。若在动漫产品的制作之初就考虑动漫衍生品的开发生产，使动漫制作人员可以更好地把握市场消费喜好，将动漫衍生品与市场紧密联系起来，制作出的动漫作品更能符合市场需求。其二，我国有近4亿少年儿童，是全世界最大的衍生品市场，有利于我国动漫企业做大做强。

这种模式需注意的问题是：第一，要有雄厚的资金支持。对于这种模式，从设计动漫形象，创作动漫剧情，拍摄和播放动画片，到衍生品的设计、制作以及销售渠道的建立，都需要事先投入大量资金。第二，运用这种模式从事动漫行业的公司要有强大的业务活动能力和人员资金实力，包括组织产业以外的机构力量跨行业的运作能力，如衍生品开发和销售需要营销专家、物流专家以及衍生品常在的文具业、玩具业、服装业、网络游戏业的技术和管理人员等。衍生品带动型的链式发展模式，需要动漫企业具有较强的业务与战略整合能力。第三，这种模式运转成功的关键在于动漫制作方的动画片和漫画要有创意，形象和内容能够深入人心，否则生产的玩具没有鲜活的形象生命，就仅仅是玩具而已。

3.4.2 选择链式发展的方式

一条供应链能否形成和有效运作，取决于产业链上的各个参与者之间的关系能否有效建立，若产业链上的各个企业互不合作，各自为政，仅有个别企业或少部分企业效率较高，整个产业链的效率也是低的。因此，要通过合适的纽带建立起产业链内稳定的联系。链式发展主要的联系途径有两条：一是股权并购；二是建立战略联盟关系。

1. 股权并购

股权并购是指信息内容产业链上的主导企业通过收购、兼并、参股、入股等多种股权方式对产业链上下游企业实施股权控制，以构筑产业链的发展模式。按照内容企业在产业链上的位置，股权并购分为三种类型：纵向股权并购、横向股权并购以及混合股权并购。其中纵向股权并购一般是指处于信息内容产业链上不同层次（或环节）的企业之间发生的并购行为，目的是为了提高信息内容产业规模效益。横向股权并购是指处于信息内容产业链同一层次（或环节）上的企业之间发生的并购行为，其目的主要是为了提高市场占有率，抢占某些信息内容核心业务市场的霸主地位。混合股权并购的主要目的是实施多元化战略，并购和被并购对象不一定都处于同一产业链上或同一产业内。总之，信息内容产业链通过纵向、横向和混合股权并购途径，实现信息内容企业在素材收集、内容创意、数字加工、内容传播、内容产品交易等环节上的资源整合，产业链内部各环节经营管理上的协调与控制，扩大信息内容企业生产规模，降低平均固定成本、库存运输成本、批量采购成本、辅助经营管理成本等企业成本，提高优势企业市场份额和市场占有率，从而扩大信息内容企业的生产规模，提高经济效益。

目前，数字技术的进步消除了广播、电信、新闻出版和互联网等行业间的壁垒，为信息内容产业的股权并购提供了广阔的空间，众多关联产业、企业纷纷被整合到信息内容产业链中，从而实现了多主体“价值共赢”。近几年，通过股权并购进行产业链式发展的案例非常之多，先有美国时代在线对时代华纳的并购，接着有 Comcast 对美国 AT&T 的并购，再有法国维旺迪集团对巴瑞迪勒的并购，NBC 对西班牙语信息公司的并购，迪士尼对福克斯家庭信息频道的并购，等等。

股权并购需要以龙头企业为主导。从全球信息内容产业发展规律来看，各个细分领域的市场竞争特点是绝大多数的用户及市场份额由少数的龙头企业所掌握，龙头企业位于产业链的高端位置，成为市场变革的风向标，即通常所说的“二八原则”。尽管信息内容产业经历了垂直分离，但大企业在产业链中的协调作用仍不容忽视。在信息内容市场上，许多产品产业链的网络组织形式还是由大的或有势力的企业所决定，而不是由许多小企业的集体行动所决定。大企业实力雄厚，控制着产业链的关键环节，是信息产品的主要提供者、新产品需求和发行上的合作者以及小企业进入市场的途径。当然，信息内容产业中大企业与小企业担负着不同的角色，它们互相配合、协同发展，推动信息内容产业的链式发展。主要表现在：首先，大企业是小企业的孵化器，很多小企业的出现是在大企业业务实践的基础上创新分离形成的；或者是由于大企业剥离非核心业务，给中小企业留下的发展空间。其次，信息内容大企业垂直分离，能够衍生出大量的小企业，使内容产品（电影、唱片、电脑游戏、书籍等）更为多样化，为产业向大企业忽视的新市场扩张创造了机会；另一方面，尽管这些改变有利于小公司，但是特定信息内容产品的大规模生产决不会消失，而且在很多情况下，由于大企业采取了新的组织形式，它们的规模会更大。第三，信息内容大企业尤其是龙头企业的发展离不开与新兴企业的业务合作。调研结果表明，信息内容产业链上龙头企业所在地周边的合作机会更加丰富，具有一定的区域集群效应，这种集聚效应反过来又使得该地区和该业态成为投融资机构的关注重点。因此，在发展信息内容产业的过程中，要按照链式发展的要求，集中力量，在产业链中的一环或几环中培育优势，扶植产生信息内容的龙头企业，然后利用龙头企业的优势地位，借助股权并购等方式，逐步向产业链其他环节发展，是快速打造产业链的有效途径。

股权并购途径实现信息内容产业链式发展可以达到以下目标：①由于股权使信息内容产业链上各企业连结成一个整体，风险和利益共担，避免了合作中的利益分歧，产业链结构稳定；②主导企业以产权控制上下游合作企业，关系容易协调，方便开展生产经营活动；③容易识别出整个信息内容产业链的关键环节，确定各环节企业创造价值的大小，以及在产业链上的地位和作用。一般来说，主导企业如果控制了关键环节，就控制了整个产业链。

这种模式的缺陷有：一是容易形成大而全、小而全的不良发展局面，分散了信息内容产业资源，降低了信息内容产业的整体效率；二是股权并购带有强弱联合的特点，某种程度上弱化了信息内容主导企业的核心竞争力；三是资本需求较大，若资金链断裂，就会影响整个产业链的稳定；四是股权并购对信息内容核心企业的协调、整合及经营能力等是一个较大的考验；五是在现实社会中，由于各种各样的原因，股权并购尤其是跨国股权并购，受到的政策等方面的限制较多。

2. 战略联盟

战略联盟指产业链上的企业通过契约实现对资源的利用与支配，从而提高信息内容产业链整体效益和竞争力。换言之，它是信息内容企业间达成的既超出正常市场交易又达不到合并程度的稳定的合作关系。按照内容企业在产业链上的位置，信息内容产业链上的战略联盟也可划分为垂直战略联盟、水平战略联盟以及混合战略联盟。其中，垂直战略联盟是指处于产业链不同层次的信息内容企业间建立的长期契约关系；水平战略联盟是指处于产业链同一层次上的信息内容企业之间建立的长期契约关系；而混合战略联盟则是二者的结合，在同一时期，既有处于产业链同一层次，也有处于产业链不同层次上的信息内容企业之间建立的长期契约关系。很显然，通过垂直战略联盟，实现信息内容产业垂直方向的链式发展；通过水平战略联盟，实现信息内容产业水平方向的链式发展；而通过混合战略联盟则实现信息内容企业多元化战略。

当前，我国信息内容产业链的战略联盟有着很强的现实需求。以传媒业为例，传统媒体如电视媒体可以与网络媒体进行战略联盟，以拓展利润空间。现阶段，电视媒体虽然具备强大的盈利能力，但受信息技术发展的影响，长远看发展面临极大的挑战，而网络媒体尽管目前还没有体现出强大的盈利能力，但不可否认呈现出极强的生命力。因此，电视媒体等传统媒体要加强同网络媒体的战略联盟，实现共赢。一方面，传统媒体通过与网络媒体联姻，能够整合和完善自身的产业链，谋求长远的发展战略；另一方面，网络媒体通过战略联盟，利用传统媒体的内容创造能力实现互补。当前，我国互联网站没有采集信息的权力，而传统媒体如报刊、电视等，都拥有强大的信息采集队伍，而且广电与互联网的信息内容呈现形式一样，都是以音频和视频为主，这种共同点让传统内容生产商成为网络媒体的主要内容提供商。因此，当前的一些互联网站可以积极开展同传统媒体的战略联盟，利用传统媒体的众多专业编辑、播音、记者、制作人员，结合自身的带宽优势，提供多种信息内容服务，可以进行影视下载、网上直播、在线教育、音乐和娱乐节目等，形成新的利润增长点。

天娱传媒与其他媒体之间进行的战略联盟，也是一种实现链式发展的模式。天娱传媒作为目前中国最有影响的信息内容生产商，一方面与信息播出媒体联合打造各种娱乐节目品牌，并在此基础上开展一系列的产品延伸活动，其中影响力最大的是“超级女声”。另一方面，天娱传媒又实行跨产业战略联盟，开展多样化经营，如天娱传媒同有关部门联合，定期举办中国南岳寿文化节和中国南岳衡山大型佛教音乐会等活动。

从目前发展趋势来看，战略联盟已成为一种新型的链式发展模式，成为信息内容企业之间资源共享的有效方式。通过战略联盟途径，不仅可以使联盟各方共享知识，缩短新产品开发与投放市场的时间，提高研发成功率，而且可以将主要资源集中于自身擅长的环节，降低成本，提高生产效率。同时，与不同信息内容产品替代者建立战略联盟，可以提高信息内容产业的进入壁垒，实现对潜在竞争者的有效防守，优化信息内容市场结构。与股权并购途径相比，战略联盟途径具有以下特点：一是信息内容产业链式发展依靠战略联盟契约，相对较为容易，它对资本要求较低；二是信息内容产业链的战略联盟，是以竞争能力为基础，发挥协同优势，从而形成利益共同体；三是在信息内容产业的战略联盟中，两家信息内容企业“长”在一起，能够实现内部资源的整合和互补，从而缩短信息内容产业链半径，同时把信息内容产业链开口放得较宽，便于信息内容企业了解受众的消费需求；四是在信息内容产业的战略联盟中，各经济主体立足于产业链的演进，便于快速形成信息内容产业优势，从而实现阶段性目标。

3.4.3 把握链式发展的要点

1. 开发信息内容

信息内容产品与物质产品相比，可以无限反复地重新利用和开发，其价值可以无限挖掘和开采，可以说，信息产品的无限可开发性是其最大特点。事实上，内容产品每一次的开发，又是产业链的一次延伸。在信息内容产业链式发展中，如何做好内容产品的开发利用是链式发展的关键。学者喻国明曾提出信息内容产业发展的核心是做内容。

信息内容开发的关键是内容创新。原因是多方面的：一是只有内容创新，生产出群众喜闻乐见的内容产品，才能满足消费者需求，受到市场欢迎，信息内容产业才能得到发展。内容是吸引观众的根本因素，信息内容产品的核心竞争力就是优质的创新内容。当前，我国信息内容产品的创新没有得到足够的重视，“我国大量出口电视机，但是很少出口电视内容节目”，主要原因：一是目前我国内容产品缺少信息内容创新，在国际市场很难得到受众的认可。因为原创内容是整个内容产业链的源头，它决定着下游产品是否能够顺利开发。以迪士尼的动画为例，如果动画产品有足够的信息内容，取得了良好的市场反响，不仅可以通过电影、电视台的播放取得收益，而且可以进行版权交易，以及开发玩具等衍生品，甚至可以建立主题公园。但是如果第一个原创没有成功，后续产品开发就很困难。二是内容核心产品的开发关系到内容生产商的切身利益。新的媒体环境、新的受众需求改变了内容生产商的地位，只要创新出足够优质的内容，售卖将会变得更为容易。新技术给内容生产商带来了千载难逢的机遇，但只有不断开发出新的优质内容资源，才能抢占市场竞争优势地位。

信息内容开发包括对原有信息内容产品的多次开发使用。信息内容产品的特点在于其可以存储、积累，形成数据库，有利于多次开发使用，数字化技术又强化了内容产品的这一特点。在社会生产中，各行各业都会在自身的发展过程中积累下大量的内容资料，包括内容产品、制作素材和生产过程资料信息，仅仅央视就有 40 万小时的节目库，央视风云有 5000 小时。这些内容资料经过一定时期的存储后，可以作为开发新内容产品的内容素材，在新的条件下赋予新的含义和用途。

2. 掌控产业终端

信息内容的消费是信息内容产业链的终端。“微笑曲线”说明：随着社会经济的发展，产业价值的创造和获取主体进一步分离，大量的利润沉淀到产业链的销售环节，销售相对于生产环节更易获取丰厚利润。“微笑曲线”说明了掌控产业终端的重要性。信息内容产业发展的最终目的，满足用户对于丰富多彩的内容需求，实现产业价值、获得产业利润。要实现这一目的，一是要根据消费者需求，生产出多元化、个性化、定制化、交互式的信息内容产品和服务，以满足消费者复杂多样的需求。二要重视信息传输渠道的建设。传输渠道是信息内容产业链的重要组成部分，如果传播渠道不能够便捷通畅，信息内容再好也无法到达消费者手中消费。世界传媒业巨头新闻集团不仅将传播渠道定为其集团发展战略环节，而且尽可能多地建设传播渠道，使集团的传播渠道涉及报纸、广播、电视、网络、图书出版、杂志等众多领域。2010年，集团的财务年度收入，传播渠道部分占整个集团近70%，利润占了四分之三。三是要针对不同的网络特征和消费群体设计不同的终端产品，也可以将内容与终端产品“打包”，满足用户的个性需求，提升用户的业务体验。

3. 拓展衍生品

信息内容产业具有极强教育性、娱乐性和趣味性，所形成的品牌具有很强的渗透力和扩张性。事实证明，在信息内容产业链上，能够带来最大效益的往往不是产品本身，而是其衍生品。如国外动漫产业利润中，衍生品利润已经超过了动漫游戏产品本身，有的甚至可以达到70%～80%[4]。内容衍生产品的开发和利用是内容产品价值的进一步挖掘和创造环节，对于内容产业链的发展起着非常重要的作用。

美国迪士尼乐园给全世界提供了一种典型的品牌衍生产品模式，即以非凡的信息内容创作作为基点，打造具有丰富内涵的品牌形象，然后再依靠一系列产业化的商业运营转化为现实的产品，拓展全球市场。迪士尼用现代工业流水线生产的方式，生产运营自家的动画，通过制作并包装动画，打造影视娱乐、主题公园、消费产品等环环相扣的财富生产链，成功地实现了信息内容产业的链式发展。迪士尼公司对动漫产品经营的收入大致有三个层次：第一层次产业的收入来自动漫影片，通过票房、发行和影片拷贝销售取得；第二层次产业的收入来自主题公园的经营；第三层次的产业收入来自对消费品部门的特许授权、出版、零售迪士尼“标签产品”等途径赚进。

国内衍生品开发的一些成功案例也给予了我们很大启示。作为《超级女声》系列节目的品牌运营商，《超级女声》成功后，上海天娱传媒有限公司通过一系列的措施开发衍生品：先是在全国发行《超级女声终极PK》唱片，接着“超女”在全国巡演，《超级女声》同名电视连续剧投入拍摄；然后在国内各大城市同时开张“超女”服装旗舰店。《超级女声》系列运作取得的效益有：（1）广告代言。2005年，“超女”广告代言至少获益1000万元，成为《超级女声》衍生产品开发最主要的途径，冠军李宇春“广告代言人”的身价已达150万元。（2）唱片《超级女声终极PK》总销量突破百万张，销售额达2500万元。（3）商业演出。“超女”在全国巡演10场，门票收入超过1.5亿元，整体上座率达到了60万人次。[165]

“蓝猫”是另一类型衍生品开发成功的案例。“蓝猫”的成功，除了“蓝猫”系列形象设计深受消费者喜爱之外，离不开其品牌衍生品开发模式的帮助。首先，“蓝猫”确立“蓝猫”系列卡通形象为品牌资产，然后进行了一系列商业运作：一是通过商标分类授权同其他众多公司形成股份公司；二是组建虚拟研发网络以借助外部科研力量，采取委托研发或者买断技术的形式进行产品研发和设计；三是依靠OEM形式或者由品牌授权进行生产制造；四是为了分散单一品牌可能遭遇的风险，推出了众多的子品牌，如“淘气”“咖哩”“甜妞”“菲菲”“鸡大婶”“肥仔”“咕噜噜”等品牌。《蓝猫淘气3000问》先后在两岸三地1000多家电视台同步播出，并被多次重复利用，最后形成由中央台、香港（亚洲卫视）、台湾（东森卫视）和国内各县区电视台组成的立体播出网络。随后，借助品牌优势，又开发出涉及食品、图书、玩具、服饰、日化等多种类衍生产品。在短短的三年内，成为中国卡通第一品牌和儿童消费品名牌。[166]

总体上看，我国对内容衍生产品的开发和利用重视程度不够，衍生品开发远远落后国外同行，品牌延伸没有受到足够的重视，还存在较为严重的衍生产品开发设计与制作销售环节脱离的现象。做好信息内容产业的衍生品开发，除了解决上述问题外，关键是要搞好信息内容品牌开发，需把握好以下几个环节：

一是做好市场调研。在打造品牌之前，选准品牌的消费者群体，分析消费者群体的消费能力、偏好和取向，这样开发出来的品牌才有号召力和针对性。

二是品牌有一定市场影响力后，要注意对品牌的保护和合理使用，品牌的拓展要有利于巩固和提升品牌在主业中的形象地位，尤其是对品牌的授权要慎重，避免将其应用到威胁到自己利润增长的项目中。

三是培育和拓展品牌要具备较强的资金实力和人才优势，需要较深入和反复的市场积累，否则，就很难实现品牌延伸以达到乘数赢利的目的。

四是品牌延伸时要考虑到被延伸内容生产和销售企业的品牌产品价值是否同品牌核心价值相一致，以及被延伸产品的市场规模。如果延伸品牌与核心品牌差距大，就会造成“品牌稀释”，伤害品牌的主体，更谈不上品牌的积累。延伸品牌产品的市场规模小时也很难获取较好的销售与利润。

因此，在创作和发展信息内容产品时，提倡创作者、投资商和衍生产品生产商联合开发，选择合适的载体作为品牌集聚、辐射与扩张的对象，致力于打造信息内容产品的知名品牌，才能有效地延伸产业链。

3.5　本章小结

本章首先提出了信息内容产业链的概念，分析了产业链构成、链式发展的定义和内容，接着阐述了信息内容产业链式发展的机理，最后提出了信息内容产业链式发展的实现途径。

信息内容产业链是信息内容产品在“生产—流通—消费”全过程所涉及的各个产业部门之间基于一定的技术经济关联，由价值链、供应链、知识链有机组合，链接而成的链网式结构，包括内容素材、信息创意、内容生产、内容传播、内容消费、衍生品开发及配套服务等环节。

信息内容产业链式发展就是信息内容产业链的构建、延伸和整合，主要包括纵向链式发展、横向链式发展和混合发展等。内容产业纵向链式发展可以产业链上任一环节为开始端，进行前向或后向延伸；信息内容产业横向链式发展是以产业链上的任何一个环节作为基础，从垂直产业链的方向向新的空间和领域拓展。另外，信息内容产业链的整合也是信息内容产业链式发展的内容，产业链整合就是对信息内容产业发展过程中形成的原本不合理的产业链，经过整理合并形成适应新的经济技术条件下合理的产业链。信息内容产业的链式发展的机理，实质上是通过产业链式组织形式的持续变化，寻求分工深化和交易费用降低，实现信息内容产业价值增值，发展动机为寻找经济增长点、解决市场需求、提高内容产品的附加值、增加对内容产业链的控制能力、提高内容产业集中度，以及减少市场交易成本或组织成本等。

信息内容产业链式发展模式的实现途径主要有以产业链式发展的思路发展信息内容产业，建立股权并购、战略联盟等合适的产业链接纽带，把握内容开发、消费者需求、品牌衍生品开发等产业链的关键环节。

第4章　信息内容产业集群发展模式

产业集群是现代产业发展最为显著的经济特征。产业集群不仅构成当今世界经济的基本空间构架，还是一个国家或地区的竞争力之所在。信息内容产业因其柔性生产网络、社会关系网络和缄默知识等特性，更易采取集群发展模式。本章从信息内容产业集群的概念和特点出发，分析了信息内容产业集群发展模式的效应和机理，提出了信息内容产业集群发展模式的实现途径。

4.1　信息内容产业集群的概念和特征

4.1.1　信息内容产业集群的定义

产业集群是一种相关的产业活动在地理上或特定地点的集中现象。通常认为产业集群是一种产业活动的集中。产业集群通过在一定的地理空间内集中了大量的具有产业关联的企业，以及相关服务、管理和科研等支撑机构，来共享包括专业人才、市场、技术和信息等产业要素，从而使产业和企业间产生共生效应，并形成强劲、持续竞争力，获得规模经济和外部经济双重效益的现象。产业集群往往是同一定的地理区域联系的。区域这个词是地理学的范畴，所指的范围可以大到大洲、国家或地区，也可以小到几个省、一个省，甚至某个大城市地区或工矿区等占几平方公里的范围。本书的地理区域仅指国家以下的地理区域，可以是产业园、产业基地，也可以是相当大的虚拟产业区域。产业集群所在的区域通常叫作产业园区。可以说产业集群园区是产业集群的一种空间载体，而产业集群是产业集群园区的一种内在属性。产业集群又是一种网络或者是系统，是集群主体构成的关系网络或价值链体系。从制度经济学的角度看，产业集群是介于市场和企业之间的组织形式，集群内的企业既相互竞争，又密切合作，形成网状组织结构。从社会经济学的角度看，社会关系网络嵌入经济活动，经济活动必然受到社会关系网络的影响。因此，产业集群又是根植于一定区域的社会网络之中的产业网络。

信息内容产业集群是关于信息内容产业的活动在一定地理区域内的集中现象，具有三个层面的含义：第一，信息内容产业集群是信息内容企业为了适应市场竞争态势，获得单个企业所无法比拟的“集体”持续竞争优势，在一定区域内，按照一定的经济技术关系，通过积极、广泛地融入相关竞争与合作网络而形成的，介于市场和企业之间的产业组织形式。第二，信息内容产业集群的产业主体，除了信息内容企业外，还存在大量的组织机构，如协会、商会、各类中心、大学和研究机构等（如图4-1）。第三，信息内容产业集群是一种网络。产业集群内的各个行为主体结成网络，在交互作用和协同创新过程中，建立起各种相对稳定的、能够促进创新、正式或非正式的关系网络，包含网络边界、网络运行规则、集群内商业游戏规则等。根据产业集群网络节点的不同性质，信息内容产业集群网络可以分为生产组织网络和社会关系网络。生产组织网络主要是指以集群的市场主体，即影视公司、广告公司、出版社等内容企业以及设备公司、中介公司等为节点，以它们在市场中的竞争和合作关系为连线的一种网络。社会关系网络主要是以集群中的人（包括企业主、企业员工、集群管理和服务人员及其他们的亲属、朋友等）为节点，基于血缘、亲缘、地缘和工作关系而形成的一种社会交往关系网络。信息内容产业生产组织网络和社会关系网络相互交织构成内容产业特有的集群区域网络，这种区域网络成为介于市场交易和层级制之间一种资源配置形式。信息内容产业因其生产组织网络和社会关系网络的特殊性，借助产业集群可以获得快速的发展，产业集群也就成为信息内容产业的一种有效的发展模式。

因此，本书后面章节研究的信息内容产业集群发展模式，主要是从网络的角度研究集群中的构成主体，包括企业、机构和各类人员，如何组成生产组织网络和社会关系网络，来促进集群发展的。

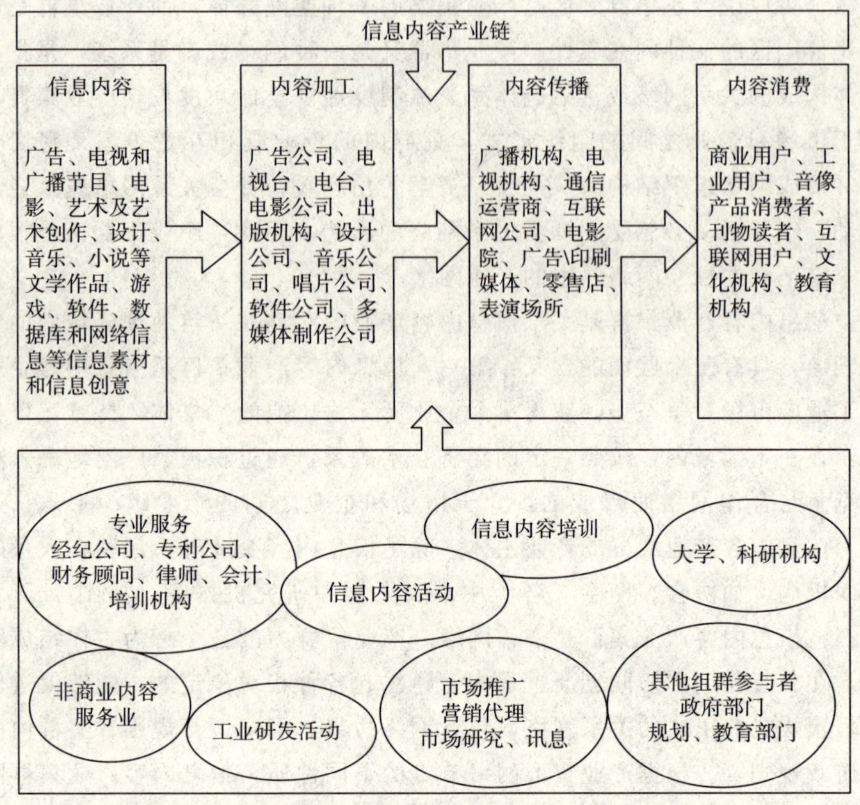

图 4－1　信息内容产业集群构成

4.1.2　信息内容产业集群的特征

由于信息内容产业的特殊性，信息内容产业集群和传统产业集群既有相同点，也有独特性。了解信息内容产业集群的特征便于分析信息内容产业集群的形成机理。

（1）集群主体众多。信息内容产业集群表现为数量众多的集群主体即信息内容企业及相关的机构在空间上的聚集。信息内容企业包括动漫企业、数据库企业、电影公司、广播电视公司、广告公司、新媒介公司、出版社、唱片公司和设计公司、经纪公司等。集群主体除信息内容企业外，还有非信息内容企业集群主体，包括地方政府，大学研究机构，金融部门，行业协会，劳动、教育、技术培训等社会服务机构。非信息内容企业集群主体是信息内容产业集群中不可缺少的主体，在产业集群的发展中发挥着重要作用。

需要强调的是，信息内容产业集群是以信息内容企业集聚为中心的，由于信息内容同其载体密不可分，信息内容企业同相关的信息内容产品的再制造商往往不易区别。如果产业集群仅仅是由信息内容产品的再制造商组成的集群，如单纯生产光盘的生产商、单纯印刷书籍的印刷厂等组成的集群，并不属于信息内容产业集群，而是一般制造业集群。

（2）创意人才的集聚。信息创意是信息内容产业的核心。信息内容产业需要各种类型的创意人才。产业集群所在区域既是创意人员工作、生活的地方，也是信息内容生产、消费的地方，它应该全天开放，能够方便人们工作和生活、娱乐，以便让不同的思想在这里碰撞。因此，信息内容产业集群是先从创意人才集聚开始，然后才是内容企业的集聚，创意人才是吸引信息内容企业入驻的基石。

（3）集群网络既要有稳定性，又要有松散性。集群企业在分工与协作的基础上，形成稳定的网络体系。稳定的网络体系能够活化集群资源、扩大信息交流、增强生产柔性、降低交易成本，同时又可促进创意的产生。但多样性是内容产品创意的来源，而太过紧密的网络会排斥外来者，从而损失多样性，遏制创意。所以信息内容产业集群网络既要有稳定性，又要有松散性。

（4）多种子产业的聚集。信息内容产业是由出版、印刷、软件、广播、数字技术、表演艺术、电影、图片设计、广告等众多子产业构成的一个产业集合，关联度强，具有强大的前后影响力和旁侧影响力。所以，信息内容产业集群往往不是单个产业的集聚，而是多个产业的集聚。如法国巴黎是时尚服装业和电影业的集聚地；洛杉矶不仅是影视业的集聚地，还是多媒体的集聚地，也是服装业和珠宝业的集聚地等。

（5）与城市相依存。信息内容产业集群同城市尤其大城市如影随形。实践证明，当今的影视业、出版业、演出业、网络业、娱乐业等信息内容产业集群往往集中在大城市的城市中心区、大学科研机构周围、文化氛围浓厚的老工业区以及政府打造的产业园区等区域。原因在于城市的文化潜质和历史积淀便于信息内容企业获得丰富的信息内容资源，如城市中有博物馆、图书馆等信息资料场所，剧院、电影院等文化场所，大学、科研机构等科技人才聚集场所，商业和各类信息中介的集中也帮助吸引信息创新人员；信息内容产业的发展依赖于通信产业，而城市的信息基础设施一般较为健全；还有信息内容产业作为新兴产业，政府的行政支持也是一个重要的影响因素等。

(6) 项目式的生产组织模式。信息内容产品的生产组织模式，不是传统工业的大批量、流水线式生产，往往是项目式的组织形式。如电影的拍摄、动漫的制作、软件的开发等，都是以项目的形式组织生产，项目完成后解散生产组织。[19]

4.2 信息内容产业的集群发展

信息内容产业集群是由众多集群主体构成的，这些集群主体聚集在一定地域范围内，相互作用，形成各种各样的生产组织网络和社会关系网络，来共享包括专业人才、市场、技术和信息等产业要素，获得信息内容产业集群发展的规模经济和外部经济，从而构成信息内容产业的集群发展。信息内容产业集群发展的形成，可从产业集群主体间的作用力和集群效应两个方面来理解。

4.2.1 信息内容产业集群主体间的相互作用

信息内容产业集群主体相互依存、相互竞争，推动着产业集群的形成和成长，是产业集群发展的推动力。产业集群主体间的这种作用力又可分为内在作用力和外在作用力。内在作用力主要是信息内容企业为满足市场需求开展的竞争与合作关系，主要指集群内的企业与供应商、互补企业、竞争企业之间的协作与竞争，其作用是将信息资源有效配置转化为内生优势。产业集群的外在作用关系主要指信息内容企业与大学、研究机构、政府、金融机构等之间知识、信息和资源的交流，主要是通过供求关系、支撑产业、市场的潜在容量和产业规模等相联系，其作用是形成信息内容产业集群的外部优势。

信息内容产业集群内在作用力又可分为垂直联系和水平联系。垂直联系是指沿着信息内容产业链从供应商到用户的集群主体间的关系链。这种产业链关系的上端是内容企业和供应商的垂直联系，双方利用地理上的接近，减少彼此的生产、技术和运输成本。产业链末端就是内容企业和用户之间的联系，内容企业为用户提供需求服务，用户为内容企业提供需求信息帮助改进工艺和创新产品。水平联系是指同处于产业链某一环节上的内容企业之间的知识、信息传递和扩散，表现为内容企业在产品和服务市场上的竞争，这种竞争不仅仅是价格上的竞争，更重要的是质量和多样性上的竞争。竞争是信息内容产业集群内在作用力的主要表现形式。竞争是企业持续发展的动力，竞争能促进创新，激励企业做大做强，也能促进优势企业的集聚，从而增强信息内容企业产业集群的整体竞争力。但是信息内容企业之间应该处理好这种竞争关系，如果企业的竞争演变为过度的竞争，就会影响集聚的正常发展。当然，合作也是信息内容产业集群内在作用力的表现形式，合作关系不仅存在于互补企业之间，在竞争企业之间也普遍存在，如在集体品牌的维护、产品的市场培育等方面。

产业集群的外在作用关系因集群主体的信息不同而产生不同的作用力。政府、大学研究机构、金融机构和协会等集群主体分别为企业提供政策、人才技术、资本以及咨询培训等服务，实现集群内知识、信息、资源的流动和传递。具体分析如下：

（1）政府。地方政府作为产业集群所在地的基础服务与制度的提供者，虽然不直接进行内容生产，但对产业集群的发展起着积极作用，它们创造有利于产业集群的区域性经济与创新环境，提供市场交易的协调与保障机制，为企业提供新的发展方向，并激发其创新性战略的调整。许多地方政府甚至直接通过发放补助金、投资税收减免、政府采购合同、制度保护或债税豁免等措施支持本地产业集群的形成和发展，或者在经济衰退时，动用各种可能资源来保护和发展当地的产业集群。

（2）大学科研机构。大学科研机构在产业集群创新中担任着积极的角色，大学科研机构因其知识的高度密集特征，其在地理上的空间分布已经成为指示知识型、创新型集群分布的坐标。大学研究机构不仅为信息内容企业提供新的知识、技术和专业化实验设备，而且地理上的接近使得他们一起进行合作研发，为内容企业的技术改造和升级提供方案。同时，通过大学教职员工或学生进行传播，大学科研机构的先进技术可以通过校企合作实现商业化，或者大学科研机构直接作为集群企业的孵化器。更重要的是，大学科研机构可以源源不断地向信息内容企业输送高水平的人才，对企业人员进行培训。因此，大学科研机构通过对集群内企业的技术知识交流、技术产业化、专业技术知识培训与教育、大学生与研究生培养与供给等都不同程度地支持了产业集群发展。

（3）金融机构。资金的支持对任何新兴行业都是重要的因素。信息内容企业多为中小企业，缺乏担保的资产，获取信贷资金困难，而且信息内容产品的市场推广又是一种风险极高的行业。产业集群可以使金融机构、创新基金和风险投资机构，因经常聚集在同一地理区域，充分了解信息内容企业的特性和发展前景，采取各种形式提供金融支持。集群金融机构的资金和资本支持，直接影响到信息内容企业的生存和发展。

（4）行业协会等非营利组织。行业协会等非营利组织在集群中主要起协调、培训、资金资助、中介和交流作用，是信息内容产业集群形成不可或缺的重要因素。同其他行业相比，非营利组织对信息内容产业更为重要，因为不是所有的内容创意和内容产品都能盈利，创意人员（尤其是艺术家）需要得到行业协会等非营利组织各种形式的资助。

信息内容产业集群主体的内在作用力和外在作用力构成信息内容产业集群形成与发展的动力体系（如图 4－2）。通常的情形是，信息内容产业集群形成之初，基本上都是信息内容企业的自发行为，集群主体的内在作用力发挥主导作用。然而，一旦某种类型信息内容产业集群建立起来，就会不断吸引其他同类的人才聚集，产生增强机制，多种思想、灵感碰撞产生新的产品，又进而引发需求扩大，相互推动形成良性循环。信息内容产业集聚的雏形出现以后，就会受到社会各界的关注，集群主体间的外在作用力参与进来，尤其是地方政府往往都会积极参与、热情扶持，促进了信息内容产业集群的进一步发展。

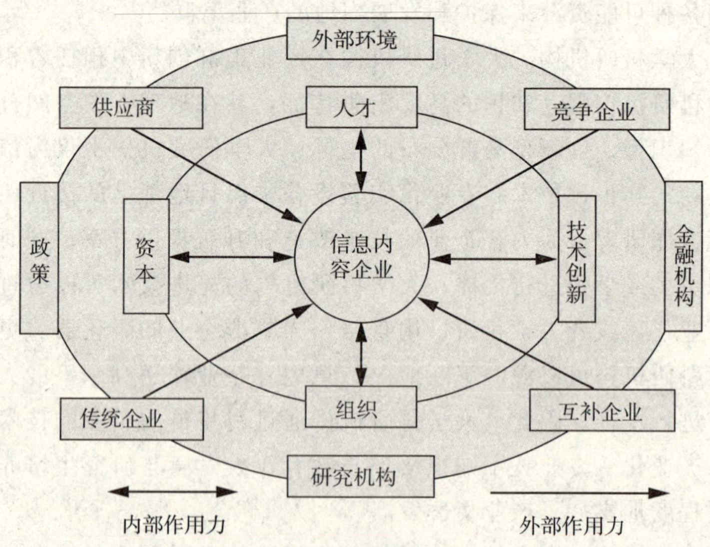

图 4－2　信息内容产业集群主体间的相互作用关系

4.2.2　集群模式发展信息内容产业的优势

从国际范围的成功经验来看，产业集群是信息内容产业发展的有效模式，美、日、韩等信息内容产业都是以集群的形式培育、发展、壮大起来的[48]。产业集群发展信息内容产业具有以下优势（如图4-3）：

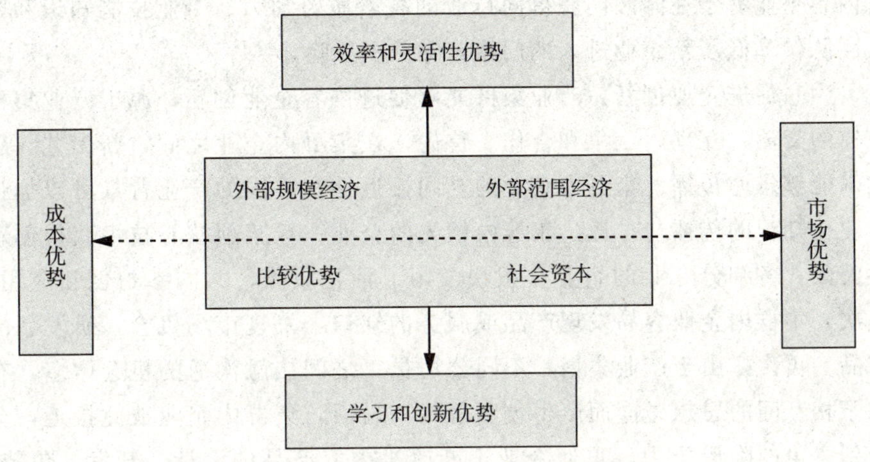

图4-3　信息内容产业集群的优势分析图

（1）获取整体优势。信息内容企业数量多、规模小，独立生存能力不强。产业集群内的中小型信息内容企业可以“扎堆抱团”，采取集体的互动和地理集聚来达到实现外部规模经济的目的，用灵活多样的市场交易合约替代官僚性质的科层组织合约，并通过知识的累积和信息的节约而体现出优势。同时，通过技术、资本、市场等要素整合，形成一个聚集专业信息、专业人才和资本等要素的联合舰队，产生强大的市场竞争力。另外，由于地理位置的接近，通过长期交往，集群内企业形成非契约“信任与合作”关系，在面对外来企业竞争时又具有独特的优势。

（2）降低企业成本。信息内容产业是产业链条较长的产业。在一定地理区域内，较长的产业链条关联的信息内容企业就多，聚集的相关服务支撑机构也较多，众多相关企业和机构的集聚为产业分工和价值链整合创造了条件，不但可以将具有不同优势的企业联系起来，使信息内容产业链上每个环节的生产能力达到最优，进而实现产业整体生产能力最优；而且基于产业价值链的资源整合，可以有效降低产业各生产环节如包装、库存、流通、销售、协调等生产经营成本，获得企业集群生产的成本优势。

（3）催生新的企业。产业集群有利于产生新的内容企业，原因有四：一是集群内的企业由于相互交流机会的增加，能够及时发现新的产品和服务的需求，获得更多发展机会的信息。二是内容企业风险高、收益大，当地的金融机构和投资者熟悉同一产业集群园区内的企业特性，敢于提供资金。三是集群内企业的重组障碍较低，有利于催生新企业。四是新办的信息内容企业易于在园区内获得同行业的高素质劳动力、专业技能知识和开发团队，降低了新企业进入的门槛，降低了风险。

（4）促进企业创新。产业集群能够促进内容企业创新，源于产业集群主体的交流、互动、竞争和合作。首先，在集群内企业之间，新工艺、新技术能够迅速传播。集群内企业的空间接近性和共同的产业背景可以加强专业化知识的传播与扩散。集群内领先的企业一旦某项核心技术获得创新性突破，各细分专业的企业会很快学习、消化吸收，共同参与创新应用。其次，集群内企业容易发现产品或服务的缺口，发现市场机会，研发新的产品。再次，由于产业集聚，不同公司员工之间接触沟通的机会增多，有助于相互间的思想碰撞而产生创新思维。最后，集群内企业彼此接近，会受到竞争的隐形压力，迫使企业不断改进内容产品的设计、开发、包装、技术和管理等，进行产业技术创新和企业组织管理创新。

（5）打造“区域品牌”。品牌是信息内容产业的竞争力的标志，是产业衍生品开发的基础。“区域品牌”与单个企业品牌相比，更形象、更直接、更具有广泛持续的品牌效应，是产业的区域特色，是众多企业品牌精华的浓缩和提炼，具有很强的外部效应，是一种珍贵的无形资产。“区域品牌”有利于产业内容集群内企业对外交往、向外开拓市场，也有利于以区域为对象为集群内企业招商引资，寻求合作伙伴。区域品牌能够使企业围绕一个特定的信息内容产品产业链聚集，形成特色和优势，吸引该内容产品的关联企业、支撑企业等集聚，成为一种柔性生产综合体。同时，产业集群企业相互协作，共享市场信息、广告效应、人力资源、基础设施和供应链网络。

当然，产业集群发展信息内容产业，还有人才聚集、信息内容项目组织等方面的优势，在这里我们就不一一分析了。

这里补充说明一点的是，产业链、产业集群是信息内容产业不同层面的发展规律，产业链间的经济技术联系是产业集群内信息内容企业间关系的重要纽带，产业集群模式发展信息内容产业的效应也包含了产业链模式发展信息内容产业的部分效应（如图 4－4）。所以，本书对产业链发展信息内容产业的效应不再单独分析。

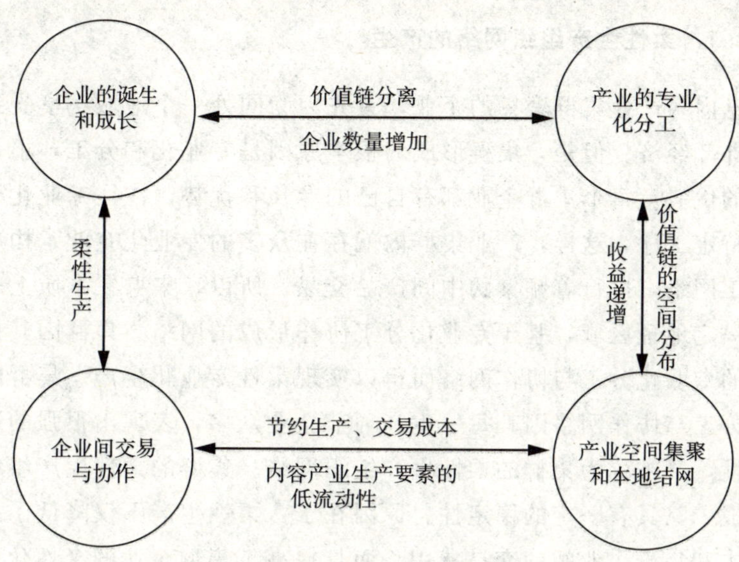

图 4－4　信息内容产业集群和产业链逻辑关系

4.3　信息内容产业集群发展的机理

产业集群发展信息内容产业的经济效益主要表现在两个方面：静态效率与动态效率。静态效率反映产业活动的规模经济与范围经济，动态效率主要是指产业的创新效率。产业集群能够有效降低各种不确定性和不完全契约所带来的交易成本，给产业带来规模经济和范围经济；集群的知识溢出和学习会带来高水平创新效率。

由产业集群的定义可知，产业集群的两个关键性特征是“地理集中”和“区域网络”，即使是构成产业集群内产业链上各环节企业对于技术、人力、资本、规模等要素都具有区位偏好，集群地理集中的主要原因又是为了区域网络的形成和运行。信息内容产业集群的区域网络内涵十分丰富，既包括了柔性专业化的生产组织网络，也包括了基于特定地域信息内容人员间的社会网络，而且两类网络高度缠绕，构成产业集群内企业间的交易和竞争得以运行的基础平台。信息内容产业是知识产业，知识产品的特性也决定了信息内容产业需要集群运行。因此，本章从生产组织网络、社会关系网络和知识传播为重点分析信息内容产业集群形成的机理。

4.3.1 柔性生产组织网络的产生

信息内容产业集群聚集的企业，首先因为同处一个地域，享受到马歇尔式的外部经济。但是，集群形成的根本原因是专业化和分工，不是仅靠地理上的优势。每个集群企业都有自己的专长和优势，往往专业化于特定产品的特定工序，这样，产业集群内就存在众多的专业化企业，构成了巨大的分工网络，进行着频繁的中间产品交易。所以，集群在本质上是相关企业在一定地理区域，基于专业化分工协作形成的网络。集群因其拥有一个发达的专业化分工与协作网络而得以实现柔性专业化生产。集群的这种专业化分工与协作网络因其每一生产环节企业众多，表现出很强的适应性和灵活性，又被称为集群的柔性生产组织网络。集群的柔性生产组织网络一旦形成，又具有一定的稳定性。原因在于：柔性生产不仅降低了产品的生产成本和集群企业间的交易费用，而且提高了集群企业的个性化、多样化以及适应市场需求迅速变化的灵活性；集群企业在技术开发、投入产出、市场预测等方面有意识的合作，可产生集体效益。同时，集群企业还可利用产权、技术、销售渠道等纽带，强化彼此关系，进而增强了集群网络的稳定性。

1. 垂直分离和柔性生产

上一章我们阐述了信息内容产业垂直分离的企业形成信息内容产业链的过程。事实上，垂直分离的信息内容企业在形成产业链的同时，也倾向于形成产业集群。信息内容产业的实践证明，影视业、新闻出版业和流行音乐等信息内容产业组织的垂直分离导致了大量多样化的专业服务公司和大量自由职业者，组成一个个企业集团式的产业集群。当然，不同地区不同行业产业集群形成的起源各不相同，历史事件、个人决策、关键参与者的行动，包括偶然因素等都可成为形成特定集群的起因。大型内容企业的对外投资、中小企业的联盟和政府设立的产业园区都是信息内容产业集群形成的原因。但垂直解分离却是信息内容产业集群形成的重要途径。垂直解分离后，信息内容产业价值链的各个环节由不同的企业生产，这样各个环节之间的联系是不同于原来企业内部科层制的调节和合作，但也不完全等同于市场间的联系，而成为准科层制或准市场的产业集群企业间的联系，这种产业组织形式就是网络性的柔性生产组织[167]。

产业集群的柔性生产，最直观的体现是集群中众多的内容企业，特别是对于那些生产短生命周期产品的信息内容企业来说，相对于垂直一体化的单一企业，具有明显的多样化、适应性和灵活性优势，即使顾客的需求改变，集群也能通过新企业的建立和各种思想的集聚创新，适应外界环境的改变。关于柔性生产的其他一些表现，在上面关于产业集群的效应分析部分已有阐述。下面，我们重点介绍一下信息内容产业集群的劳动力柔性。

2. 劳动市场的交易结构和劳动力柔性

信息内容产业的生产过程包括了不同的生产工序或阶段，不同的生产工序或阶段所需劳动力又是不同的。如以研究与设计为主的内容创意环节、以数字加工为主的高技能的内容生产或传播环节、以低技能装配和测试为主的内容生产环节或传播环节，所需的劳动力种类是明显不同的，为区别起见，我们称呼他们为高技能劳动力（高科技人员或高知识内容创意人员等）、技能劳动力和低技能劳动力。信息内容产业的特点是对高技能劳动力和低技能工人的需求大，从而形成两头大中间小的产业劳动力需求结构。这种劳动力需求的差异表现出集群的地理空间上，就成为信息内容产业所需劳动力的空间分工。分析劳动力空间分工的意义在于，内容创意生产因需要大量创意人员，其区位趋向于高技能劳动力集中的地区；低技能的内容生产和传播需要的大量低技能劳动力是广泛分布的，其区位富有弹性，灵活多变，同时又是大量存在的，对低技能劳动力主要考虑的因素是劳动力成本。对处于中间生产阶段的内容生产和传播所需劳动力来说，由于产业对这部分技能劳动力的需求不大，而这部分劳动力又与内容创意密切联系，所以区位也趋向于高质量劳动力集中的地区。

我们上面分析过，信息内容产业集群是以信息内容企业集聚为中心的，集群内可以有相关的非内容企业集聚在一起，但信息内容企业是不可缺少的，否则就成了一般制造业集群。我们这里着重阐述以知识为基础的内容创意，需要的是高知识的内容创意人员。

内容产品的创作往往采取项目的形式进行，内容创意人员随内容产品项目的建设而组织，随项目的完成而解散，等待下一个项目出现。内容创意人员可以来自同一企业内，也可以来自不同的企业之间，来自不同企业的人员就组成了超越企业边界的人际网络。以项目形式组织生产决定了内容创意人员在生产中的重要性和项目人员的高收入，同时也决定了项目创意人员的高流动性。无论是从前的拍摄电影、电视剧的剧组，还是现在各类软件公司的设计开发人员，信息内容产业的一个显著特点就是人员的高流动性。所以，信息内容产业的大多数工种采取的都是短期合同。用短期合同的形式组织内容产品的生产是产业灵活专业化的要求，信息内容产业社会劳动分工的深化是和快速增加的专业公司相结合的，劳动分工深化的结果使劳动者所从事的工作范围要比在大的公司小得多。反过来，工作范围缩小，又使得专业化分工更加细化。个体创意人员为了追求高收入，就要不断地寻找更多的内容创作项目，寻找内容创作项目最简单的方法就是靠近更大的信息内容项目劳动力需求市场，来获得更多机会。信息内容项目劳动力雇主也希望能迅速找到所需要的高技能的专业人员，避免他们保留非必需的工作，从而降低生产成本，所以雇主也希望集聚以能持续找到所需人员。求职者和雇主的双向兴趣通过找寻工作和再雇佣而得到配合。这样，产业集群的雏形也就开始了。对劳动力的需求越多，求职者越容易找到工作。对劳动的需求越大，就业者越容易维持工作。在此基础上，信息内容集群内劳动生产方式就表现出了更大的灵活性，或者称之为灵活专业化，不仅雇佣人员数可以灵活调整（数量灵活），雇佣薪酬即雇佣成本可以灵活调整（薪酬灵活），而且雇佣工人所承担的工作、任务的类型和范围也可以灵活调整（功能灵活）。

因为市场需求的不断变化，企业需要经常跨行业提供服务，因为多样化经营可以扩大商业机会和减少风险。信息技术的发展也使得原先泾渭分明的许多行业界限模糊了，软件开发、动漫、电视、录像、录音和戏剧等内容产业可以使用同一类技术人员，也就为公司跨行业提供服务创造了条件。跨行业提供服务和行业界限模糊，使得信息内容企业可以同时为两个以上的信息系统、电影、电视节目等项目工作，这样产业集群的作用就更加突出，产业集群的生产组织网络稳定性就更强。同时，在产业集群这个产业综合体中，专业化生产公司还可以为了某种项目生产联合起来，项目完成后解散，从而使得产业的范围经一步扩大。产业范围的扩大并集中在同一地方，高技能劳动力的需求就比只有一个行业时需求大，求职者的工作机会也就更多。所以，求职者喜欢接近更大的人才需求市场，更便于低成本找到合适的工作；反过来也是一样，雇主也更便于以更低的成本雇佣到合适的劳动者。因此，从劳动力市场来看，产业集群是发展信息内容产业的有效模式。

4.3.2　社会关系网络的形成

社会关系网络是经济交易发生的基础，社会生产中充斥着各种各样的社会关系，企业间如此，企业内也是如此。人力资本对信息内容企业的极端重要性，决定了由人组成的社会关系网络在信息内容产业集群中的重要作用。社会关系网络是指个人或组织之间的社会关系链接而成的网络，包括网络紧密程度和网络具体内容，其中后者又包括信息、建议、友谊、信任、共同利益或成员资格。

信息内容产业集群网络能够形成并稳定发展，区域社会文化因素起到了重要作用。基于区域社会文化因素，建立的社会关系能够创造共同的行为规范和行为模式，建立彼此信任，节省企业及其内容成员之间搜寻信息、谈判和合作的成本，也减小了投机风险。在集群主体间的社会关系，主要有由地缘、血缘、业缘等关系建立起来的同学、邻居、校友、本地熟人、家族、亲戚、同事、上下级、朋友等，这些社会关系网络构成集群企业的成长背景，激励和约束企业行为。一定地域内信息内容产业集群企业的生产经营活动，通常情况下就在这些社会关系行为者之间展开，企业的生产经营行为受到这些社会关系的制约和影响。这样，集群的生产组织网络和社会关系网络就结合起来，相互嵌套和相互促进，共同推动信息内容产业集群发展。具体来说，信息内容产业集群社会关系网络具有以下作用：

（1）信息传播的渠道。在信息内容产业集群主体之间，社会关系最基本或者说最原始的功能是信息沟通的渠道。与集群主体有一定社会关系的人，往往是集群主体信息沟通的主要对象，生产经营合作的首选。如好莱坞、伦敦文化内容产业人员的社会关系和专业人员网络就是传播信息和有效的求职招聘网。

（2）创意的源泉。内容创意是信息内容产业活动的源泉，信息内容产业的核心是内容创意和创新。内容创意来自电影中的演员、舞台上的表演家、音乐中的音乐家、广告中的撰文者，以及各类设计师等创意人员。每一个内容创意都是一次性事物，集群内的公司或创意人员可以从集群内其他公司和创意人员身上捕捉灵感："有时你仅仅是和同行闲聊几句，就可能产生一个新想法。"

在我国的深圳大芬油画集群区内，油画经营商、画师或画工之间，不仅是竞争者，更多的是合作者。他们之间有的是师兄弟姐妹关系，毕业于同一大学院校或者师从同一师傅；有的是亲戚，彼此之间有着血缘联系；有的是同乡关系，来自同一个地区，有着共同的乡情文化；也有的是同事或朋友的关系，长期在一块工作或有着一定的友情。这些社会关系使得产业集群内人与人之间的交往、合作并不完全建立在利益关系之上，画师、画工之间由于地理上的接近可以经常聚在一起交流，这样油画的技法、生产信息就成为“公开”的秘密，关于油画创作的不同观点与思想，也能够在集群内交流和碰撞，新的技法在集群内形成并传播。

(3) 精神上的支持。信息创意是创作者内心思想的表述和展现，从事创作的人常常需要独自思考，所以从事创作的人通常感到十分孤独。集群中同行之间往往通过正式和非正式社会关系网络来相互支持，他们分享经验，彼此提供精神和心理上的支持。例如，同行给出的建议就是产生个人支持的方式，那些可能更早入行，而且仍然记得他们所遇到的问题的同行给出的建议，往往成为最有效的信息。

(4) 信任产生的基础。首先，集群组织内的信任比集群组织外的信任更为重要。信息内容产品的生产是项目式生产，项目的组织者根据需要组织所需的人员，这些人员在一起合作共事，却可能没有成文的合同约定，因为过于烦琐的合同规定是要花费经济成本的，这就需要工作人员彼此之间有一定的信任支持，而空间上的接近便于集群内参与者间的接触，有利于信任的建立。其次，信息产品生产的特性决定了契约的复杂性和不完善性。由于信息内容产品的成败常常取决于未来不确定的因素，生产合同所约束的商业行为的成败就很难确定，所以合同就具有有限合理性：很难起草一份完整的合同来详尽各方的责任及报酬。因此，信任就成为规范合作创新行为的重要机制，个人信誉的作用就很大。个人声誉将会影响到每个人员在工作中的表现，一旦发现某个艺术家有推卸责任、我行我素、误工等不良行为，集群内的企业和个人可能会很快知道并记住他的为人。同时，非正式的人际信任还具有合同无法取代的作用，因为再详细的合同也不能穷尽所有的合作细节，在合同规定的范围以外，信任往往能促使合约双方在秉承善意的基础上开展有效的合作。第三，信息内容产品盈利的不可预知性，人们不能预知他们的产品能否赢利，是否具有市场竞争力。第四，艺术家和创意人员工作的特殊性，现实情况下他们游离于正常的就业单位、管理中介、银行、培训机构等支持系统之外，缺乏常规的职业轨迹。因此，集群是艺术家和创意人员建立信任联盟、化解风险，获得集群支持系统帮助的有效途径。另外，信任关系对公司的创意也是极为重要的，因为信息内容产品的价值在于其象征性和短时性，尤其是在开发的时候十分脆弱，通过正式程序很难保护产品，必须依赖个人信任关系。

4.3.3 缄默知识的传播

信息内容产业知识特性也决定了其发展要借助集群发展的模式。信息内容产业分工、价值链分解的背后是知识分工。在信息内容产业产业链中，知识完全固化在产品上，除去产业链上下游之间的投入产出关系，产业链上的知识主要以缄默知识的形式存在于一个个独立的企业内部，以产品知识模块化的形式组织生产[17]。

波兰尼把知识分为显性知识（Explicit knowledge，又译为编码化知识）与缄默知识（Tacit knowledge，又译为隐性或默会知识）[17]。所谓显性知识主要指一些客观性知识，可以通过语言、文字等清楚表达的知识类型，如关于事实、信息、原理及对科学的实践理解等方面的知识。缄默知识是在实践中形成，存在个体主观理解，可能隐藏在实践技能中，不能够用言语或其他形式加以清楚表达或使受众无法通过表达掌握它的内容的知识类型。随着社会的进步，显性知识已成为一种共有资源，或者说是公共资源，它可以通过与地理无关的机制传播，传播者和接受者之间并不需要接近。缄默知识属于主观类知识，深深嵌于行动者的行动及其环境之中，依赖于个体的直觉、经验，是一种个体性知识和难以表达的情景类知识，无法像显性知识那样脱离具体的情境，用逻辑性语言以一种系统规范的方式跨时空传达。同时，隐性知识的转移及获取通常需要在具体的实践中实现，要求知识主体在场；缄默知识最好的传播方式，是面对面的交流和连续性、重复的接触与联系，是一种典型的“干中学”知识。缄默知识的传播不能够和个人、社会及环境分开，具有强烈的区域属性。因此，通过产业集群发展模式，同一类型或业务上密切联系的企业在地理空间上集中，聚集在一起，从而有效克服了隐性知识不可言传、难以传播的特性。产业集群就成为一种获取缄默知识的有效组织形式。

信息内容产业密集的知识特性，决定了信息创意活动的空间集聚。信息创意，尤其是个人的思想、技能、想象力和创造力，大多是附着在个人身上的缄默知识，它的传输需要面对面的交流，甚至连续重复性的接触，才能达到良好的效果。比如年轻画家集聚在一起的重要原因，就是渴望同行之间的交流，与其他画家广泛的接触不仅仅是人际交往的需要，也是学习创作的需要；现代艺术杂志中的彩图不能够替代画家的作品，画家必须亲眼看到同行们的作品和制作过程，才能学习其中的技巧和思想。更为重要的是，画家们必须通过不断的交往，掌握最流行的观点，了解新的艺术动态。

信息内容产品的多样性、生产的非常规和非标准化，要求签订项目的同时要开展关于生产细节的很多协商，集群企业的密切接触和信息交流，有利于正确评价对方的能力和诚信度。信息内容产品的创作过程不能完全预先确定，其工作要求与劳动合同条款是否相符，也是个经常争议的问题。复杂的内容产品生产需要时间上的协调，否则很容易产生滞工现象，滞工现象使整个创作过程都会受到影响，不仅会产生制作成本，如电影的制作成本与拍摄天数成正比，中途停工仍然产生成本；而且往往面临合同的约定和执行问题，即违约责任问题。此外，大多数内容项目都存在工作搭配的问题，如乐团需要选择多大规模的剧院演出，电影角色应该选用哪一位演员，动漫制作需要选用什么样的美术工程师等。所有这些都是合同条款所无法解决的，这些协商（隐性知识）如果距离很远的话，很难达成一致的意见，也十分难以执行和监管。

需要说明的是，在经济全球化的背景下，信息内容产业集群从来都不是一个保守而封闭的系统。每一个产业集群都会与外部存在或多或少的联系。集群通过雇员在企业间的频繁流动、大型信息内容公司垂直分离、政府和各种中介组织的协调等，都能促使信息内容产业集群生产网络、社会网络和缄默知识向集群外进行拓展，而且这种拓展随着互联网等信息通信网络的普及，有进一步蔓延的趋势。另外，跨国集团在各地产业集群中设立分公司，也可以使某些信息内容产业集群成为跨国公司全球网络中的一个环节。

当然，信息内容产业集群向集群外的扩张，以及扩散到集群外的生产组织网络、社会关系网络和缄默知识，随着地域的扩大和联系的减少，强度是明显弱于集群内的联系的。

4.4 信息内容产业集群发展的实现途径

产业集群是当今世界上发达国家产业成长最为显著的经济特征之一，从世界范围上来说，产业集群化已是一个非常普遍的现象，国际上有竞争力的产业大多是集群模式。目前，我国北京、上海、广州、杭州、南京、深圳、长沙、武汉等大城市已设立了多个信息内容产业园区，形成了一些内容产业集群，如北京的 798 艺术区、上海创意产业区等。但是这些产业集群尚未形成规模，与国际上一些发达国家相比，差距较为明显，迫切需要理论指导和政策引导扶持。基于此，本书提出立足本地特色和优势，建立信息内容企业间的经济技术联系，合理规划布局产业园区等发展我国信息内容产业集群的途径。

4.4.1 以本地特色和优势为基础发展信息内容产业集群

1. 立足历史文化和自然资源

我国疆域辽阔、历史悠久，各地历史文化底蕴雄厚，自然风光数不胜数。可挖掘的信息内容资源，如茶文化、丝绸文化、民族风情、商城殷墟、荆楚吴越、帝王遗址、名人仕女等，丰富多彩；可选择的旅游景点有白山黑水、草原风情、江南水乡、热带雨林、大漠荒沙、世界屋脊等，趣味无穷。因此，依托传统历史文化、旅游资源等，集中力量以集群模式发展信息内容产业，一方面，可以使传统文化、民俗文化、自然风光等，在发展信息内容产业的过程中得到传承和延伸；另一方面，这些独特性的文化内容和旅游自然资源，也有利于开发出具有地域性的信息内容产业，避开同质的竞争，加快信息内容产业发展。

英国斯特拉福特小镇发展内容产业的方式就是借助当地的文化内容和自然风光资源。斯特拉福特小镇位于英格兰中部埃文河畔，环境优美，是著名文豪莎士比亚的故乡。当地政府利用这一资源，将其作为国家级产业园进行开发，建成旅游文化内容产业集群：莎士比亚的故居被开辟为一座纪念馆，以莎士比亚名字命名和以文豪的事迹、作品为内容，建设皇家歌剧院、博物馆、图书馆、纪念塔等，使得这个小镇处处都渗透着“莎士比亚”这一文化内容主题，形成了它独特的“文化内容名片”，成为当今英国著名的旅游胜地之一。

《印象·刘三姐》是立足自然资源和文化资源融合发展的例子。2004年，由著名导演张艺谋等人历时五年半策划，制作集漓江山水、广西少数民族文化及中国精英艺术家创作之大成的大型桂林山水实景演出《印象·刘三姐》，成为中国·漓江山水剧场之核心工程，是全国第一部全新概念的“山水实景演出”，成为演出的革命、视觉的革命。世界旅游组织官员看过演出后评价：“这是全世界看不到的演出，从地球上任何地方买张机票来看再飞回去都值得。”2004年11月，以桂林山水实景演出《印象·刘三姐》为核心项目的中国·漓江山水剧场（原刘三姐歌圩）荣获国家首批文化产业示范基地。广西桂林山水资源和歌仙刘三姐成为信息内容创意的基础，成功的信息内容创意成就了广西的信息内容品牌，也为全国打造强势品牌提供了很好的范例。

“中国马戏之乡”埇桥区的马戏艺术，是集动物的驯化、管理、表演以及杂技、魔术、滑稽为一体的多功能、多门类的文化内容艺术，具有独特的艺术特色和优势。安徽宿州以此为基础，以举办中国埇桥马戏艺术节为核心，打造马戏艺术产业集群。借助艺术节的人气，同时进行乐石、根雕、皮影等民俗表演和矿产、香稻米、烧鸡等产品展取得巨大成功，凝聚了人气，提供了商机，提高了埇桥的知名度和美誉度，有力地促进了埇桥经济和社会的发展。

再如，我国广东梅州市凭借着自身的地方文化内容特色，制作反映客家文化内容的系列动漫产品，创建客家动漫网，成为经济相对欠发达地区发展内容产业的先行者。

2. 发挥人才优势

人才是内容产业中最重要、最活跃的资源，信息内容产业发展对具有创造力和想象力的人才具有很强的依赖性。当市场具有某种内容产品和服务的需求，就会吸引研发人才和艺术人才，以市场对内容产品或服务需求为传导机制，在一定区域发展形成内容产业集群。这类产业集群的区位特征具备自由、宽松、活跃的工作与生活环境，多集聚于经济中心城市。依托人才特色形成产业集群的途径主要有两种，一是研发人才一般倾向于接近高等院校和研究所密集的区域，形成以研发设计为主的产业集群。因此，可以依托大学建立产业园区，发挥高等院校和研究所的人才优势，培育围绕科研院所的信息内容产业集群，走“名校＋人才＋资本”的创业之路。如北京中关村创意产业基地、上海的天山软件园区和时尚产业园区、美国的“硅谷”、澳大利亚的昆士兰创意产业园等都是依托当地的大学资源建立起来的。二是艺术人才则更多地被有信息内容底蕴的低廉老厂房和老仓库等旧城区所吸引。因此，可以通过改造旧厂房、仓库培育艺术型信息内容产业聚集区，发展文化内容产业集群，如上海苏州河沿岸带状地带、北京 798 工厂、杭州的 LOFT、美国纽约的苏荷（SOHO）等产业园。

3. 借助产业基础

对于特定区域来讲，通过招商引资，在原有信息内容产业的基础上扩大生产，是产业集群发展的一条捷径。招商引资，可以借助外部的资金、人才、技术等资源，降低信息内容企业发展所带来的风险，节约培育产业的时间和成本。但招商引资时，不能只注重外来投资企业的规模和数量，还要加强招商引资的方向性，以本地已有的信息内容产业为基础，坚持以完善本地信息内容产业链为核心，如上海的网络游戏、广州的互联网市场、苏州的动画、无锡的物联网等都已有一定基础，在此基础上进行招商引资，使新进入的企业能够融入产业集群内在的经济技术联系之中，避免使招商引资的成果流于表面，加快信息内容产业发展。

4. 依托资本技术

借助资本技术的力量，可以“无中生有”地强势打造出某一领域的信息内容产业集群，是信息内容产业基础薄弱，发展相对滞后地区，跨越式发展发展信息内容产业的重要途径。

美国好莱坞的成就就是资本技术模式的完美体现。从信息内容资源尤其是历史文化禀赋的角度来看，美国与欧盟国家相比明显落后，但是美国凭借强大的经济实力和科技优势，克服了地域文化内容资源弱势，成为全球信息内容产业的“巨无霸”。好莱坞的电影业及其附属产品每年出口创收占美国出口业的第二位，仅次于高科技行业，超过了军火和农业。英国、加拿大、澳大利亚、新西兰和阿根廷的电影市场收入 90%以上都进了美国好莱坞电影公司的腰包。美国好莱坞电影产业成功的原因是多方面的，从技术资本的角度看，好莱坞电影在技术和投资方面无人能及的领先优势是其独霸局面的一个不可缺少的支撑点。

再如安徽芜湖方特欢乐世界的建设。芜湖方特从 2007 年 10 月营业，每年接待游客量超过 200 万人次，每年营业收入 2 亿多元，从经济角度看，等于再造了一座黄山。方特欢乐世界的成功，就是芜湖市借助资本技术力量发展内容产业的杰作。芜湖长江大桥开发区，原是一片荒芜之地，芜湖市政府通过招商引入深圳华强集团投资 18 亿元建成方特欢乐世界。在 125 万平方米园区内，方特拥有 300 多个景点，内容涵盖现代科技、未来科技、科学幻想、神话传说，不仅是一个高科技王国，而且是一个在创意、软件、影视等方面拥有自主知识产权的信息内容产业王国，赢得“天造黄山，佛造九华，人造方特”的美名[168]。

4.4.2 以经济技术联系为纽带发展信息内容产业集群

产业集群成功的关键，在于按照一定的经济技术联系，合理布局集群内的信息内容企业，形成有竞争力的产业集群。集群企业关系的合理搭建，主要是要按照产业链的要求从横向和纵向两个方面来考虑[169]。

集群企业间横向关系的构建，是内容企业根据产业之间信息、物质、能量的流动关系，构筑网络状产业链，包括信息内容、信息技术等主导企业、配套企业，以及商会或行业协会等附属机构。目前，我国产业集群企业在横向关系构建方面，设计链条较为单一，集群企业之间缺乏必要的合作与资源共享，尚未形成互动性的网络状产业生态链，与外部其他产业也未形成共生共荣的产业生态圈。针对这种状况，一方面要在集群所在地引入适量信息内容企业，并根据产业链升级更新的需要不断调整相关企业；另一方面，合理优化配置各种信息内容资源，使资源在集群企业的流动中获得有效利用。此外，产业集群要加强与集群所在地其他产业，以及银行、投资者、政府、技术转移机构、商会或行业协会等部门的联系，形成产、学、研融合的人才培养体系，实现集群内外产业环境的和谐共生。

集群企业间纵向关系的构建，要注重信息内容产业链上下游企业间的配套与协作。当前，我国信息内容产业集群纵向产业链构建尚处于起步阶段，各企业只是简单组合，“链接点”松散，没有在“分工协作”基础上做到“价值扩散”，企业不能完全有效整合各种资源并加以循环利用。针对这种情况，要求集群企业要以产业链为纽带，做好分工合作，激活产业链各环节，驱动产品开发，拉动产品的生产与销售，并带动后续衍生品开发，形成一条上下联动、左右衔接不断增值的产业链，如同一条流畅的创造价值、提供价值、传播价值、反馈价值的生态链。此外，集群间各类型企业配置不仅要类型齐全，而且要比例适当，将产业上游的研究开发，中游的生产制造，下游的市场营销及衍生产品的开发等各类型企业，根据内容产业链发展的需要合理汇集在产业集群内。

4.4.3　以产业园区为载体发展信息内容产业集群

建设产业园区是发展信息内容产业集群的重要手段。产业集群往往是同产业园区联系的，一个特定的产业园往往就是一个产业集群区域。产业园区是政府在一定的区域内，按照信息内容产业发展的内在要求，统一规划设计，将大量的具有产业关联的信息内容企业，以及相关服务、管理和科研等支撑机构，进行合理有效的地理集中，形成具有较强服务能力的产业园区，培育出具有内在发展动力和持续竞争力的信息内容产业集群。然后，以产业园的产业集群为载体，辐射带动区域内信息内容产业发展。产业园区可以是产业园、产业基地，也可以是相当大的虚拟产业区域。建设产业园区，要做好以下几个方面工作：

首先，要做好产业园区规划。（1）要将园区作为城市空间的有机组成部分，实现园区发展与城市生活的平衡。要从整体角度考虑园区在城市中的定位，注重园区与城市其他区域的发展联系，尽可能地将城市的有利因素延伸至园区内部，有适当的城市设施、便利的交通条件、互动的交流平台、良好的生态环境等，保证园区有优异的生产生活环境，高品质的工作生活质量。（2）根据不同的信息内容企业，提供针对性的园区建筑产品。有内涵的企业对建筑产品都有特殊要求，通过标准化厂房筑巢引凤并不是一种有效的方式。园区建设之初，规划机构需要了解行业的特点，征求内容企业对建筑结构、产品风格、内部装饰的意见，然后才能根据客户需求进行针对性的产品设计，并适时根据客户需求的变化调整园区建筑产品。同时，园区管理者也可采取厂房（办公楼）定制、土地出让、延长建设周期等方式满足园区企业的个性化追求。特别要防止将信息内容产业园建设混同于房地产开发。（3）内容产业园要成为一个有机的整体。根据园区生态学原理和循环经济理念，对园区内不同种类、不同品质、不同大小的物流、能流、信息流进行综合分析，合理安排园区内部建筑群之间，以及将来进驻这些建筑群企业之间的关系，形成物质信息循环利用的生产网。（4）要体现内容产业风格。园区不仅仅是一个建筑物或一个建筑群，更重要的是其总体设计尤其是外观设计，能够反映内容产业园区特色、丰富的内容底蕴，或长期形成的产业基础，给人一种强烈的感官感受，成为产业园区品牌标志，为园区内容企业获得更高的市场认同度和市场占有率。

其次，要以产业园区为载体，优化区域产业链结构。建设信息内容产业园的实质是通过产业园聚集企业，形成有效的信息内容产业集群，形成经济发展的增长点，从而带动区域经济发展。在实践中，有的信息内容产业园区虽然“企业扎堆”，但却无法真正形成合力，带动区域经济发展。解决这种现象的关键是要在产业园区发展中，根据产业集群间的经济技术关系，合理引导产业链的核心环节在园区内部发展，实施园区产业链结构的优化布局，而产业链上其他的支撑环节则可以根据区域整体经济规划在园区内或周边进行布局，形成以园区为发展主体的中心——外围模式。这样，才能形成产业集群企业的整体竞争能力，产生辐射带动作用，

最后，发展信息内容产业园，要对比周围园区和周围地区产业的差异和分工以及内容产业与周边产业的关系，坚持错位发展的原则，找出周围地区园区尚未涉猎的方面或者发展薄弱的环节，确定自己的主导产业，合理定位，避免趋同，是形成特色内容产业园区的方法之一。

4.5 本章小结

本章从产业集群的概念出发，阐述了信息内容产业集群的定义和特点，分析了产业集群模式发展信息内容产业的效应和机理，提出了信息内容产业集群发展模式的实现途径。

产业集群是一种产业活动的集中，同一定的地理区域联系，是介于纯市场组织和企业科层组织的中间性网络组织形式。产业集群主体，除了企业外，还有大量的组织机构，这些集群主体间相互作用构成产业集群的网络关系。

信息内容产业集群就是信息内容产业集群主体，为了适应市场竞争态势，获得单个企业所无法获得的“集体”竞争优势，在一定区域内，按照一定的经济技术关系，通过积极、广泛地融入相关竞争与合作网络而形成的，介于市场和企业之间的产业组织形式。信息内容产业集群具有集群主体众多、创意人才集聚、集群网络既有稳定性又有松散性、多种子产业的聚集、与城市相依存、项目式的生产组织模式等特征。

信息内容产业集群主体间相互依存、相互竞争，推动着产业集群的形成和成长，是产业集群的发展推动力。集群内的信息内容企业与上下游的

供应商、互补企业、传统企业以及竞争企业之间存在着合作与交流，与研究机构、政府及金融机构等之间的知识、信息和资源的交流。产业集群模式发展信息内容产业具有获取整体优势、降低企业成本、催生新的企业、促进企业创新和打造“区域品牌”等效应。信息内容产业集群发展机理可以从柔性生产组织网络、社会关系网络和缄默知识的集聚与传播等方面加以阐述。

发展信息内容产业集群要立足历史文化、自然资源、人才特色、产业基础和资本技术等优势和特色，按照信息内容企业间的经济技术联系，合理规划产业布局等途径实现。

第5章 信息内容产业融合发展模式

信息内容产业融合发展模式是对产业融合理论的创新。本章在阐述产业融合概念和特征的基础上，提出了信息内容产业融合发展的定义，分析了信息内容产业融合发展的技术特征，以信息内容产业同传统产业的融合发展为重点阐述了融合发展的机理，最后指出了信息内容产业融合发展模式的实现途径。

5.1 产业融合的概念和特征

5.1.1 产业融合的概念

产业融合最早源于数字技术的出现而导致的行业间的相互交叉。20世纪70年代，通信技术和信息处理技术产生革新并得到迅速发展，加快推动了通信、邮政、广播、报刊等传播媒介间的相互融合，信息内容产业融合发展的趋势初步显现。产业融合是指将多种现存生产运营方式和技术结合起来，创造出比原有生产体系及技术更强大的新的生产能力、新的技术、新的产业形态的过程。关于产业融合的定义，较有代表性的表述为："由于技术进步和管制放松，发生在产业边界和交织处的技术融合，改变了原有产业产品的特征和市场需求，导致产业的企业之间竞争合作关系发生改变，从而导致产业界限的模糊化甚至重划产业界限[75]。"事实上，产业是由技术、企业、产品、市场及制度等要素构成，相应地常见的产业融合就有技术融合、企业融合、产品融合、市场融合、制度融合等不同方面或者说不同层次的产业融合。这些融合类型都是产业融合过程当中的相应表现，只有把所有这些关于产业融合的内容汇集起来，才能形成产业融合的整体概念。

(1) 技术融合。产业融合最早始于技术融合。美国的罗森伯格(Rosenberg)在对机器工具产业演化的研究中，发现了同一技术在不同产业间扩散的现象，于是将其定义为“技术融合”[170]。所谓技术融合，就是不同产业分享共同知识和技术的过程，也是某些技术在产业中的应用或扩散，并导致创新发生的过程。当不同产业共享相同的技术基础并实现一体化，显著地影响或改变了另一产业中竞争、产品、价值创造过程的实质时，就意味着产生了技术融合。

(2) 产品融合。产品融合是指不同产品通过替代设计或内部模块整合实现功能统一，从而导致融合型产品产生的现象。如有线电视与网络电视，手机电话与网络电话，以及手机电视、掌上电脑、PDA 等具有相同或相似功能的终端设备产品融合。

(3) 企业融合。企业融合是指处于不同产业系统中的企业，通过战略联盟或并购等方式，逐步向对方的业务领域渗透或扩散，最终趋向同一业务内容的过程。我国计算机生产企业、通信设备生产企业与广播电视设备生产企业的交互渗透，就是企业融合的一个典型例子。

企业融合的本质是不同企业业务的趋同化。从产生融合的单一企业看，企业最初的表现可能是其业务的多元化，企业通过业务的多元化可以积累多种业务知识，奠定业务创新的基础。不同企业业务的多元化，又为这些企业通过业务融合实现企业融合创造了条件。但企业业务多元化并不能直接导致企业融合，只有企业把多种业务知识通过整合融合在一起，才能推动企业融合。

(4) 市场融合。市场融合是指消除市场准入障碍和产业界限后，各分离市场的汇合与合并。产业出现融合萌芽状态后，融合能否持续下去乃至能否成功需要经过市场的检验。具体而言，该产业需要达到相应的收入弹性条件和生产率上升条件，才具有潜在的市场融合发展前景。例如，在寻呼机与手机业务市场并存的很长一段时期，手机产品最初没有短信功能，后来手机出现了短信业务且价格也不断下降，寻呼业务的消费群体才开始转向手机短信业务，最终导致两个市场的融合。

(5) 制度融合。制度融合是指多个产业的各项制度向一个新制度汇合的过程，分为微观层次的标准融合和宏观层次的制度融合两大类。微观层次的标准融合是指不同产业系统中的企业，由于共享或共同遵守同一标准而引起融合，主要表现在技术层次上的融合和产品设计上的融合。宏观层次的制度融合包括产业管制政策的融合和监管机构的融合。

制度融合对于不同产业系统间的互动有着积极作用，具有协调与催化剂的功能。如美国政府颁布的《电信改革法》，推动了通信与广播电视产业的开放，使二者走向融合，是宏观层次制度融合的例子；TCP/IP 协议在网络上的普遍采用，推动电信网、广播电视网和计算机网的互联与兼容，三者最终也走向融合，是微观层次制度融合的例子。

5.1.2 产业融合的特征

从产业融合的概念可以看出，产业融合具有以下几个方面的特征：

（1）创新因素是产业融合的诱因。产业融合的产生是多种因素相互作用、相互影响的结果，这些因素可以笼统地称为创新因素。创新因素分为战略联盟、企业基本组织原则的变革、技术和管理创新等的内在创新因素，以及与之相对应的外在创新因素，如产业管制的放松、消费需求的变化、全球化与自由化等。以技术创新对产业融合的影响来说，重大的技术创新，可以运用于不同的产业，使技术的通用性加强。当该技术成为不同产业共有的技术基础时，就会使得产业边界趋于模糊，进而产生产业融合现象。

（2）开放系统是产业融合产生的前提条件。产业系统在封闭状态下，其所有的创新因素也只能在系统内部进行扩散，因此，不能引起不同产业系统之间的相互竞争与协作，也不会出现产业融合。在开放系统中，创新因素才能向外扩散，才能造成不同产业系统企业之间的互动，促使产业融合产生。

（3）产业融合是一个过程，可以分为“从无到有”和“从出现到实现”两个阶段。其中“从无到有”指的是，不同的产业系统由原来的非竞争性发展到竞争性，其标志是融合型产品的出现；“从出现到实现”是指产生的融合型产品替代了现有产品，产业融合实现，催生了新产业。在这个过程中，包括技术融合、产品融合、企业融合、市场融合与制度融合等产业系统构成要素之间的融合。

（4）产业融合是在不同产业之间的融合，竞争与协作推动了产业融合的发生。如创新改变了某一产业企业的竞争能力，如果其他产业系统具有相似的知识基础，其他产业企业为提高自身竞争力就要进行学习与模仿，从而促进创新向其他产业扩散，推动不同产业向相同方向发展，进而产生产业融合。

（5）产业融合是产业内要素共同演进的结果。我们知道，任何一个产业系统都是由企业、技术、产品、市场及制度等要素构成。产业融合发生时，如果一个要素发生变化，对产业系统中的其他要素都会产生深远的影响，都会促进其他要素一起演化，从而共同完成产业融合。如技术融合发生后，如果不同产业企业只是共享技术创新成果，而没有转换为产品创新，或者产业政策制度限制其他企业进入，那么产业融合就很难发生。我国“三网融合”提出多年而如今依旧进展缓慢，就是个典型的例子。

（6）产业融合是产业创新的方式之一。产业融合是不同产业系统及其系统各要素之间通过演进变化、整合重组，产生了新产业的过程。因此，产业融合也是一种产业创新方式。

5.2 信息内容产业的融合发展

信息内容产业融合的发展是信息内容产业借助信息技术向其他产业及其内部的渗透、延伸和重组。在此过程中，一方面实现信息内容产业对其他产业进行提升和改造；另一方面信息内容产业不断吸收传统产业的丰富“内容”和成果发展自身。信息内容产业的融合发展是一个往复循环的过程，一次融合实现后，在新的信息技术及新的社会需求的推动下，再次开始新的融合。

5.2.1 信息内容产业融合发展的分类

信息内容产业的融合发展可以分为信息内容产业同其他产业的融合、信息内容产业内的融合以及融合产生新业态三个方面。

1. 信息内容产业同其他产业的融合发展

信息内容产业同其他产业的融合发展是融合发展的主要方面。随着信息技术的快速发展及其大规模的应用，信息活动不仅仅局限在信息内容产业领域，信息内容尤其是涉及人类脑力创造的那部分信息创意，借助信息技术广泛融合到各行各业中，作为一种重要的生产要素渗透到其他产业的设计、工艺、工程、生产、管理、营销、市场、经营等环节，与其他产业生产中的其他要素发生融合。信息技术和信息内容解构传统产业生产流程，改变或丰富了其他产业中原有的生产方法、工艺以及技术，并由此改变了行业产品的特性，开拓了新的市场空间，促进了其他产业的价值创造，进而通过互相渗透与融合的创造性产生了新的行业。信息内容产业同其他产业之间，通常的融合方式有渗透融合、延伸融合和重组融合[171]等。

（1）渗透融合。即信息内容借助信息技术向其他产业渗透、融合，形成新的产业。如20世纪90年代之后，信息内容产业对传统工业的渗透融合，产生了诸如机械电子、数字家电、智能手机、生物电子等新型产业；信息技术向汽车制造业的渗透产生了智能汽车；电子网络技术向运输业、传统商业渗透而产生的现代物流业与电子商务。

（2）延伸融合。即通过产业间的互补和延伸实现的融合，多数发生在信息内容产业链自然延伸的部分，能够赋予原有产业新的附加功能和更强的竞争力。如信息内容产业中的部分子产业正加速向第二产业生产的前期研究、中期设计和后期的信息反馈过程进行渗透，包括金融法律、管理培训、研发设计、客户服务、技术创新、广告等，形成不分彼此的融合型产业新体系。

（3）重组融合。重组融合是指原本各自独立的产品或服务，通过重组完全结为一体的产业融合，主要发生在具有紧密联系的产业之间。由于信息技术的高度发展，当前重组融合更多地表现为以信息技术作为纽带的产业链的上下游产业的重组融合，重组融合后生产的新产品多表现出数字化、智能化和网络化特征。比如智能洗衣机、绿色家电等，就是重组融合的重要成果。

2. 信息内容产业内融合发展

信息内容产业链内各环节间的融合是融合发展的重要组成部分，主要有内容融合、网络融合和终端融合。

（1）内容融合。内容融合指分属于不同形态的内容生产，依托信息技术形成了跨平台、跨媒体的使用，形成多层次、多类型的内容融合产品。这些融合的内容从媒介划分为报纸、杂志、书籍、广播、电视、互联网等，从形态上划分为文本、图片、影像、声音、动漫。内容融合可以很容易地借助信息技术在数字加工、传输阶段转换或集成不同载体上的信息内容。

内容融合同时又表现为传统内容产业和现代内容产业的相互转化，传统信息内容产业数字化、网络化后，就变成了现代信息内容产业；现代信息内容产业去数字化后以印刷文本、模拟信号等形式出现，就变成传统信息内容产业。二者在技术形态上的相互转化，以不同形式融合发展，在一些领域从产业、企业、产品等层次已经融合在一起很难分开。

(2) 网络融合。网络融合是指传输渠道的融合。如当前国家积极推进的电信网、广电网、互联网的三网融合。尽管 TCP/IP 协议与电话网中语音通信的线路交换技术截然不同，但互联网和通信网的基础设施却同样使用物理电线和电缆。随着语音和电视信号的数字化，同一网络设施可同时处理互联网、电话和电视数据，电信网、广电网、互联网就具备了融合的技术基础。随着传输渠道的融合，依附在电信网、广电网、互联网上的业务融合也开始展开，三者的语音、视频和增值服务的种类、内容互相渗入，竞争趋于激烈。同时，传输渠道的融合也提供了扩大企业规模，拓展事业范围，促进新产品、新服务开发等新机遇、新市场。

信息采集和发行渠道的融合也是信息传输网络融合的一部分。当前，我国电信网、互联网没有采集信息的权力，而电视和报纸等媒体业有着庞大的记者、专业编辑、播音、发行队伍，电视和报纸等媒体及其内容生产商当仁不让地成为网络媒体最大的内容提供商。如台湾东森集团，新闻采集与供稿的一般工作流程是：采访某一新闻事件由一新闻小组承担，小组内通常有文字和摄像两名记者。到达现场和进行采访时先由文字记者通过电话口头向东森广播网发布信息，由电台率先播出，然后当摄像机架好并进行电视采访时，新闻信息就开始流向电视媒体，同时文字记者又整理出文字新闻稿，发给集团内的网络媒体，而集团的平面媒体则从网站上下载所需新闻，经编辑后在报刊上刊出。所以当一个新闻事件发生后，到现场的东森集团记者往往只有两个，而刊播这条新闻的却可能是集团内的众多媒体。这样使得集团单位产品的成本得以降低，范围经济的效应得以显现。

另外，互联网与移动业务，IPTV 与数字电视之间的融合当前已经非常明显。

(3) 终端融合。终端融合是指计算机、通信、电子消费产品的融合，具体包括电脑、手机、电视、广播、电子终端娱乐设备等。通过终端产品功能、传输网络和内容的多元化融合，在单一终端产品上实现集成化的信息传递和消费，消费者可以在任何地方享受数字音乐、照片、视频和游戏等信息内容产业链内的融合成果。如2009年美国第一大连锁书商Barnes &Noble诞生的手持式电子阅读器。近两年来，随着移动互联网的快速发展，智能手机成为承载通信、游戏、音乐、视频等多种功能于一体的信息终端。

3. 融合创新形成新业态

融合创新业态是信息内容产业融合发展的高级类型。信息内容借助信息融合技术在横跨多个部门、综合多种业态的基础上，对原有产品和产业业态重新整合，重新专业化分工，融合形成新业态。融合创新形成新业态是信息内容产业同其他产业及其内部融合发展过程中，都有可能发生的情形，也可以将其内含在上述两种类型之中，本书为了强调这一形式，单独将其列举出来。大家知道，每一个产业都是用某种特定的技术手段及装备，通过与其相适应的工艺流程来生产的某种或某一类产品，不同产业中居于主导地位的技术手段也是不同的；而信息内容产业融合发展过程中，信息技术改进或变革了某些行业的主导技术，引发原有产业边界的收缩或扩张，改变了原有产业特性和市场需求，从而引发了产业边界的改变和新产业的诞生。如汽车电子产业、工业软件产业、工业创意产业、企业信息化咨询业，以及电子媒体业、网络广告业、IPTV、电子商务等新型业态，都是融合创新形成的新业态。

5.2.2 信息内容产业融合发展的技术特征

信息内容产业融合发展需要特有的媒介做载体，这个媒介就是信息技术。事实上，产业融合是信息技术兴起和推广后才出现的新经济现象，其最初受到关注起源于信息技术领域。在第2章中分析信息内容产业定义时，我们曾经提到信息技术不仅是催生现代信息内容产业的重要动力，也是其存在与发展的技术基础，“信息内容”的生产方式、存在形态、传播体系、消费形式等都与信息技术密切相关。在信息内容产业的融合发展中，信息技术和信息内容二者也是密不可分的。一方面，信息内容的融合发展主要是信息内容发生作用的结果，信息内容是信息技术发挥融合作用的主体，信息技术对其他产业的改造往往是通过改变其他产业生产流程中的信息内容来实现；另一方面，信息技术又是信息内容产业融合发展的主要武器，信息技术是信息内容发挥融合作用的载体，信息内容融合发展的形式和程度取决于信息技术发挥作用的形式和程度。因此，可以说信息内容借助信息技术实现信息内容产业的融合发展，有学者就将信息技术称为信息融合技术[172]。因此，本章为了便于阐述和理解信息内容产业融合发展机理，对信息技术在信息内容融合发展时表现出来的特征进行详细分析。

信息技术（Information Technology，简称IT），是主要用于管理和处理信息所采用的各种技术的总称，主要包括计算机技术、互联网通信技术和传感技术等，现在也常称为信息和通信技术（Information and Communications Technology，ICT）。信息技术推动了信息内容产业的融合发展，具有创新性、渗透性、带动性、系统性、网络性和倍增性等特征。

（1）创新性。众所周知，信息技术革命是20世纪以来的时代特色，半导体、集成电路、计算机、光纤通信、互联网的产生和发展，推动了各行各业产业结构的加速调整，促进世界经济的持续增长。以集成电路为例，其创新步伐是跨越性的。在1960～1975年的15年间，集成电路的创新主要体现在集成的晶体管数量上，这期间集成电路集成的晶体管数量平均每年翻一番；到1970～2005年的35年间，集成电路的创新主要体现在动态存储器和微处理器上，这期间动态存储器中的晶体管数大致每18个月翻一番，微处理器24个月就能翻一番；而等到了1971～2006年的35年间，发生在CPU上的创新成为标志，这期间CPU上单个晶体管大约每7年其成本下降可以达到1个数量级，使得集成电路在功能突飞猛进的同时价格走向下降，性价比明显提高[82]。信息技术的强劲创新促使了传统产业的不断突破，促进传统产业结构的变革，为经济增长提供动力，当然，信息技术发展过程本身也是一个极强的创新过程。

生活中我们也有信息技术快速更新换代的直观感受。比如在最近一二十年的短短时间内，个人计算机从8088到286、386、486、586直至今天的多核PC，从单机操作到联机操作，从数据的内部浏览到因特网数据中心（IDC）的数据托管，从封闭的操作系统到互联网，从通信提供的窄带传输到宽带传输，从单一网络到多网并存，从单一的语音通话到数据转换形成的多种业务，从IP到支持高速数据传输的蜂窝移动通信技术，再到可以提供高速传输的数据业务，将无线通信与国际互联网等多媒体通信结合的新一代移动通信系统。

（2）渗透性。信息技术的通用性和开放性是其渗透性的基础，通用性决定了信息技术的广泛应用，开放性决定了信息技术的兼容性和扩充性。

信息技术借助通用性和开放性实现了对其他产业的渗透性。目前，信息技术的应用领域已覆盖到社会经济、政治、军事、生活的各个方面，成为覆盖现代化建设全局的技术，可以说当前世界上已没有信息技术渗透不到的领域。

（3）带动性。信息技术是整合了半导体技术、信息传输技术、多媒体技术、数据库技术和数据压缩技术等多种技术的综合产物。因此，信息技术具有通用综合能力较强、技术改进空间大、用途多种多样的特征。信息技术在大部分经济领域均可采用，与其他技术存在较强的互补性，带动性较强。在产业内部，信息技术带动了微电子、半导体、超级计算、激光等产业的发展；在产业外部，信息技术的发展可以带动新材料、新能源、仪表、生物芯片、航空航天等产业的发展。同时，信息技术与传统技术的结合，能够带动国民经济各个领域，促进传统工业、农业和服务业的生产方式与组织形态发生变革。

（4）网络性。互联网是人类历史发展中一个伟大的里程碑，它不仅给人类提供一个快捷的信息通信和检索手段，更重要的是提供给人们一个巨大的信息资源，全世界的人们可以交流信息和思想，学习知识和经验。互联网的广泛应用使世界经济发展进入一个非物质化的时代，信息内容资源正在逐步取代传统物质资源而成为创造财富的主要源泉。信息技术加速推动产业结构的变化，传统的消耗型产业比重将逐步缩小，高消耗和高能耗的生产将被低能耗和高附加值的生产或服务所取代。互联网必将像瓦特发明蒸汽机导致一场工业革命一样，极大地促进人类社会的进步与发展。

（5）系统性。信息技术包含着各种各样的技术系统，如操作系统、应用软件、处理器、存储设备、安全设备等。这些技术系统的各个部件或产品可以由处于不同产业中的多家企业生产，也可以由这些企业按照不同的生产和商业模式制造，但生产的产品必须是能够组装在一起，成为一个能够实现一定功能的有机整体，这就是信息技术的系统性。信息技术的系统性意味着企业生产信息技术产品时要有一个统一的标准，不仅要重视竞争，还要重视合作，扶持伙伴和保证兼容具有重要意义。信息技术的系统性，能促使建立在不同产业互补基础上的产业联合迅速形成交叉融合。

（6）倍增性。信息的生产成本高，但复制成本却很低，使得内容产品具有低边际成本、高产出和高附加值的特点，也就是信息技术的倍增性。信息技术的倍增性能够实现信息内容产业低成本生产，提高产业效益。比如，企业采用ERP管理系统，可以按照订单计算产品零部件和材料需求量，按照交货日期计算产品生产进度、原材料供应时间等，从而减少库存和资金占用，降低生产成本。有数据显示，一个国家对通信建设的投资每增加1%，人均的国民经济收入便可提高3%[82]。

5.3　信息内容产业融合发展的机理

信息内容同其他行业融合发展、产业内部融合发展和融合产生新业态等三种融合形式中，信息内容同其他产业融合是促进信息内容产业融合发展的主要途径。因为信息内容同其他产业融合可以拓展信息内容的领域和范围，滋生新的信息内容产业，而信息内容产业内部融合和融合产生新业态的融合机理可以归纳到信息内容同其他产业融合的机理之中。

5.3.1　信息内容产业融合发展的过程

本章以信息内容产业同传统产业的融合发展为重点，从信息内容产业融合发展过程和融合发展如何产生新的信息内容产业两个方面，对信息内容融合发展机理加以阐述。传统产业一般是指以传统技术从事社会生产或服务，传统产业是一个动态的概念，狭义的传统产业仅指传统工业，而广义上的范围较大，包括工业、农业、交通运输和基本的社会服务业等。本书使用的是狭义传统产业的概念。

信息内容产业同传统产业的融合发展，具体体现在信息内容借助信息技术，对传统产业生产方式、生产技术、企业管理、组织结构、竞争方式、交易方式和产业要素等方面不断进行渗透、延伸和融合，实现融合发展。

1. 产业生产方式上的融合

工业时代，传统产业特别是制造业采取的是大规模、标准化和装配线式的生产方式，其发展模式是通过单一品种（或少数品种）的大批量生产来降低成本，以成本的降低所带来的低价格来刺激产品需求；主要优点在于产品大量而快速的生产，产品的成本随着生产量的扩大而降低。但是，这种传统的大规模生产方式忽略了人们的个性化需求。随着人类社会消费层次的提高和需求多样化时代的来临，企业面临如何有效地组织多品种、小批量生产的新课题。同时，在大规模生产模式对能源、资源的过度消耗也给经济的可持续、健康发展带来困难。

20世纪90年代，信息技术的发展突飞猛进，有力推动了企业生产方式的进一步变革。通过无所不在的信息网络覆盖，使工业运行中的管理、物流、情报分析、视频判断、声音划分、企业信息平台、数据处理和存储、客户管理、市场追踪、内部信息跟踪系统、异地商务活动等获得了更高的效益，并降低了传统的同类业务的成本。生产方式最明显的变化是自动化和虚拟化。当前自动化主要表现在制造系统中的集成技术和系统技术、人机一体化制造系统、制造单元技术、制造过程的计划和调度、柔性制造技术和适应现代化生产模式的制造环境等方面。制造自动化技术的发展趋势是制造的全球化、制造的敏捷化、制造的网络化、制造的虚拟化和智能化。同时，信息技术的应用使得绿色制造成为可能。绿色制造通过绿色生产过程、绿色设计、绿色材料、绿色设备、绿色工艺、绿色包装、绿色管理等生产出绿色产品，产品使用完后再通过绿色处理加以回收利用。采用绿色制造能最大限度地减少制造对环境的负面影响，同时使原材料和能源的利用效率达到最高。随着现代信息技术的发展应用，企业与消费者建立新型关系的条件逐渐成熟，传统的规模化的生产方式被新的柔性化、个性化生产方式所替代。

2. 生产技术上的融合

信息技术能够应用到企业生产的多个方面，如计算机辅助设计（CAD）、计算机辅助制造（CAM）、虚拟仿真、数字模型，以及数控（CNC）、程控（PLC）、分布式控制（DLS）、敏捷制造等，使企业能够实现产品设计自动化，生产过程自动化，以网络为基础重构供应链等。如摩托罗拉建立的面向生产车间的解决方案，将支持无线局域网（WLAN）的手持数据终端、条码和无线射频识别（RFID）技术与自动化应用程序相结合，以简化企业的制造流程，通过创建一系列连续、准确的文档来记录机器状况和材料，可减少错误和改善生产。我国在“神七”和“歼十”等重大工程中，采用先进的数字化设计手段，促进了型号设计由单项设计向网络化、协同化设计的转变，产品设计更改次数减少50%，产品设计周期缩短40%，产品开发成本降低20%[172]。

3. 企业管理上的融合

不管什么类型的企业，信息技术都能应用到其经营管理上。传统企业管理方式是围绕大批量、低成本和流水线式的生产模式进行的。信息技术的发展为传统产业的企业管理升级提供了支持，企业的内部管理、市场营销、仓储运输等各项经营环节均可借助信息网络完成。信息网络已成为企业价值链上各个环节的主要媒介和实现场所。

一是增强企业的管理功能。计算机的使用，可以改进内部计划、提高控制的效率，为企业运用预测、规划与库存、决策等数学模型提供了可能性，促使企业管理由定性向定量发展；信息网络的出现，使企业内部各部门、上下层级、员工之间以及企业同企业、企业与市场之间的信息传输更加迅速、便捷。管理信息系统的应用，实现了企业内部与外界物流、资金流和信息流的统一，使企业向零库存管理迈进。

二是提供了全新的管理模式和技术。随着信息技术的迅速发展，企业管理手段和技术不断升级、优化，从 MIS 到 MRP、MRP Ⅱ、ERP、CIMS，专家系统（ES）、办公自动化系统（OA）、企业内联网（Intranet）、企业外部网（Extranet）、互联网（Internet）。企业借助信息技术获得的新的管理模式和技术能够充分开发利用企业内外资源，大幅度地提高企业快速反应能力和经济效益。

三是丰富了企业管理理论。信息技术催生了企业业务流程再造和柔性的管理思想，重新诠释和补充了传统产业管理理论。企业业务流程再造就是抛弃企业原有依据传统分工原则建立起来的业务流程，改变企业过去分割很细的工作流程，按照更好地组织生产，满足消费者需求的原则，利用网络信息技术重新设计企业组织结构及业务流程。“柔性管理”是相对于传统的“刚性管理”提出来的，“刚性管理”用制度约束管理员工，以“规章制度为中心”，而“柔性管理”则是对员工进行人格化管理。“柔性管理”是借助信息技术，在信息共享、虚拟整合、虚拟实践社团、竞争性合作等基础上实现管理方式创新。

4. 企业组织结构上的融合

企业信息传递方式和管理模式的变化推动企业组织结构发生根本性的变化，工业化时代建立的职能部门制和等级制将被彻底改造，新的组织结构将以任务目标为基础，而不是传统的专业化分工，横向组织将逐步取代纵向层级组织，企业组织结构的主体，将变成动态化、虚拟化组织结构。

一是组织结构趋于扁平化。传统企业“金字塔”型的组织结构，存在着大量的中间管理层次和人员。随着信息技术的应用，企业信息的传递方式由原先的垂直等级型变为水平型，企业组织的层次减少而跨度加宽，中层管理人员开始让位于信息系统，企业组织结构变为扁平的“矩阵”型，从而更有利于信息的有效传递和对市场反应的灵敏性。二是虚拟企业或公司大量出现。现代社会经济形态已步入虚拟经济与实体经济互动的二元结构形态，虚拟企业将成为未来企业经营的主流模式之一。虚拟企业是基于产业融合发展中催生的一种新型的企业合作形态，它在很大程度上能够成为产业融合得以拓展的重要微观组织基础。虚拟企业或公司的基本思想在于通过信息网络突破企业的有形界限，借用外力强化合作体的竞争优势。虚拟企业是指为完成特定任务，由众多的企业联合而成的一种合作组织形式，它是不具有法人资格的实体，可以根据完成任务的需要，灵活地利用不同企业或公司的资源，实现原先的单个企业不能承担的任务和功能。虚拟企业具有组织结构灵活、松散、柔性等特点，在信息网络平台上，加快了企业的资源整合速度，并在此基础上实现了企业的快速响应市场能力，新技术和产品被不断地推陈出新，从而不断满足消费者个性化和综合性需求，达到速度经济效应。三是企业组织的实体逐渐变小。由于信息网络的辅助，大型企业及其内部各个部门可通过网络将人员规模压缩到最小。与此相呼应的是，人才租赁、信息中介等公司大量出现，员工隶属关系出现多样化。人才租赁公司可以向企业提供各种专业技术人才，信息中介公司可以出售各种信息，一个员工也可以同时为几家企业工作。所有这些促使企业组织的实体规模逐渐变小，以提高对环境的应变能力和灵活性。

5. 产业竞争方式上的融合

信息技术迅速发展，带来了全新的市场竞争机制：一是信息社会中，企业竞争的着力点是创造“准确的”产品、寻找“正确的”市场，以及创新“合适的”商业模式，而摒弃传统的通过提高产品的数量和质量，降低生产成本和价格的竞争方式。二是互联网的出现和电子商务的快速发展，改变了企业原有的竞争范围，竞争不仅来自同行业和同一区域，还将来自国内以至于全世界的竞争对手。三是企业要面临新形式的价格竞争。在互联网时代，产品市场价格变动能及时得到反应，信息不对称现象消失，供需状况得到改善。

6. 产业交易方式上的融合

互联网的蓬勃发展及其应用的不断丰富，使电子商务得以迅速发展，网上交易成为企业新的交易平台，跨地域跨国界的交易由于国际互联网的发展而得以顺利实现。电子商务不断降低企业的生产成本，提高企业的生产经营效率。在更宏观的角度上，信息技术的大量运用和信息传播方式的多元化涌现，使得信息内容借助信息技术加快了同传统产业的融合，促进了货物贸易与服务贸易的分离速度，从而形成了新的社会分工体系和就业结构，数据库、信息中介企业等新的信息内容产业就发展起来。

7. 产业要素上的融合

信息技术的渗透性、带动性和倍增性，可以从根本上改变传统产业的劳动力、产品、技术等要素结构变化，提高传统产业的劳动生产率。

（1）提高产业技术水平。人们利用信息技术，更迅速、更准确地获得各种所需的信息，促进产品更新换代，产品更新速度快。科学—技术—生产的周期在信息技术的推动下明显缩短，科学技术转化为生产力的速度加快。信息技术对传统产业的结构改变，可以使传统产业以新的面貌成为某些新兴产业赖以产生的重要物质条件，甚至创造出全新的产品和产业结构。

（2）优化劳动力结构。一是人员结构。一方面，产业劳动者借助信息技术可大大突破过去人力技能的局限，使市场对体力劳动者的需求减少，改变了体力和脑力劳动者的比例结构；另一方面，信息技术的不断创新和电子商务的发展，使劳动力在产业部门之间的分配比例发生变化，改变了就业岗位分布。二是技术结构。信息技术的不断创新及其应用，在提供新的就业机会的同时，也对劳动者提出更高的教育要求，改变了劳动力的技术结构。

（3）改变市场需求结构。一是信息技术产业和信息内容产业的发展本身，带来了很大的新的市场需求，削弱了传统产业的市场地位。二是由于信息技术的广泛应用改进了产品性能，使得可替代资源增加；信息技术对传统产业的改造提升，增强了传统产业的生命力。三是信息技术的快速发展，缩短了信息技术的产品周期，产品更新换代快，花样品种多，改变了人们的消费观念。

（4）实现向现产业转变。信息技术的广泛应用，使传统产业重心从劳动密集型转向资本密集型，进而转向知识技术密集，从由初级技术型转向高级技术型，从高物耗型、高能耗型向节物型、节能型转变，从硬型结构向软型结构转变。

5.3.2　融合发展中信息内容产业的产生

在上面信息技术同传统产业的融合中，我们阐述了信息技术对传统产业各个方面的改变和效果，在这个改变的过程中，关键是信息流的改变和产生，也就是信息内容如何发挥作用，在融合发展中新的信息内容产业如何产生的，而这正是信息内容产业融合发展的机理的关键所在，主要体现在两个方面：

一方面，信息内容借助信息技术改造和提升其他行业。信息技术利用高渗透性等特征，通过改变和控制发生融合产业的信息来解构其他产业的生产流程，从而改变融合产业内企业的组织成本和市场的交易成本，提高了产业生产附加值和生产效率，同时，提供了产业内企业多样化经营的可能性，实现了范围经济效应。除此之外，还促进了传统产业创新，提高了产业竞争力等。对传统产业来说，信息内容产业的融合发展有效解决了传统产业素质不高、资源配置效率低和生产能力过剩等问题，推动传统产业的升级换代。1977 年，美国斯坦福大学博士马克・波拉特（M. V. Porat）在其所著的《信息经济：定义与测量》中，将信息产业分为第一信息部门和第二信息部门。第一信息部门是指直接向市场提供信息产品和服务的部门；第二信息部门是指信息劳务和资本提供内部消耗，不进入市场的信息服务部门[173]。从信息内容产业发展的角度来说，信息技术对其他行业的改造和提升的过程，就是信息内容产业发挥影响力、产生效益的价值体现，也就是波拉特（M. V. Porat）所说的"第二信息部门"，也可以说是产生了隐性信息内容产业。

另一方面，在信息技术同传统行业的融合中，传统行业不断提供给信息内容产业发展需要的"内容"。信息技术同传统行业的融合过程中，虽然存有大量的物资流、资金流，但更多、更直接的是信息流，形成了大量的图像、文字、声音、影像等数据资料，反映融合过程中产生的创意、设计、技术、产品、管理和产业发展等信息，这些数据资料形成的信息资源不仅可以直接利用，而且通过数字化和网络化技术加工制作而保存，在更长时间和更大范围内对社会生产生活发生作用，构成社会生产生活的重要组成部分，成为信息内容产业的"内容"。对于那些为传统工业生产服务的教育、金融业、保险业、法律、科学研究、文化、艺术等服务性行业，其本身就是信息流的生产、管理和使用行业，这些行业在融合过程中产生的信息资源，以及对这些信息资源的数字化、网络化和进一步开发利用，就是信息内容产业的产生和发展过程。所以说，信息技术同传统产业融合过程中信息的产生、存储、加工、转移和使用，以及由此研究开发的信息系统、数据交换中心、数字认证中心等，形成的信息管理平台、数据库等，成为内容产业不断壮大的不竭源泉。对这些信息内容，按照社会需要的大小，进一步进行开发创新、生产加工、传播消费和衍生品开发，成长为新的信息内容产业。

以服装业为例，信息内容在服装业的作用体现在两个方面，一方面，在服装业内部同服装制造结合在一起发挥作用，产生隐形信息内容产业；另一方面自成体系，形成新的服装信息内容产业。在服装制造企业内部，采用计算机技术、网络技术、自动控制技术等，对企业生产经营过程中有关人力、技术及管理等要素进行集成和优化，同服装生产结合在一起形成的信息流、物流、资金流等可以使企业达到缩短产品的制造周期、减少在制品、降低库存、提高生产资源的利用率以及提高制造系统生产效率等目的。对于服装的销售、配送等方面，一方面，可以将实体销售渠道与电子商务网络相结合，实现经营管理网络化；另一方面，在服装业生产、销售过程中可以产生信息资源，形成数据库，促进服装信息内容产业发展。如服装设计是服装业的灵魂所在。依托信息技术、网络技术可以将社会对服装的需求，从原料组合、面料设计、服装款式、品牌理念，分类分时期集中形成数据库。同时，为提高研发效率，再建立设计部门与服装生产企业、供应链企业等协同数据库。这样，在服装业设计中就形成了以服装设计信息为核心的信息内容资源，对这些信息内容资源开发利用，可以为行业内不同企业甚至整个社会提供服务，形成服装领域内的信息内容产业。

同理，信息技术同农业、旅游、交通运输、政府、社会公共服务业等融合机理大体同传统工业的融合机理相同。例如，对于政府和社会公共服务等其他部门来说，信息技术同样具有上述两个方面的作用，信息内容产业的融合发展机理也基本相同。一方面，信息技术对各级政府部门和各类社会公共服务部门的服务方式、服务内容、管理模式、组织结构等方面进行融合渗透，将传统的生产生活管理方式信息化，导致社会形态发生了变化，形成了电子政务、电子商务等新型业态，优化了政府和社会公共服务组织的结构和工作流程，提高自身管理水平，向社会公众提供高效、优质、廉洁、高水准的管理和服务。另一方面，信息技术在同各级政府部门和各类社会公共服务部门业务融合的过程中，产生了各种各样的政务和公共服务数据库等信息资源，这些信息资源的形成和进一步开发利用又构成了新的信息内容产业发展。

再举一个信息内容产业和旅游业融合发展的例子。“北京旅游非线路”

是北京市旅游局借助电影《非诚勿扰 2》推出的一个旅游产品，其重点就在于一个“非”字。“非”就是指两部《非诚勿扰》电影，而“非线路”便是以两部《非诚勿扰》中出现的北京旅游景点为基础，延伸出的涉及北京“旅游景点”“特色餐饮”“时尚娱乐”“婚庆”等多项具有北京特色的旅游产品，其中包含了多种旅游产品概念集合，如：北京非常好吃小店大集合、非常时尚 SHOPPING 地、非常好玩游乐场等诸多旅游线路。这个概念不但为广大游客提供了不再循规蹈矩游览京城的新指南，更为游览北京添加了自由、时尚、年轻的元素。两个毫不相关的领域，一个简单的合作模式，换来的却是巨大的商机。原因就在于融合发展。信息内容产业与旅游内容产业这样的融合，可以使旅游产品更加丰富，更具魅力，吸引更多的消费者参与进来，也能把自己“老产业”“老品牌”的形象年轻化。之前《非诚勿扰 1》中的北海道和西溪湿地，《乔家大院》中的平遥古城，《走西口》中的晋商和田家大院，在电影播放后成了最热门的旅游景点，带来了极好的经济效益和社会效益，都是成功的典范。融合发展产生信息内容产业如图 5－1。

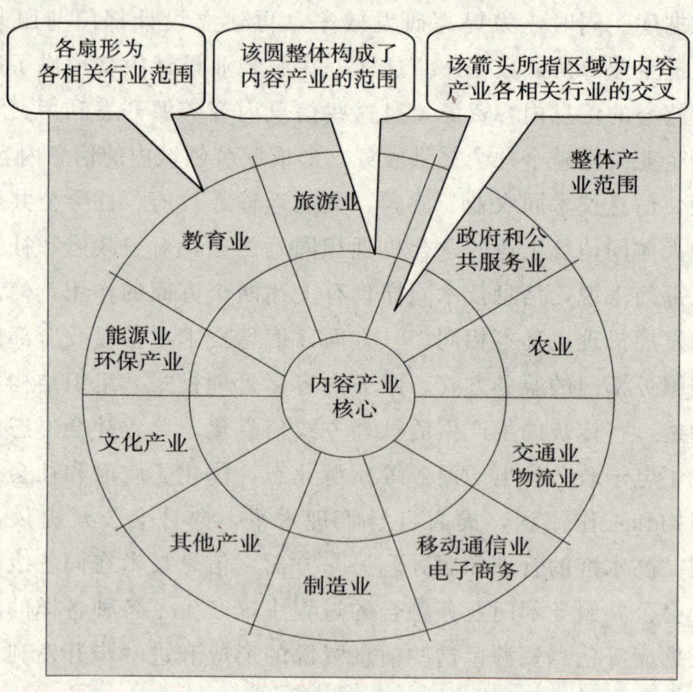

图 5－1　信息内容产业融合发展示意图

当然，信息内容产业的产业链长，涉及产业范围广，融合发展的过程又相当复杂，区分融合发展模式中产生的信息内容产业任务就变得十分困难。如果融合产生的企业由信息内容产品的再制造商组成，则它并不属于信息内容产业，而只是一般制造业。仍以服装业为例，融合产生的服装企业，如果仅仅是涉及服装的生产加工，则不属于服装信息内容产业范畴。而像巴黎的时装业，更多的是设计元素和时尚元素，被称之为时尚业，则属于我们所定义的信息内容产业的范畴。

5.4　信息内容产业融合发展的实现途径

未来学家约翰·托夫勒在《第四次浪潮》[174]中指出，未来人类社会将会在信息技术的带动下，以产业链的交叉和融合化方式，促进传统产业改造升级和整体社会产业结构优化。目前，信息革命在走过了主机时代、个人计算机时代和互联网时代后，正在迈入以云计算为标志的第四个阶段。我们要把握信息技术的发展趋势，利用信息技术的渗透性、倍增性和创造性促进信息技术同其他产业的融合发展，以融合发展的模式加快信息内容产业的发展。

5.4.1　推广应用信息技术

信息技术的推广应用是发展信息内容产业和实现国民经济信息化的途径。信息技术在国民经济和社会各领域的推广应用，能够产生信息内容，提供信息内容产业发展的信息素材。围绕国民经济和社会重点领域，以促进信息资源的开发共享为主线，在重点服务行业深入推广信息技术的应用，促进信息流与物流、资金流的互动融合，拓展信息内容产业发展空间。推动“互联网＋”行动，把互联网的创新成果与经济社会各领域深度融合，提升传统产业发展水平，增强传统行业创新能力，构筑经济社会发展新优势和新功能，形成更广泛的以互联网为基础设施和创新要素的经济社会发展新形态。

第一，加快传统工业的信息化改造，积极推进信息化和工业化的深层次融合。加快对传统产业的信息化改造，一直是我国信息技术推广应用的重点。自2000年党的十五届五中全会以来，信息化与工业化的融合发展就成为国家战略。“两化融合”成为我国推广信息技术、实施对传统产业的信息化改造的重要任务。在信息技术改造传统工业的过程中，以研发设计、流程控制、企业管理、市场营销等关键环节为突破口，支持工业企业与信息技术企业开展多层次的合作，通过产业融合促进传统产业产品生产、服务信息化和模式创新。鼓励传统工业企业采用信息技术，优化业务流程，实现服务手段多样化、服务产品个性化，以及服务范围和服务效率提升。

第二，针对当前的热点问题，组织开展行业应用试点示范工程，引发传统产业生产、经营、管理的全方位变革，促进传统产业升级和转型。如在金融领域中，要鼓励银行、证券、保险等行业不断提高业务电子化、服务网络化、管理水平信息化，为企业提供个性化、专业化、安全可靠的金融服务。发展金融资讯信息加工、整合与分析业务以及相关外包业务。推动与金融服务密切相关的征信行业发展，为产业发展和企业融资提供良好的信用保障机制。在物流领域，积极推动信息技术在制造业物流、城市配送物流中的应用，鼓励第三方、第四方物流新模式发展。推动港口、航运、物流、监管等口岸信息的共享。

第三，以国家“金”字系列工程建设为龙头，大力发展电子政务和社会公共管理信息化，通过重点区域、重要领域的辐射作用，促进这些领域内信息内容产业的发展。通过加快现代服务行业公共技术及信息交流平台建设，加快建设国际科技商务、科技信息、技术产权交易服务等专业平台，实现各专业公共信息平台的互联互通。

第四，结合国家改善民生工程的实施，加强信息技术在教育、医疗、社保、交通、农业等领域应用，加快信息惠民步伐。积极推进社区信息化建设，促进信息技术走进千家万户。

5.4.2 加快制造业服务化进程

我国是制造业大国，制造业服务化对信息内容产业的发展具有重要作用。制造业服务化是在信息技术条件下，制造业和服务业融合发展的过程，也就是制造企业利用计算机、通信、互联网等信息技术，由提供物品向提供服务转变，通过提供服务来提升产品价值，甚至不再卖物品而是卖物品的功能或服务[48]。制造业服务化使企业从以注重生产为主转变成生产与服务并重，把提供物界定为物品服务包，充分地满足顾客的需求。

当前，新一代信息技术与制造业深度融合，正在引发影响深远的变革，形成新的生产方式、产业形态、商业模式和经济增长点。加快制造业服务化是我国信息内容产业融合发展的重点和突破口。原因在于：一是我国制造业占GDP的比重高达40%以上，并有多类产品产量居世界第一位，煤炭、钢铁、轻工、纺织、机械等制造业在国民经济中处于主导地位。二是我国制造技术相对成熟，与信息技术关联程度高、渗透程度高、交互作用明显，易于实现技术融合，信息内容产业融合发展易于在制造业服务化过程中实现。三是目前我国制造业机械化、电气化程度高，对信息技术、信息产品、信息业务的需求量大，为融合创造了空间。制造业服务化过程中出现的生产网络和营销网络，开展的产品研发、广告、保险、会计和运输储存等活动，提供的金融服务、企业管理咨询、法律和知识产权服务，都是滋生信息内容产业的温床。制造业服务化可以发生在制造业生产管理活动的整个过程，如生产前的市场和定位调研，研发中的设计、创意和模具服务，生产中的工程技术服务、设备租赁服务，营销中的物流服务、网络品牌服务、出口服务等。四是我国制造业大型企业数量多、规模大，企业主体具备了资金投入、技术研发、人力资源培养等能力，并能够支付融合带来的成本，为融合提供了条件。五是我国制造业具有极强的带动能力，制造业关联度强，关联效果明显。技术进步推动下的制造业服务化，又能够迅速带动制造业上下游产业的融合发展进程。六是我国节能减排政策的支持。制造业作为我国的主导产业，一直存在高耗能、高污染等特点，融合发展能够通过技术融合改变生产函数中生产要素之间的关系，合理优化生产要素的有效配置，从而降低高耗能、高污染等。

制造业服务化的过程是在以信息技术为主的高新技术推动下的融合发展过程，也是催生信息内容产业的过程。信息技术的发展，使制造业具备了走向服务化的客观条件。伴随着制造业的服务化，生产性服务业得以迅速发展，成为现代经济发展中一支不容忽视的重要力量。生产服务业由建立在信息技术基础上的新兴服务业和一部分经过改造“再现活力”的传统服务业组成，是同传统服务业相区别的现代服务业，最明显的特征是为物质生产制造产业提供服务。生产服务业是伴随着信息技术的应用和信息内容产业的发展，依托现代管理理念而发展起来的，相比传统的劳动密集型服务业，生产服务业是信息和知识相对密集的服务业，具有“三低三高”的优势，即低能耗、低物耗、低污染，高技术密集度、高知识含量、高附加值。制造业服务化有利于提高制造业的生产附加值和生产效率，降低了制造业的交易成本，滋生现代服务业与先进制造业，其中包括信息内容产业。加快制造业服务化进程，发展生产性服务业或现代服务业，是信息内容产业融合发展的重要途径。根据制造业与生产性服务业发展的特点，制造业服务化有以下几种融合发展途径[175]。

（1）基于共生性的融合发展途径

制造业基于共生性的融合发展是实物产品和服务基于同一种价值创造，二者逻辑上紧密配合、共存共生，捆绑在一起满足客户需求，提供的融合产品是“产品＋服务”的形式。一般是以设备集成商同时提供实物产品和生产性服务的形式来完成。参与这种融合发展途径的制造业主要针对那些高科技创新产品、专用设备，或者产品需要定期维护的制造业等。高科技创新产品、专用设备等技术密集型制造业，如医疗设备制造业、IT设备制造业等，由于这类产品属于高科技创新产品，操作使用复杂，需要设备制造商提供相应的培训、技术支持等相关服务，集成商只有同时提供产品和生产性服务，才算销售了完整的产品。或者是产品需要经常性维护或修理的产业，如汽车、办公设备、家用电器等，事实上，这类产品的使用者自己也难以维护或修理，客观上要求产品出售时，提供安装、维护、回购等服务。

2. 基于内生性的融合发展途径

基于内生性的融合发展是指通过产业链的延伸，在实物产品产业链的前后方向上派生出相关的生产性服务。内生性的融合发展是实物产品衍生出新生产性服务，生产性服务可以帮助实物产品制造业拓展销售市场，本身也可以为了提高其外包和服务能力，进行专业化和集群化发展。这种融合模式在制造业内生的融资租赁、售后服务市场等方面表现得较为明显。如在汽车制造、大型机械设备制造等比较昂贵的产品制造业，制造商为了取得竞争优势，扩大市场销售，往往通过提供金融服务来促使顾客购买，通过提供保险服务来减少顾客的使用风险，通过提供售后维修服务来消除顾客的后顾之忧，通过提供回购服务来降低顾客的退出风险。另外，这种融合发展也可以发生在制造业与旅游服务业之间，如大众汽车公司兴建的汽车主题公园 Autostad，就是汽车制造业与旅游服务业融合发展的杰作。

3. 基于互补性的融合发展途径

基于互补性的融合发展是指制造业与生产性服务业在为客户提供解决

方案时，为了更好地满足客户需求而将实物产品和生产性服务结合售出的一种模式。在该种模式下，实物产品与生产性服务并非捆绑出售，而是本质相关，两者互补性融合共同达到最优绩效。在基于互补性的融合发展途径下，企业既提供可以满足客户一定需求的实物产品，也提供可以满足客户一定需求的生产性服务，而如果实物产品与生产性服务通过技术、资源、业务、管理和市场等方面的互补，提供给客户具有互补性的融合产品，将会产生更多的价值，产生 1＋1＞2 的效用。这种模式主要发生在电信、通信、机械设备等领域。如生产手机的厂商通常和电信运营商结合在一起，一个提供实物产品，一个提供通信服务，二者配合提供互补性的融合产品，满足了消费者的通信需求。

5.4.3 推进信息内容产业链内融合

信息内容产业包含领域多，涉及范围广，推进信息内容产业内融合是发展信息内容产业的重要途径。

一是以内容为核心，推动信息内容产业链上下游企业间的融合。当前，作为传播载体的通信运营商，要充分利用自身具有的行业优势，积极向产业链上游的内容运营和内容创造环节扩张，从传播载体向综合信息服务商转变。网络服务商可利用业务特点逐步向信息内容加工环节渗透，进入信息内容尤其高端原创环节。内容运营商要在不断加强对内容源头掌控的同时，通过与网络运营商的合作向下游用户端延伸。终端企业要考虑到对内容和服务的支持，将内容与终端产品进行结合和打包，提高产品附加值和用户黏性。同时，积极推动产业链各细分领域的企业之间相互融合，如手机电视、网络电视和车载移动电视企业的融合发展。

二是积极推动内容产品在三网间的融合应用。要打破当前电信和广电行业在网络、终端设备、业务模式、内容供应等方面各自形成的产业链格局，加速广电行业的宽带发展，提升电信企业内容生产制作和传播水平，推动广电和电信行业企业相互进入对方领域。大力发展融合类业务，把固定、移动、数字电视和互联网的融合运营作为发展的大趋势；加快推进全业务的网络演进和融合，顺应业务 IT 化、承载 IP 化的趋势，加快传统网络向融合、扁平化的下一代网络演进；重点拓展移动互联网应用、宽带视频应用、ICT 综合解决方案、移动及固定融合产品等领域；融合多种技术的新业务为客户强化体验，提供增值和信息服务；加强与终端厂商、系统集成商和业务平台、内容提供等运营环节的产业链合作建立开放的生态环境，积极开发基于三网融合和第三代移动通信的数字内容，丰富终端产品，为用户提供话音、数据和广播电视等综合服务。

三是推动跨部门跨行业的信息整合。跨部门、跨行业的信息整合是实现信息共享、深度开发信息资源和加快信息内容产业发展的必然要求。在信息化建设的初级阶段，信息系统的建设是分散进行的，这些围绕各自业务分散开发或引进的应用系统，事实上一般不会也不可能考虑信息共享和系统互联互通问题，产生“信息孤岛”是在所难免的。“信息孤岛”的出现使各“岛”内的信息资源处于与外界隔绝状态，不能实现跨部门、跨行业流动，也造成了重复建设和资金的严重浪费。产生信息孤岛的原因，既有数据标准不一致或难以实现信息共享等技术问题，也有制度因素尤其是部门权力分割的影响。要想解决信息孤岛问题，只有加强部门行业间信息资源的整合力度，从体制机制、标准制定和信息系统建设等方面推动跨部门跨行业的信息整合，促进互联互通。

5.4.4 推动信息内容产业融合创新

创新是产业发展的灵魂。信息内容产业要围绕技术、产品、新型业态等，大力推进融合创新。

一是充分利用信息技术对传统技术创新、扩散、传播的优势，加大信息技术与其他技术的融合，推动信息技术自身及其在各行各业的创新和演进，促进新技术、新产品、新工艺、新功能的研发、应用和生产。

二是围绕互联网、移动通信和数字电视内容，积极发展增值业务。一方面，围绕人们工作生活需要的信息渠道、沟通、娱乐和生活助手等功能，积极发展互联网内容服务形式。另一方面，大力发展移动内容业务。再者，着力拓展和创新数字电视的增值业务。

三是以文化创意、影视制作、出版发行、印刷复制、广告、演艺娱乐、文化会展、数字内容和动漫等产业为重点，推动文化内容产业发展。

四是面向市场需求，通过发挥第三代移动通信网络、新一代广播电视网、宽带光纤接入网络等网络基础设施的作用，加速信息流和服务流发展，促进现代物流、移动办公、导航定位、仓储安防、生产环境监测、离岸服务外包、电子商务、物联网等内容产业新型业态发展。

五是创新信息内容延伸产品开发。以信息内容创意形成的核心产品为基础，结合信息技术特征，对核心产品进行个性加工，拆借、组合、编辑、包装、集成形成新的延伸产品，不仅可以提高内容资源的利用率，而且使整个内容产业的产品供应数量增加。如2006年底的贺岁电影《爱情进行时》，除电影外，派生出2本书、12首彩铃、60天网络套餐、200集手机短片，整合了电影、电视、手机、网络、书籍等12种媒体进行全媒体传播。凤凰卫视的电视节目《锵锵三人行》仅利用非编技术抽去画面保留声音就变成了凤凰网中凤凰电台的广播节目，在生产电视剧或新闻节目时“富余”的素材稍微加工就变成了网络媒体的内容。

5.5　本章小结

本章在阐述产业融合概念和特征的基础上，提出了信息内容产业融合发展的定义，介绍了信息内容产业融合发展的技术特征，分析了信息内容产业融合发展的机理，提出了信息内容产业融合发展的实现途径。

产业融合源于数字技术出现而导致的产业间相互融合，是指将现存多种生产运营方式和技术结合起来，创造出比原有生产体系及技术更强大的新的生产能力、新的技术、新的产业形态的过程。常见的产业融合类型有技术融合、企业融合、产品融合、市场融合、制度融合等，这些融合类型综合起来，就构成了产业融合的整体概念。产业融合具有六个方面的特征，如创新因素是产业融合的诱因，开放系统是产业融合产生的前提条件，产业融合的产生是一个过程，产业融合是不同产业主体间的竞争与协作而产生的，产业融合是不同构成要素共同演进的结果，产业融合是产业创新的方式之一等。

信息内容产业融合发展是信息内容借助信息技术向其他产业及其内部的渗透、延伸和重组。信息内容产业的融合发展可以分为信息内容同其他产业的融合、信息内容产业内的融合以及融合产生新业态三个方面。信息内容同其他产业的融合发展是融合发展的主要方面，通常的融合方式有渗透融合、延伸融合和重组融合等。信息内容产业链内融合，包括内容融合、网络融合和终端融合。融合创新业态是信息内容产业融合发展的高级类型，是信息内容借助信息技术对原有产品和产业业态重新整合，重新专业化分工，融合形成的新型业态。信息内容借助信息技术实现信息内容产业的融合发展，信息技术又被称为信息融合技术。信息技术具有创新性、渗透性、带动性、倍增性、网络性和系统性等特征。

信息内容产业融合发展机理是以信息内容产业同传统产业的融合发展为重点，从信息内容产业融合发展过程和融合发展如何产生信息内容产业两个方面加以阐述的。信息内容产业同传统产业的融合发展，具体体现在信息内容借助信息技术，对传统产业的生产方式、生产技术、企业管理、组织结构、竞争方式、交易方式和产业要素等不断渗透、延伸和融合。在这个过程中，一方面，信息内容借助信息技术改造和提升其他行业，产生了“隐形”信息内容产业；另一方面，其他行业不断提供给信息内容产业发展需要的“内容”，形成新的信息内容产业。

最后，提出了大力推广应用信息技术，加快制造业服务化进程，推进信息内容产业链内融合，积极推动融合创新等融合发展模式的实现途径。

第 6 章　政府对信息内容产业发展的调控

在市场经济中，市场对资源配置起基础性作用，政府通过市场对产业发展进行宏观调控。信息内容等新兴产业在发展初期，大多缺乏市场竞争力，政府的培育和扶持是促使产业快速发展的重要因素。本章在比较分析发达国家对于信息内容产业调控方式的基础上，提出了我国发展信息内容产业要走政府引导市场的发展道路，既要以市场为基础，又要发挥政府的引导作用，在产业发展不同时期采取不同的支持政策和调控措施，并指出我国政府当前发展信息内容产业要着重解决的问题。

6.1　政府在信息内容产业发展中的作用

政府担负着一个国家的宏观调控的职能，具体说来有经济调节、市场监管、社会管理和公共服务四个方面：

经济调节是政府主要运用经济手段、法律手段并辅之以行政手段，通过制定和实施国家宏观发展计划以及产业、货币、财政、投资等经济政策对社会经济进行的调整、节制和管理。

市场监管是政府按照经济社会发展的需要，依法对各市场主体及其行为的合法性、合理性、有效性进行的监督管理，也指政府为维护良好的市场秩序、保持适当的市场供求关系而对市场秩序和市场关系进行的监督管理。

社会管理是政府对社会公共事务的管理。政府通过制定社会政策，依法管理和规范社会事务、社会组织，协调社会矛盾，保证社会公正，维护社会秩序和社会稳定。

公共服务就是政府通过提供公共产品和服务，为社会公众生活和参与政治、经济、文化活动创造条件和提供保障；政府提供的公共产品和服务包括加强城乡公共设施建设，发展社会就业、教育、科技、文化、卫生、体育和社会保障服务等公共事业，发布公共信息等。

在信息内容产业发展中，政府所发挥的作用就是上述四个方面相互协调、共同作用的结果，也就是通过采取法规政策等手段来调控（主要是引导和激励）信息内容产业的发展。但采取不同的调控方式，会产生不同的作用。政府对一个产业的调控方式的选择取决于多重因素，但其中最重要的是这个国家的市场经济发展阶段和信息内容产业的现状。

6.2 发达国家对信息内容产业发展的调控

信息内容产业的成长有三种方式：市场自发的发展方式、政府培育的发展方式以及市场选择与政府扶持共同作用的发展方式。对于市场自发的发展方式，主要是指产业在市场经济环境下依靠自身力量进行生存竞争，逐步成长起来。政府培育的发展方式是产业在政府主导下的市场环境中生存、成长壮大的发展方式。就当前世界各国信息内容产业的发展历史而言，在现实经济中不存在纯粹的市场自发方式和纯粹的政府培育方式，通常情况下，信息内容产业是在市场推动和政府政策共同影响下形成和发展起来的。本章介绍当前发达国家比较典型的三种信息内容产业发展调控方式。

6.2.1 美国的宏观管理与市场自由调节相结合的调控方式

美国的宏观管理与市场自由调节相结合的调控[85,87]是基于完善的市场机制，社会经济水平也已发展到一定程度，企业有很大的自主经营权，而且公众具有较强的信息意识。美国方式是在市场机制的基础上，从规划和政策引导入手，注重发挥市场竞争机制的作用，注重创造和刺激社会对信息的有效需求，注重从整体上规范和优化产业结构，通过经济的总量平衡达到信息内容产业所需要的发展环境。宏观管理以宏观政策、经济杠杆等方式调节为主，以立法手段支持为辅，在具体问题上具体对待，进行灵活管理和组织协调；产业政策也是以引导为主，重点在于弥补市场机制的缺陷和不足，为信息内容产业创造宽松、自由的发展环境。这种方式具有粗放性、模糊性、统一性、广泛性的特点，能够通过市场化解风险，具有较强的自我保护能力，是一种柔性结构。下面具体介绍这种方式的主要特点。

（1）知识产权保护。知识产权保护是美国调控方式的突出特点，是美国为内容产业创造良好发展环境的重要体现[176]。对信息内容产业来讲，知识产权是其生存和发展的关键。美国把保护知识产权上升到国家战略的高度，通过各种法律和法规加大对信息内容知识产权的保护力度。一是加强版权的监督和保护。美国设置了贸易代表署、版权办公室、版权税审查庭、商务部国际贸易局和科技局等相关的行政部门。二是积极推动版权立法。美国政府制定了《版权法》等一系列版权保护法规，形成了全世界保护范围最广、内容最为详尽的法律体系。三是及时制定针对数字化版权的保护战略。为了适应数字化时代的需要，美国及时实施数字化版权保护战略，如1998年10月，就通过了《跨世纪数字版权法》。四是推动版权保护的国际合作。

（2）多元化自由经营。多元化商业运作体现了美国信息内容产业的自由竞争发展特色。在美国，作为主要内容供应商的各大媒体娱乐企业，拥有一定的经营自由，可以按照各自的经营理念，自由经营和并购，从而使整个行业呈现出一个相对合理的结构和一种错位竞争的格局，为信息内容产业的有序发展提供了一个良好的行业环境。在全球范围内，美国的影视业、音乐唱片业、图书出版业等信息内容产业已经控制了世界上众多的影视机构、影院和图书连锁店，在全球建成庞大的营销网络。跨国内容供应商采取全球战略，积极扩张海外市场，从信息、资金、技术等要素的全球流动中获取高额垄断利润。如在中国加入WTO的双边谈判中，美国坚决要求中国开放文化市场，允许外资企业从事视听产品，取消进口配额限量，大幅度地接纳美国影视制品。美国在与欧盟的谈判中，同样强烈坚持影视业要实行贸易自由化和公开竞争，接受多边规则监督。

（3）人才培育和引进。众所周知，美国凭借其强大的综合国力优势，从世界各国搜罗了大量的优秀人才，这其中既包括与内容创作相关的文化艺术人才，也包括与内容服务相关的各种技术人员。在好莱坞的电影中，我们可以看到越来越多的不同肤色的演员或幕后工作人员；在美国的音乐中，我们也可以听到越来越多来自不同国家的声音。这些文化艺术以及技术人才对美国的信息内容产业及其相关服务贸易的发展作出了重大贡献。

同时，美国信息内容的管理已形成一门专门学科，无论是研究水平，还是管理人才的培养和培训水平均处于全球领先地位。全美30所大学开办了艺术管理专业，源源不断地输送高质量人才给信息内容产业。

（4）信息政策法规引导。美国通过鼓励性的政策来引导各州、各企业集团发展内容产业。除上文所提的知识产权方面的保护外，从1917年开始免征非营利性文化团体和机构所得税，减免资助者税额。1965年，通过了《国家艺术及人文事业基金法》，创立了国家艺术基金会和国家人文基金会，保证了美国每年拿出相当比例的资金投入文化艺术。另外，推动信息内容产业发展的法律法规还有文娱版权法、合同法和劳工法等。

6.2.2 日本的基于中观产业层次的调控方式

日本的基于中观产业层次的调控[87,146,177]是一种在市场机制基础上针对信息内容产业层面的调控。二战后，日本政府基于市场机制尚待完善、企业的生存环境较差、政府宏观管理手段缺乏等情况，将政策调节手段直接作用于产业层，在宏观与微观的结合部——中观产业层直接干预内容产业的资源布局、投资、产品开发、发展步骤、分配、技术、人才培养等具体活动，同时配合必要的金融、税收、财政和立法等措施。日本的这种调控方式倾向性明显，手段具体、清晰，专指性、功利性和实用性都很强；但通过市场化解风险的能力差，产业自我保护能力不足，是一种“刚性”结构。

（1）直接扶持产业项目。政府通过有选择地刺激、扶持软件产业和数据库服务业，来带动整个信息业的发展。如支持著名的大型软件项目TRON和SIGMA，建设国内大型数据库，对日本内容产业的发展产生战略性影响。

（2）成立众多机构和行业组织。为促进信息内容产业发展，日本成立了众多机构和行业组织。如经济产业省、影像产业振兴机构、信息内容产业海外流通促进机构、日本数字内容协会、振兴信息处理事业协会等。这些机构和行业组织都有明确的目标和职责，对信息内容产业的发展起到了积极的促进和协调作用。

（3）培育人才和技术。日本政府特别重视人才和技术两大要素。把专业人才的培养和计算机的普及相结合，成立了中央信息研究中心，并建立了严格的信息处理技术人员考试制度。在技术保障方面，日本政府高度重视信息处理技术的研究开发，并通过大型的研究开发计划来进行。政府有关部门定期或不定期地向企业提供重要的产业信息，比较著名的大企业都有完善的信息收集研究系统。如三井商社的通信网，可以把国内的 50 个办事处和设在 84 个国家及地区的 140 个办事处连接起来，在日本可与国内任何一个分支信息机构相联系。

(4) 立法促进产业发展。日本政府通过颁布一系列信息相关法律，如 2004 年 6 月，日本国会通过了《内容促进法案》，保证和促进信息内容产业的发展。通过立法，明确提出了信息内容相关尖端技术的开发和人才培养等问题；规定国家必须采取多种对策，保证内容制作者能够多渠道地筹措到资金；把计算机程序和数据库分别纳入著作权保护范围等。为推进信息社会进程，日本政府制定了很多信息标准。如在国内推行开放型系统互联标准，以及规定日本各数据库的互联均采用 150 标准等[177]。

6.2.3　德国的地方分权调控方式

相对于美国方式和日本方式而言，德国方式兼有二者特色[89,178]。在经济运行机制方面，德国主张在充分自由竞争的基础上，尽可能地发挥国家作为经济总控制者、调节者的干预作用。德国信息内容产业的发展方式独具特色的部分是其地方分权。这种地方分权方式的特点，便于发挥各地特色，灵活采取多种政策措施发展内容产业，满足市场对内容产品的需求。

(1) 地方政府集权式管理。德国对内容产业的管理主要集中在地方各级政府及其所属的行政部门，属地方政府集权式管理。德国并未出现像巴黎和伦敦这样的国家文化中心，国家重要的文化机构和文化设施也都分散在各地。1998 年，联邦政府才成立了文化事务与媒体委员会。各州自己的文化生活使大大小小各具特征的文化中心得以产生，甚至在小城市和乡镇中，文化和科学生活也很丰富。德国各州受益于真人电影产品，在动画产品方面展开了激烈的竞争，通过提供一系列的鼓励政策与优惠条件来吸引动画工作室到本州安家落户。

(2) 资金来源。德国内容产业基金主要来源于地方政府。德国共有几个地方性的电影基金，在慕尼黑、科隆、柏林、汉堡、斯图加特等地方，这些基金对当地的动画产业都给予特别支持，包括制作与发行。同时，德国内容产业重视产业资金的市场募集，上述所有的基金都极尽所能地吸引投资，同时，出现很多私人传媒基金。国际资金也是德国动画产业的一项重要来源，国际传媒集团或者别国的发行公司也会与德国企业合作，帮助其打开国际市场甚至参与制作。在国家层面，德国联邦电影委员会是仅有的国家基金组织，仅仅投资给动画长篇。

(3) 市场运营。德国的动画制作是分散式生产，德国缺少一个起主导作用的制作中心。这一点可以从处于德国领导地位的七大动画工作室反映出来：汉恩电影公司和罗特基希动画公司位于柏林，TFC 特里克公司和路德维希动画工作室位于汉堡，电影制作公司位于哈雷，特里克斯特电影公司和慕尼黑动画工作室位于慕尼黑。

(4) 人才培养。德国信息内容产业的培养，也由各地根据市场需求，开设学校培养。从 1978 年起，斯图加特、卡塞尔和奥芬巴赫等城市相继开设了动画专业培训学校，在培育新一代漫画家方面起到了关键作用，逐渐使德国民众感到动画的存在，这无疑对培养德国年轻一代的动画人才、树立动画从业人员信心起到了推波助澜的作用。但德国的人才培养也是分散在全国各个地方的。20 世纪 80 年代，德国的几家电影艺术学校，分别位于汉堡、卡赛尔、斯图加特和布鲁斯维克的电影院校，成为动画电影创作试验中心，并自此成为商业电影观念和开发的发源地。

6.2.4 各国政府调控方式的比较

对于信息内容产业发展，上面三种方式有着不同的经济基础、实施手段、调节对象及适用性，使得我国发展信息内容产业可以从不同角度进行借鉴（见表 6-1）。美国方式和日本方式的典型性和代表性较强。德国方式总体上偏向于美国方式，本书只是想介绍德国方式的地方集权特色。地方集权对当前我国各省市和区域经济信息内容产业的发展有很好的借鉴作用。下面，我们以美国方式和日本方式为主，比较各国政府对信息内容产业调控方式的特色和适用范围。

1. 社会经济的基础不同

宏观需求管理与自由放任方式是社会经济水平已发展到一定阶段，企业有极大的自主经营权，公众有较强的信息意识，政府基于完善的市场机制，采取自由放任的经济政策，主要依靠市场调节，对产业不直接干涉，政府不超越市场而直接作用于信息内容产业。国家通过货币、财政税收、进出口贸易等市场化手段来调节有效需求，以创造产业发展的良好环境，保证信息内容产业的正常运行与发展。

表6-1　美国、日本和德国信息内容产业调控方式比较

调控方式 / 比较内容	美国宏观管理与市场调节相结合的调控方式	日本基于中观产业层次的调控方式	德国的地方分权调控方式
社会经济的基础或调控背景	企业竞争力强，市场机制完善，公众有较强的信息意识	市场机制不完善，企业竞争力弱。政府缺乏宏观管理的基本经济条件，又不能直接插手企业管理	德国的调控方式总体上趋同美国，在发挥市场作用的基础上，充分发挥国家宏观调控作用。德国方式的特点是地方政府发挥了较大作用，权力集中，管理范围广
调控的对象	调控市场和国家宏观经济，影响总体产业结构和总体需求	宏观和微观的结合部——中观产业，包括产业内部结构、产业规模、发展速度和方向	
调控的手段	市场手段为主，辅以法律手段。措施具有粗放式、模糊性、统一性与广泛性的特点	行政、立法、金融、财政等系统全面参与。措施具体，有很强的专指性、实用性与功利性	
调控的效果	措施见效需要较长的时间。产业具有“柔性”结构，相互协调促进，有很强的自我保护能力和自我调节能力	措施见效快。但产业结构是“刚性”的，协调性与适应性较差，易受外界条件的影响与冲击	

中观产业干预方式是基于二战后日本的社会经济环境而采取的调控方式，当时日本物资处于短缺状态，企业虽能自主经营但其生存环境恶劣或本身的生存能力很弱；同时，市场机制尚不完善，政府缺乏宏观管理的基本经济条件，无力从宏观上进行有效的引导、控制。若政府直接插手企业管理，又会遏制企业的活力。鉴于以上原因，日本政府选择从中观产业层次来组织信息经济，将政府的作用和力量渗透到产业内部，以此来推动信息内容产业的发展。同时，随着日本经济的复苏，政府采取措施逐步恢复市场机制的调节作用。

2. 调控的对象不同

宏观需求管理与自由放任方式的调节方式特点是：一是政府通过经济

的总量平衡创造产业发展所需要的环境，从整体上规范、优化产业结构；二是靠市场机制协调信息内容产业与其他产业的比例与关系。因此，此方式的调控对象是先对市场和国家宏观经济施加影响，并非将调节力直接作用于产业。其作用体现在：一方面倡导市场机制的完善性，禁止出现限制性的商业与消费行为，避免造成市场垄断；另一方面以宏观管理手段调节总体需求，解决就业、分配、消费、收入、最终需求等问题，并借助产业间的乘数作用，间接调控信息内容产业的发展。

中观产业干预方式将调节力直接作用于信息内容产业本身。它直接以产业为对象，如对小型科研项目的补助、对产业企业的补助，以及对公共信息系统的补助等。日本中观产业干预方式从量上增加产业在 GNP 中的比重，从质上加强内容产业与其他产业的协调程度，控制产业发展速度、产业内部结构、发展方向和发展规模。可以说，日本的产业政策在广度和深度上是其他国家无法比拟的。

3. 调控的手段不同

美国调控方式主要是市场手段和国家经济宏观需求管理。政府注重发挥市场竞争机制，保证信息市场的自由，减少贸易壁垒和垄断。如美国的电信业最初被美国电话电报公司（ATT）独家垄断，后来在政府干预下，被分拆成三家公司。政府保障信息内容产业的有效需求，美国的公共信息法则规定：“信息是公众的信息，公民有权获取公共信息，联邦政府应保证信息需求的良好环境，确保其传播生产与分配”。美国实施的关于信息内容产业的政策，一半以上不是要求内容产业而是要求其他产业或政府的政策，如“加强对多种需求的服务”“组织建设与管理”“培训最终用户”“扩大人力资源开发”等。美国调控方式的最大特点是实施手段的粗放式、模糊性、统一性与广泛性。

与此相反，日本的调节方式手段具体、清晰、明了，有很强的专指性、实用性与功利性。日本的信息内容产业政策不仅控制产业的资源布局、投资分配，还控制产业的发展步骤。同时，要求其他部门如金融、立法、财政等部门均为内容产业服务。为给产业筹措资金，日本政府采取“银行不倒”的金融政策，不惜以超出其存款数额的资金提供低息贷款；另外，实施产业保护措施，一方面鼓励出口以带动对信息内容产业的最终需求，另一方面抵制国外产品和资金进入本国信息内容产品市场。

4. 调控的效果不同

宏观管理与自由放任的调控方式，由于市场调节是缓慢渗透的过程，政策见效需要较长的时间，一般需要 5～10 年的时间。在市场机制作用下，美国的信息内容产业是国民经济宏观平衡发展的产物，与其他产业相互适应，产业结构稳定且具有“柔性”，有很强的自我保护能力、发展后劲和自我调节能力。即便在 20 世纪 30 年代初期的经济大危机和二次世界大战期间，美国的信息内容产业仍能保持缓慢增长的趋势。

中观产业干预方式将调节力直接作用于信息内容产业，其加速度大、作用周期短、见效快。最有力的佐证是，日本用 40 年左右的时间，就完成了美国 100 年才完成的信息内容产业发展历程。但日本的信息内容产业结构是“刚性”的，与其他产业的协调性与适应性较差，缺乏自我保护机制，易受外界条件的影响与冲击，一旦政策失误或调节不力，后果也相当严重，是一种带有很大风险的发展方式。后来，日本在以信息技术为代表的知识密集型产业的竞争中败北于美国，就显露出这种方式的缺陷[179]。

6.3 我国政府对信息内容产业发展的调控方式选择

6.3.1 选择信息内容产业发展调控方式的考虑因素

无论是以市场经济为主导的欧美国家，还是以政府为主导的东南亚国家，世界各国都对信息内容产业的发展给予了必要的培育和扶持。我国政府历来对新兴产业的培育持积极态度，对信息内容产业的发展进行培育扶植，这是毫无异议的。但问题是选择什么样的调控方式来加快我国信息内容产业的发展。要求选择的这种调控方式能够按照成本最小化的原理，将市场机制与政府调控进行优化组合，成为发挥二者有机组合功效的途径。

我国政府选择的信息内容产业调控方式，一是要结合国情。当前，我国的基本国情是处于社会主义初级阶段，实行的是社会主义市场经济，信息内容产业在我国处于起步阶段，选择的信息内容产业调控方式必须要考虑自身的实际情况。二是要借鉴和扬弃世界各国政府调控信息内容产业的发展方式，发挥后发优势。后发优势是我国发展信息内容产业的有利条件。由于产业发展规律具有可模仿性，我国发展信息内容产业可以借鉴发达国家积累的“发展知识或经验”，从而达到少走弯路，实现产业快速发展的目的。

具体说来，我国政府选择信息内容产业发展调控方式，要重点考虑以下因素：

第一，我们要立足于发挥市场机制作用。美国、日本和德国方式的共同点，都在于立足市场，充分借助市场的力量。日本方式的政府干预手段是为了弥补当时市场发育不完善的缺陷，根本上也是立足于市场机制的。当前，我国社会主义市场经济体制，已实行了近20年，各种市场机制基本建立，发展信息内容产业，具有发挥市场机制作用的基础。

第二，借助美国方式的宏观管理。我国是社会主义市场经济国家，有条件、有基础借鉴美国在市场机制基础上制定的宏观管理政策。同时，我国以公有制为主体的经济形式，更方便经济的宏观调控，以立法手段进行规范，以经济政策进行调节。

第三，借鉴日本方式政府干预政策。我国的信息内容产业刚刚起步，市场机制也不十分成熟，与日本信息内容产业发展初期有很多相似点。应该借鉴日本的做法，合理调节信息内容产业的资源布局、产业发展步骤、投资、分配、人才分布、研发等，并积极使用金融、税收、财政和立法等有效措施。

第四，借鉴德国的地方分权方式。与日本、韩国等国家不同，我国地域辽阔，人口众多，市场空间大，东部、中部、西部发展差距很大。各地信息内容产业发展条件、基础千差万别，地区发展不平衡，不能像日本、韩国那样实施高度集中的政府主导方式。实施政府引导的发展方式，有利于在中央政府宏观政策统一调控下，调动地方政府的积极性，根据各地具体情况，因地制宜采取政策措施。

总之，现阶段，我国政府选择的信息内容产业发展调控方式，要针对我国信息内容产业的发展状况和未来发展趋势，能够充分发挥我国的政治制度和经济优势，吸收世界各国市场主导发展和政府主导发展信息内容产业方式的特点和做法，将政府调节的“刚性”和市场调节的“柔性”结构特征相结合，因势利导调动各种政府和市场因素的作用和比例，保证信息内容产业快速发展的同时又要在一定程度上降低发展风险。

6.3.2 我国政府引导市场的信息内容产业调控方式

本书认为我国当前调控信息内容产业发展的方式，应该采取政府引导市场发展的调控方式。

政府引导市场调控方式是在我国市场经济的基础上，针对信息内容产业尚处于起步阶段的现状，提出的一种产业发展方式，是指我国发展信息内容产业，要在充分吸取发达国家产业演进规律的基础上，积极发挥市场机制的作用，不仅要培育良好的宏观环境，还要采取积极的信息政策，有效开发利用信息资源，培育引导信息内容产业，实现后发优势，扶持信息内容产业快速健康发展。政府引导市场调控方式具有三个方面的含义：

首先，政府引导市场的发展方式要以市场为基础，发挥市场自发调节和基础性资源配置功能。众所周知，市场机制是迄今为止最有效率和活力的资源配置手段，它具有其他机制和手段不可替代的功能优势。对信息内容产业发展而言，市场机制通过价格、供求、竞争机制刺激生产者和消费者，调节生产和需求，实现信息资源的合理配置。要想建立成熟的信息服务市场，培育具有国际竞争力的信息内容企业，把信息内容产业发展成为我国的主导产业，必须依靠市场力量。

其次，政府引导市场的发展方式要发挥政府的引导作用。一是要防止市场经济本身存在的缺陷。理论上讲，在市场经济条件下，收入弹性和劳动生产率增长机制会促使产业结构逐渐高级化。但市场机制也有自身的缺陷，实现社会有效供给需要的时间比较长，会产生经常性的比例失调，并引发周期性的经济危机，从而造成资源浪费。同时，市场机制还存在其他的功能性缺陷，如公共物品问题、非竞争市场、经济外部性效应（相邻效应），以及不确定性、风险和交易成本等导致市场机制失灵或无效率等问题。二是能够更好地培育市场机制。这是因为我国是典型的转型经济体，市场机制在社会资源配置中的主导地位需要逐步确立起来，市场机制本身还不够成熟。三是要加强对信息内容产业的扶植。信息内容产业在我国尚属于新兴战略产业，在国民经济中所占的比重还很有限，尽管它也具备主导产业的特征，但这些特征是一种未来的优势，属于未成熟的主导产业，有可能被市场竞争规律扼杀在幼小阶段，需要政府发挥宏观调控作用。当然，发挥政府的引导作用是要通过市场机制来实现，而不是代替市场机制。

再次，政府引导市场发展的发展方式，重在政府根据产业发展和市场情况，采取不同的支持政策和调控措施，对信息内容产业加以引导和扶持。就我国信息内容产业当前情况而言，政府引导市场发展的发展方式，要根据产业的发展周期来划分。一般在整体上划分为两个阶段，这两个阶段中政府引导市场的方式方法，要有显著不同的发展策略。

第一阶段，从现在开始的相当长的一段时间里，发展方式应该突出政府的角色，利用宏观经济政策法规和强有力的产业政策，开放信息资源市场、培育引导信息内容企业的迅速成长，以达到优化资源、快速发展的目的。这是因为改革开放以来，中国经济体制实行“渐进式改革”，虽然市场经济体制框架已基本确立，市场机制在资源配置中的基础性作用正在形成，但是从计划经济向市场经济的过渡要经历一个漫长的经济和社会转型过程，在这个过程中，计划经济和市场经济双重管理方式在多个领域并存，较多的行政干预虽然不符合目标状态的要求，但却是不可避免的。同时，在经济和社会转型的过程中，经济、政治、文化和社会各个领域的矛盾和冲突有不断加剧的趋势，如果没有一个强有力的政府，社会的稳定将无法得到保证。在目前条件下，如果市场失灵，其范围和规模可能要比发达市场经济国家大得多。这不仅决定了第一阶段我国信息内容产业发展不能不受到政府的强有力的控制，在产业发展、结构调整上要求政府调节起着直接的推动作用；而且给政府提出了培育信息市场、建设信息市场和组织信息市场的改革任务，在营造市场机制和市场环境方面要承担着重要的角色。

第二阶段，在信息市场逐渐成熟、信息内容企业发展壮大以后，应该适时减弱政府的角色，政府主要保持产业发展的良好环境和产业内企业的合理竞争，转而充分利用市场的调节作用来调配资源促进发展，通过经济杠杆和社会需求刺激市场发展，推动信息内容产业的结构调整，最终走向成熟。

两个阶段具有衔接性，一旦信息内容产业有了基础，市场机制成熟之后，第一阶段就过渡到了第二阶段，第二阶段是第一阶段的高级层次。同时，在每个阶段中政府干预和市场调节手段的比例，也要根据信息内容产业发展的不同阶段特点和市场状况适时进行调整。

6.4　当前需要着重解决的问题

政府引导市场的调控方式，要求在充分发挥市场配置资源的基础上，采取积极有效的措施培育、扶植和规范信息内容产业的发展。不仅要有适应信息内容产业健康发展的信息政策支撑体系，还要创造良好的社会物质环境。具体包括：(1) 加强公共网络基础设施建设，提高通信和网络通达普及程度，扩大网络容量；(2) 加大信息技术改造传统产业的政策支持力度；(3) 加快信息化标准体系的建设步伐；(4) 构建和完善有利于信息化发展的环境和机制，加快信息资源开发利用的市场化进程；(5) 加强信息化的宣传和知识普及教育，特别是提高人们的信息化意识；(6) 搞好服务和基础学科研究，注重战略性项目研究；(7) 培养社会信息消费意识和能力；(8) 鼓励购买处于产品生命周期早期的信息技术产品；(9) 根据各地的具体情况，选择合适的发展战略；(10) 政府不断完善专利制度，切实保护信息技术创新者的合法权益，并通过财政上的支持和税收的优惠，鼓励信息内容产业的发展，等等。所有这些都是当前政府调控信息内容产业发展需要着重解决的问题。其中，有关信息政策支撑体系的建设内容，我们在下一章重点阐述。本章从培养全民信息内容需求，加强信息基础设施建设，加快信息资源开发利用的市场化进程，以及选择非均衡发展战略等几个急需着重解决的问题加以论述。

6.4.1　培育社会对信息内容的需求

信息内容产业的发展，从根本上说，依赖于信息社会的形成。只有普及全民的信息意识，提高全社会的信息技能，树立正确的信息价值观，增强信息消费需求，才能提高信息资源开发利用的效益和效率。

全民信息意识的普及是发展信息内容产业的前提。树立信息意识就是要改变人们传统的观念和习惯，认识到信息资源在社会生产活动中的重要性，体会到信息技术对自身的帮助，从思想理念上接受信息化，行动上是主动利用信息技术为自己服务。普及全民的信息意识，一方面要求政府采取多种形式，宣传开发利用信息资源对国民经济和社会生活的重要意义，开展信息交流和知识共享，促使信息社会的形成；另一方面要及时宣传报道国内外信息内容产业的发展动态，信息化建设的先进案例，让人们了解信息技术对生产生活带来的便利；同时，举办和提供各种体验活动，培养人们对新的信息服务方式的了解，从而使人们对新的信息技术有感性认识，增强学习和使用信息技术的自觉性。

社会信息技能的提高是发展信息内容产业的关键。只有社会信息技能提高了，信息资源的开发利用才能产生良好的效益和效率。当前，信息获取能力、识别能力、接受能力、存储能力、评价能力、利用能力以及创造能力等，已成为个人和组织必备的信息能力。提高社会信息技能，对整个社会来说，要加强人才队伍体系建设，一方面完善有关部门和单位的信息机构设施，首席信息官员制度，以及政府、公共部门的信息员工职业规划体系，提高全社会信息化建设和管理能力；另一方面健全专业信息技术人员的认证和培训制度，各类高等院校、培训机构要加强对信息知识和技能课程的设置，政府机构、企事业单位要注重对工作人员信息技能的在职培训，以及对不发达地区信息机构的管理人员进行培训资助。对公民个人来说，要采取学习、进修、接受锻炼以及网络信息教育等多种途径和方法，结合工作实际，边干边学，从理论知识和实践能力等多方面培养和提高社会整体信息能力，改变当前部分人群因为缺乏计算机和网络知识，不能接受信息服务的状况。

信息消费需求的增强是信息内容产业生存和发展的基础。信息内容产业要发展，离不开信息需求的不断增强。培育信息消费需求可从三个方面着手解决。一是要及时了解社会信息消费需求，不断推出适合社会各阶层需求的新信息内容产品，以喜闻乐见的方式培养社会利用信息技术的热情和习惯。二是出台促进信息产品和服务的鼓励措施，降低网络接入成本，提高网络带宽，加强政府、公益等公共信息资源的网络接入。区别对待对不同人群、不同行业、不同产品、不同地域，给予上网费用、交易便利、税费优惠等扶植措施，培育和带动信息消费市场。三是针对当前社会重硬件建设轻软件建设、忽视信息资源价值、习惯于享受免费信息服务的现象，注重改变和培养社会对信息产品和服务有偿使用的观念。

6.4.2 加强信息基础设施建设

加强信息基础设施建设，建立数字化信息环境，是发展信息内容产业必要的物质条件。良好的信息基础设施是信息内容生产、交换、分配和消费的基本条件，没有发达的网络环境，通信、信息服务和信息消费就无法实现，就不可能建立现代信息服务业体系，信息内容产业对社会经济的重要推动作用就难以显现。世界上信息内容产业发达的国家，都拥有良好的信息基础设施和较高的宽带普及率。现阶段，我国要进一步完善信息基础设施，为信息内容产业提供良好的基础保障。

第一，抓住社会对信息通讯的旺盛需求，积极推进网络信息基础设施建设。加快实施“宽带中国”战略，组织实施国家新一代信息基础设施建设工程，推进宽带网络光纤化改造，加快提升移动通信网络服务能力，促进网间互联互通，大幅提高网络访问速率。增强北斗卫星全球服务能力，构建天地一体化互联网络。加快下一代互联网商用部署，加强互联网协议 IPv6 地址管理、标识管理与解析，构建未来网络创新试验平台。研究工业互联网网络架构体系，构建开放式国家创新试验验证平台。

第二，着力突破核心芯片、高端服务器、高端存储设备、数据库和中间件等产业薄弱环节的技术瓶颈，加快推进云操作系统、工业控制实时操作系统、智能终端操作系统的研发和应用。适应重点行业融合创新发展需求，完善无线传感网、行业云及大数据平台等新型应用基础设施。实施云计算工程，大力提升公共云服务能力，引导行业信息化应用向云计算平台迁移，加快内容分发网络建设，优化数据中心布局。

第三，加强信息网络基础设施安全防护和用户个人信息保护。重视融合带来的安全风险，完善网络数据共享、利用等的安全管理和技术措施，完善网络安全监测评估、监督管理、标准认证和创新能力体系，健全信息安全等级保护等制度和网络安全国家标准的要求，加强信息系统的安全保障。

第四，有效降低网络资费，完善电信普遍服务补偿机制，支持农村及偏远地区宽带建设和运行维护，丰富数字终端产品，使互联网下沉为各行业、各领域、各区域都能使用，人、机、物泛在互联的基础设施。

6.4.3　加快信息资源市场化开发

信息资源的开放和市场化开发是信息内容产业发展的前提条件。针对我国目前信息资源的情况，信息资源开发利用的市场化的首要任务，是推进政务信息资源的开发和共享，然后以政务信息资源开发利用为先导，进尔推动整个社会信息资源的开发利用。从国外一些发达国家的实践看，对政务信息资源进行社会化、专业化、市场化的开发已经成为趋势。我国政府是信息资源的最大拥有者、生产者、使用者和发布者。目前，我国政府各部门掌握了社会资源有效信息的70%以上，拥有3000多个数据库。如果进行市场开发，能够产生极大的市场价值。打个比方说，2000年欧盟的土地面积和人口约是中国的三分之一，但据评估，当年，欧盟各国拥有的政府信息资源市场价值已高达4700欧元[181]。因此，我国政务信息是社会信息资源的主要来源之一，其公开、共享和社会化开发利用的程度严重影响了产业的信息内容供给。加快政务信息资源的开发利用，一方面要坚持对由公共财政投资形成的各类信息资源的市场化原则，除了涉及国家秘密、商业秘密、个人隐私、具有第三方著作权以及其他另有法律规定的以外，要按照公开、公平、公正的原则，及时向社会开放，推动信息内容企业进行开发，鼓励市场化的信息增值服务。另一方面要采取分类开放开发的方式进行。一是把教育、培训、基础科技等一些长期性、不容易在市场上获利的基础数据库的建设，交由政府经费支持的事业单位，或采取政府财政补贴、市场运作的方式来做。二是对那些能够在市场上获利的营利性信息资源开发与利用的服务，通过市场机制，交由企业来做。

在开放开发政府信息资源的同时，积极发展信息资源市场。一是采取有力措施打破行业垄断、行政壁垒和地方保护，营造公平的市场竞争环境，促进信息商品流通，发挥市场对信息资源配置的基础性作用。二是鼓励企业和其他社会力量开发政务、公共、市场、行业等信息资源，逐步建立完善信息资源服务的市场机制。三是培育有竞争力的信息内容企业，提高信息内容商品和服务的供给能力，尤其要扶持以互联网为依托的、以数据库生产和服务为主要商业方式的信息内容企业。加快事业单位改革进程，把一些具有人才、信息和实践方面优势的公共信息事业机构推向市场，成为信息内容产业化的生力军，如有步骤地将非经营性网络转轨为经营性网络并与国家行政机关脱钩，实行政企分开，以利于开展有效竞争，共同推进信息内容产业化。

6.4.4 实施非均衡发展战略

我国是个信息内容产业发展极度不平衡的国家，无论是东部、中部和西部之间，还是各省市之间，发展水平差异都很大。这种发展的不平衡，要求我国发展信息内容产业要采取非均衡发展战略。信息内容产业发展的非均衡发展战略，就是在产业发展时要有重点、有差异、有特点地发展，而不是平均用力、平行发展。在内容产业发展的初期，非均衡发展是一个普遍存在的现象，这已为西方国家发展实践所证明。通过非均衡发展，形成信息内容产业发展的“增长极”，然后扩散和带动整个产业的发展，最后由非均衡逐渐过渡到均衡发展，实现良性协调发展的态势。

首先，实施地区非均衡方式。我国各个地区的信息内容资源禀赋存在较大差异，所拥有的资源要素、科技条件、市场空间、人力资本等诸多因素，都影响信息内容产业方式的选择，又加之经济、技术、社会发展水平不平衡，决定了我国各地区不可能实行齐头并进式的全面发展，只有根据各地实际，实施区域非均衡发展战略，在经济发达如条件好的东部和北京等地优先发展信息内容产业。

其次，在产业不同领域中实施非均衡发展。各地人才和技术基础的不同，决定了在产业的不同领域也要实施非均衡发展策略。这方面，我国信息内容产业已有了很好的开端。北京的动漫、网络游戏、网络教育、增值业务等信息内容产业聚集了大批优秀人才，在原创内容开发上处于领先地位。上海动漫和网络游戏优势突出，是“国家动漫游戏产业振兴基地”和“国家动漫游戏产业示范基地”。广州在数字影视、数字娱乐、数字媒体等领域均有长足发展，以网易为代表的数字内容企业初具规模，成为中国互联网最活跃的区域。苏州动漫产业为发展迅速，成立了“国家动漫产业基地”。深圳涌现出一些以腾讯为代表的深圳互联网企业，拥有网络游戏、无线增值业务方面的优势。

再次，在产业链上寻求优势环节。在产业链上找出相对有资源、技术或人才等方面的优势环节，集中力量、重点开发，也是实施非均衡战略发展信息内容产业的现实选择。

6.5　本章小结

本章首先阐述了政府要在信息内容产业发展中发挥积极的调控作用，接着在比较分析国外发达国家调控方式的基础上，提出了我国政府在信息内容产业发展中要发挥的调控方式，阐述了我国政府在信息内容产业发展中应该着重解决的问题。

我国是社会主义市场经济国家，政府担负着对国民经济发展宏观调控的职能。信息内容等新兴产业在发展初期，大多为缺乏竞争优势的弱势产业，政府介入信息内容产业发展，对其进行必要的培育和扶持，是促使它们快速发展的重要条件。

介绍了发达国家在信息内容产业发展中的调控方式，包括美国的宏观管理与市场自由调节相结合的方式，日本的中观产业层次的干预方式，德国的地方分权方式，从社会经济基础、调节对象、调节手段和实施效果等方面对这些方式进行了比较分析；并在此基础上，提出了我国在信息内容产业发展中要采取的政府引导市场的调控方式。

政府引导市场调控方式，是指既要以市场为基础，发挥市场自发调节和资源配置功能，又要发挥政府的引导作用；同时，政府还要根据产业发展和市场情况，在不同时期采取不同的支持政策和调控措施，加以引导和扶持。

当前，我国政府在信息内容产业发展中要着重解决的问题有：强化全民信息意识，培养信息内容需求，加快信息资源开发利用的市场化进程，加强信息基础设施建设，实施非均衡发展战略等。

第 7 章　信息内容产业的政策支撑体系

政府对信息内容产业的宏观调控主要依靠信息内容产业政策的制定和实施。政策是国家政权机关、政党组织和其他社会政治集团以权威形式标准化地规定在一定的历史时期内，应该达到的奋斗目标、遵循的行动原则、完成的明确任务、实行的工作方式、采取的一般步骤和具体措施。信息内容产业涉及信息内容产品或服务的生产、分配、交换和消费等各个环节，因此，凡是能促进上述环节的政策都可纳入信息内容产业政策体系，特别是政府为了发展信息内容产业而采取的一系列的活动和措施，包括法律、条例、行为规范、准则和政府规范性文件，以及产业的发展规划、组织管理和国家宏观发展战略。本章在对信息内容产业政策体系的作用、现状、制定原则和政策目标等有关问题阐述的基础上，从法律法规体系、经济政策体系、行政政策体系和政治思想体系四个方面对我国信息内容产业政策支撑体系进行了构建。

7.1　信息内容产业发展中政策的作用

信息内容产业发展中政策的作用就是按照成本最小化的原理，根据信息内容产业所处的社会经济发展环境和发展阶段等因素，遵循产业发展规律，选择合适的政策组合，发挥政府宏观调控的有效作用，促进、规范和保障信息内容产业的发展。

第一，提升产业竞争力。信息内容产业是新兴产业，新兴产业发展初期是弱小的，其快速、健康和有效的发展，需要克服诸多不利因素，需要信息内容产业政策法规的保障和支持。信息内容产业政策不仅推动了整个经济社会信息化环境的完善，降低了企业应用信息技术改造和提升自身竞争力的成本；而且从产业内部促进了信息流与物流、资金流的有机互动，并通过财税、资金、利率等综合性手段推动了信息内容产业的发展，提升了企业的核心竞争力。

第二，促进信息技术传播。对于快速发展的信息技术，社会往往难以快速认识和使用，政策的引入有助于提高社会对信息内容产业生产技术的关注程度，扩大信息内容技术在生产生活各领域的应用范围。同时，信息内容领域技术的进步和发展，也需要有法可依、有规可循的客观环境。

第三，提供产权保护。信息内容的供给依赖于长期的创造性劳动，产业的可持续发展需要社会给予相应的知识产权保护和经济回报。信息内容技术的特性，使得信息内容成果容易受到侵权，如数字成果的复制不仅快捷方便，成本趋近于零，而且流通速度达到了实时流通、跨国流通的地步。信息内容产品的这种特性，要求其保护手段必须是技术手段和政策法规手段的有机结合。因为技术保护手段是暂时和短期的，长期总是可以被破解的，而且技术措施本身又可以被其他的行为和其他的技术措施所规避。同时，信息内容多半是无形的，它的价值并不显露在外表上，而蕴含于数据、信息、知识、智力以及它们的各种应用内，在使用前不易鉴别和确定，造成供需双方信息不对称，需要政策法规提供信用保障。

第四，对其正外部性加以补偿。信息内容产业同医疗、卫生一样，是一个公益性较强的行业。信息内容产品如公共信息资源的开发，垄断性基础数据库建设和运营等，具有公共性和外部性，具有“消费的非排他性”和成本高、效益低等特点。因此，信息内容产品的发展需要政府政策法规的扶持、许可和规制，尤其是财政资金的扶持，以满足人民群众日益增长的物质文化需求。

第五，进行产业引导与协调。信息内容产业涉及部门较多，信息内容产业的发展需要各部门的协作，尤其是信息的共享、协同和集成需要一个强有力的协调权威，这个权威当前只能是政府政策的引导和协调。

第六，对其产品加以净化和清理。信息内容产业兼有物质生产和精神生产双重特性。精神产品的实质是蕴含在其物质载体之中的知识、信息、思想、价值观。人们在消费这些产品时，就会不自觉地接受其影响、熏陶，对消费者的思想道德和知识文化素质产生深远的影响。信息内容产品或服务有时存在不良信息和有害信息，甚至是黄色的、政治上反动的信息，给社会造成祸害，危及子孙后代的健康成长。喝了掺了工业酒精的假酒也许会毒死一个人，但出版了一本坏书会毒害一个民族。因此，信息内容精神产品的特性决定信息内容是我国社会主义精神文明建设的重要内容，需要政府创造良好的政策法规环境，不断对其加以净化和清理。

当前，信息技术尤其是互联网的发展和应用正处于一个新的快速扩张期，网络信息传播方式和传播格局发生新的变化，我国信息内容产业建设和管理面临许多新课题。例如，产业融合后，现行的产业管制政策由于不同产业间企业竞争合作关系的复杂化而逐渐失去原有的效力，产业组织政策将从严格的市场准入向维护市场经济正常秩序、创造良好的产业发展环境等方面转变。同时，在政治体制上，我国正处在政治经济体制改革阶段，无论产业发展体制还是机制都有非常大的创新空间。我国政府虽然给予了信息内容产业相当的重视，出台了很多信息内容政策法规，但是信息内容政策体系还不完善，需要进一步加强统筹。另外，我国信息内容产业政策还要考虑我国地区发展不平衡等问题。所有这些都需要改革、创新和完善现有的信息政策法规。

7.2　国内外信息内容产业相关政策现状分析

现状调查是政策设计的基础。通过现状调查了解国内外信息内容产业政策的制定情况，分析法规政策的利弊得失，找出存在的问题，才能对现有政策进行完善和变革，制定出更科学合理的信息政策法规。

7.2.1　国外政策现状

信息内容产业政策国际上的制定始于 20 世纪 50 年代，60 年代兴起，70 年代逐步发展，到了 80 年代以后，则成为国际研究的热点[97]。在国际上，信息内容产业政策和开发经验广泛共享，美国、欧洲和日本成为全球学习样板，德国、加拿大、中国台湾等信息政策各有自身的特色。

美国是目前全球信息内容产业最发达的国家，也是最早制定信息内容产业政策的国家。美国的信息内容产业政策的制定始于 20 世纪 50 年代。1958 年，美国制定了《国防教育法》，首次提出应探讨信息服务和技术开发计划。1958 年，著名的“贝克（Baker）报告”诞生，它是美国第一部专门的信息政策报告，标志着美国国家信息政策的开始。此后，美国出台了一系列信息内容产业政策。美国的信息内容产业政策主要是发挥市场自由机制的作用，强调信息自由流动和信息市场竞争，激励产业成长，同时侧重于弥补市场机制的不足，制订严格的法规，完善内容产业的发展秩序。

一是保护公民信息自由与隐私权，构建信息自由流动环境。为了保障公民信息自由权，1966 年美国颁布了《信息自由法》，并于 1996 年重新修订，增补了一些关于电子政务公开方面的内容。1974 年，颁布了《个人隐私法》，规范了个人信息的采集、获取、使用和保密方面的问题，随后又通过颁布《电子通信隐私法》，将对个人隐私权的保护逐渐延伸到网络层面。“9・11 事件”后，美国政府颁布了《爱国者法》，对一些涉及公民信息自由与隐私方面的信息政策作出了调整，授权司法部门限制一些仇恨信息的传播，防止泄密，以及监视可疑的电信服务和商业记录等，在公民信息自由与隐私冲突中寻求平衡。

二是强调构建信息基础设施，加强信息资源开发。1993 年，颁布《国家信息基础设施行动计划》，激励民间投资与技术创新，推动国家信息基础设施建设。1996 年 2 月，美国修改《电信法》，推动数据、电话、影视一体化，鼓励信息内容高级服务领域的投资和竞争；同年底，又推出《信息技术协议》，取消信息产品的全部关税。

三是及时修改知识产权政策，维护本国利益。一方面，美国根据信息内容产业的发展需要，不断修改《专利法》《版权法》，将一些新兴技术形式纳入知识产权的保护范围，及时扩大保护范围；另一方面，积极实施“301 条款”“337 条款”，迫使竞争对手加强其知识产权的保护。同时，积极推动 WTO 的 TRIPS 协议，在国际上形成有利于美国的贸易规则。1980 年，美国又通过了《拜杜法案》，建立政府资助研究的专利管理制度，以奖励和保护创新者，促进技术转移活动。

四是注重信息资源管理，保护信息安全。1985 年，制订了《联邦政府信息资源管理 A－130 号通告》，详细论述了联邦政府对信息、信息技术和信息系统的管理政策，成为美国政府信息资源管理和信息安全保障的政策大纲。1987 年，通过了《计算机安全保密法》，阐述计算机脆弱性引起的威胁，着手对联邦政府使用的计算机系统内敏感信息进行安全防护与保密。“9・11 事件”后，又发布了《信息时代的关键基础设施保护》行政令，强调对关键基础设施中的信息系统，尤其是应急战备通信设施的保护。

综上所述，美国十分重视信息内容产业政策。通过制定大量法律、法规、管理条例来规范、指导、协调、制约、保护信息活动，促进信息内容产业发展，提升国家竞争力。另外，美国还注重信息内容产业政策的计划性、超前性和兼容性，对别国有强大的影响。

同样，欧盟也拥有较为完善的信息产业发展法律规范体系和政策措施。1994年，欧洲制定了《通向信息社会的欧洲之路：一项行动计划》；接着制定了《电子欧洲——一个面向全体欧洲人的信息社会》等一些关于构建新型科技信息社会的政策；随后陆续发布了《关于数据库法律保护的指令》《协调信息社会中特定著作权和著作邻接权指令》等一系列用于规范和指导欧盟各国信息化发展的“指令”，使欧盟的信息法律体系得以初步建立。2000年，欧盟又提出了欧洲行动计划，旨在发展电子商务体系和知识经济，提出要实现三个目标：一是提供高速、安全、便宜的因特网；二是鼓励使用因特网；三是在公众技能方面进行投资培训。另外，欧盟的各成员国作为主权国家，在欧盟统一的法律规范指导下，又制订了一系列促进本国信息产业发展的法律规范。这些措施使欧洲信息内容产业得到迅速的发展[182]。

从1957年以来，日本制订和实施了《信息化促进法》《电子工业振兴临时措施法》《促进信息产业振兴法》《关于科学信息活动推进的目标和政策》《电气通信事业法》《公共电信通信法》《地区软件法》等多项有关促进信息内容产业发展的政策法规。2004年6月施行的《内容促进法》是有关促进“内容”的创造、保护及应用的法律，涉及电影、音乐、戏剧、文艺、写真、漫画、动画、计算机游戏等多个方面[183]。

自1982年以来，加拿大制定了《信息获取法》《个人隐私法》《政府信息交流政策》《政府信息安全保密政策》和《因特网管理法规》等政策法规。同时，加拿大政府充分利用现有法律法规，维护网络世界的正常秩序，明确《加拿大宪法》《加拿大权力与自由宪章》《刑法典》《版权法》《电子通信法》《广播法》《消费者保护法》，以及其他民政法规都适用于因特网的有关活动和服务。网上关于言论自由、传播淫秽信息、针对儿童的色情内容、错误信息、仇恨宣传、个人隐私、个人信息的保护、泄露机密等，都可以找到相应的法律规定。

德国的《信息通信服务框架条件管制法》被认为是世界上第一部

有关信息通信技术的国家法规，于 1997 年 8 月 1 日生效。该法包括《电信服务数据保护法》《数字签名法》《对刑法法典的修改》《对传播危害青少年著作权法的修改》《对著作权法的修改》《对标价法的修改》，等等，均是根据现代信息技术出现后市场发展的需要而制订的，具有鲜明的针对性和实用性。2002 年 6 月，德国联邦政府通过了《消费者信息法草案》。

7.2.2 国内政策现状

我国信息内容产业政策起源于 20 世纪 50 年代末，从时期上大体可以划分为四个阶段：第一阶段是自 20 世纪 50 年代至 80 年代初，第二阶段是自 20 世纪 80 年代至 90 年代中期，第三阶段是自 20 世纪 90 年代中期至 21 世纪初，第四阶段是自 21 世纪初期至今。

第一阶段（20 世纪 50 年代至 80 年代初，如图 7－1，资料来源：情报科学[183]），是我国信息内容产业政策雏形期。1956 年，制定了《二十年科技发展远景规划》，标志着我国信息内容产业政策研究的开始。1962 年，文化部颁布的《关于图书馆、档案馆、博物馆可以根据业务需求采购图书期刊的通知》被认为是我国第一部信息内容产业法规。20 世纪 50～80 年代初这一时期，我国制定的法律法规数量十分有限，层次不高，基本上以图书、科技情报领域为主，因此可以说我国的信息法规建设直到 20 世纪 80 年代初才真正起步。

第二阶段（20 世纪 80 年代至 90 年代中期，如图 7－1），是我国以科技信息政策为核心的信息内容政策时期。我国信息政策研究始于当时的情报政策研究，信息政策一词也来源于情报政策。随着科技信息机构改革和信息服务业的推进，信息资源的立法应运而生，其面向的主要是科技信息服务，是我国“小信息政策观”立法时期。自 20 世纪 80 年代初，我国兴起了一股以国家科技信息政策为中心的信息政策研究热潮，提出了信息资源建设：1984 年，邓小平发出“开发信息资源，服务四化建设”的号召；1985 年，国家科委开始制定国家科技情报政策；1990 年，召开了中国国家科技情报政策专家咨询会，印发了《中国科学技术蓝皮书》（第四号），提出了一系列信息技术发展的政策主张；1991 年，出台了《国家科学技术情报发展政策》，它是我国第一份国家科技信息政策。这一阶段，信息资源政策与立法主要局限于情报和科技领域，重点开展对信息资源观的探索、信息资源的开发利用以及对信息服务模式的规范。从“中国信息法规数据库”的统计可以看出，1990年以前，我国每年发布的信息法规中，科技信息法规均占总数的一半以上。同时，先后颁布了多个知识产权保护法：1982年8月23日颁布商标法；1985年4月1日颁布实施了专利法；1991年6月1日颁布了著作权法。1991年10月1日颁布实施了《计算机软件保护条例》。我国还于1980年加入了世界知识产权组织，1985年3月19日加入了《保护工业产权的巴黎公约》。

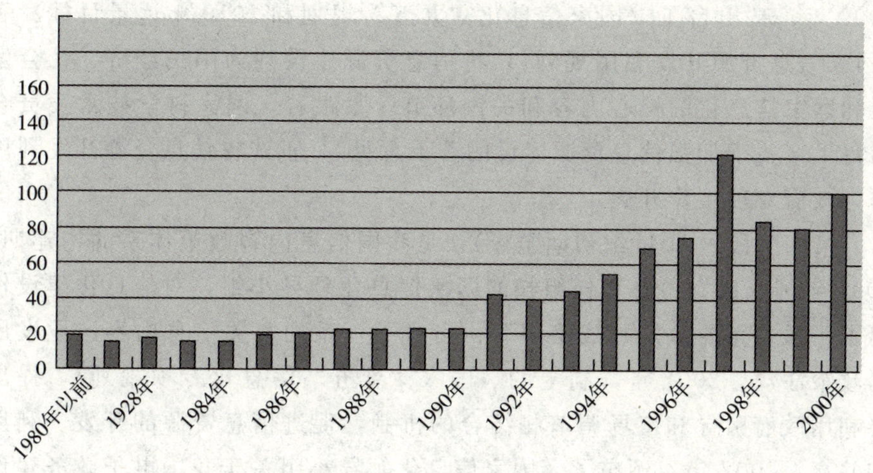

图7-1 我国信息内容产业2000年以前政策发布数量年度变化图

第三阶段（20世纪90年代中期至21世纪初，如图7-1），是我国信息内容政策的高速发展阶段。20世纪90年代，随着国家信息机构改革、信息产业成长和信息化工作的推进，信息资源深度开发工作有了政策环境。这一时期有两个标志性事件，分别是1993年国家“三金”工程的建设和1999年“政府上网”工程的启动，标志着我国的信息政策环境发生了重大变化。关于信息内容产业的理论探索层面也出现了新趋势：一是随着我国信息基础设施高速发展，很多信息化专家开始呼吁加强信息资源开发利用；二是我国的信息基础法律建设相对落后，信息资源尤其是数字信息资源开发利用亟须配套的信息资源发展政策；三是开始将信息资源开发与促进经济增长方式转变结合起来，探讨发掘信息资源产业的价值以节省资源，提高生产效率。“十五大”提出了信息化与工业化发展关系问题。因而，“九五”期间国家提到“信息化”专项规划，“十五”期间提出了信息资源开发利用专项规划，有关信息资源的相关政策法规提到立法层面，各省、各部委也相继出台了配套政策。1992年，国家科学技术委员会出台了《加快发展科技信息服务业的规划纲要和政策要点》，要求制定诸如软件类、数据库业、通信技术、信息产业和科技咨询等具体领域的产业政策。1993年，国家开始信息机构改革，推动从事信息工作的事业机构改革，鼓励他们自主经营、自负盈亏，第一次提出信息资源产业的概念，提倡数据库开发。1994年，《90年代国家产业政策纲要》颁布，提出要有重点、分层次地推进信息高速公路网络建设。1997年，又出台了《国家信息化“九五”规划和2010年远景目标》和《国家信息资源开发利用规划》，将信息资源建设列为国民经济、社会发展和国家信息化的核心内容和关键环节。紧跟着，国家科学技术委员会出台了《关于加强信息资源建设的若干意见》，正式将信息资源开发利用作为政府专项工作开展。

第四阶段（21世纪初期至今），是我国信息内容政策体系的构建期。2001年国家成立由总理任组长的国家信息化领导小组，对信息化建设作出了一系列重要决定和战略部署，出台了一系列有关信息内容产业发展的政策法规。2001年，制定的《国家“十五”信息化专项规划》，提出要利用政府引导和市场调节相结合的机制，促进信息资源的开发、利用和共享。2002年，颁布了《国家信息化领导小组关于我国电子政务建设指导意见》，提出开发政务信息资源，建设基础数据库、政务信息资源共享和交换体系、政务信息资源目录体系、网络信息内容管理、信息资源安全保障体系，以及开展政务公开和政务信息资源的再利用等众多理论课题，并出台了有关资金、技术、人才等措施。2004年12月，中共中央办公厅、国务院办公厅出台了《关于加强信息资源开发利用工作的若干意见》，明确了信息资源开发利用的原则：统筹规划，分类指导；面向需求，立足应用；突出重点，有序发展。以此作为政策标杆，国家出台了一系列关于信息资源开发利用的文件，主要有：2006年5月，两办印发了《2006－2020年国家信息化发展战略》；2007年《国务院关于加快发展服务业的若干意见》（国发〔2007〕7号）；2008年《国务院办公厅关于加快发展服务业若干政策措施的实施意见》（国办发〔2008〕11号）；2009年9月《文化产业振兴规划》；2010年10月《关于加快培育和发展战略性新兴产业的决定》；2011年《关于进一步鼓励软件产业和集成电路产业发展的若干政策》。这些文件从不同角度对信息内容产业发展给予鼓励和扶持。2012年，党的十八大召开，把“信息化水平大幅提升”作为全面建成小康社会和全面深化改革开放的战略目标，推动信息化和工业化深度融合，促进工业化、信息化、城镇化、农业现代化同步发展。随后，十八大三中全会又强调了经济体制改革是全面深化改革的重点，核心问题是处理好政府和市场的关系，使市场在资源配置中起决定性作用和更好地发挥政府作用。我国信息内容政策向系统化、市场化迅速迈进，信息内容产业充当了“调结构、转方式、促升级”的重要支撑。2012年国务院印发了《关于大力推进信息化发展和切实保障信息安全的若干意见》，确定了实施“宽带中国”工程、推动信息化和工业化深度融合、加快社会领域信息化、推进农业农村信息化、健全安全防护和管理、加快安全能力建设等重点工作。2013年，国务院出台了《关于推进物联网有序健康发展的指导意见》和《关于促进信息消费扩大内需的若干意见》；2015年，国务院又接连印发了《中国制造2025》《关于积极推进“互联网＋”行动的指导意见》《促进大数据发展行动纲要》等一系列纲领性文件。这一系列文件都明确要“发展壮大信息资源产业”“加快数字内容产业发展”“实施智能制造”“促进大数据发展”，以及积极推进“互联网＋”行动等，并加大对信息资源开发利用的政策支持力度。在法律法规上，陆续制定并颁布实施的信息法律涉及知识产权、信息保密、信息流通、信息安全等多个领域，如《数字签名法》《中华人民共和国电信条例》《政府信息公开条例》《地方信息资源管理办法》《互联网信息服务管理办法》《互联网站从事登载新闻业务管理暂行规定》《互联网电子公告服务管理规定》《互联网出版管理暂行规定》等，并结合社会发展，陆续修订了《中华人民共和国广告法》《中华人民共和国消费者权益保护法》等法律法规。综合以上论述，表明这一时期我国信息政策法规初成体系。

为进一步研究我国信息内容政策法规，根据本文信息内容产业定义和范围界定，将2000年以来信息内容产业及相关产业的法律、法规、政策、标准以及其他的政府文件，分综合、行业和专业、传统信息服务、计算机相关服务、互联网信息服务、电信类服务等六个方面进行了收集整理，共收集文件189份，其中综合类50份、行业类33份、传统信息服务类50份、计算机相关服务类10份、互联网信息服务类 32 份、电信服务类 14 份（见图 7-2，具体名单见附录一）。通过对这些政策法规的分析，可以得出我国信息内容产业政策的主要内容和特点。

为进一步研究我国信息内容政策法规，根据本文信息内容产业定义和范围界定，将 2000 年以来信息内容产业及相关产业的法律、法规、政策、标准以及其他的政府文件，分综合、行业和专业、传统信息服务、计算机相关服务、互联网信息服务、电信类服务等六个方面进行了收集整理，共收集文件 189 份，其中综合类 50 份、行业类 33 份、传统信息服务类 50 份、计算机相关服务类 10 份、互联网信息服务类 32 份、电信服务类 14 份（见图 7-2，具体名单见附录一）。通过对这些政策法规的分析，可以得出我国信息内容产业政策的主要内容和特点。

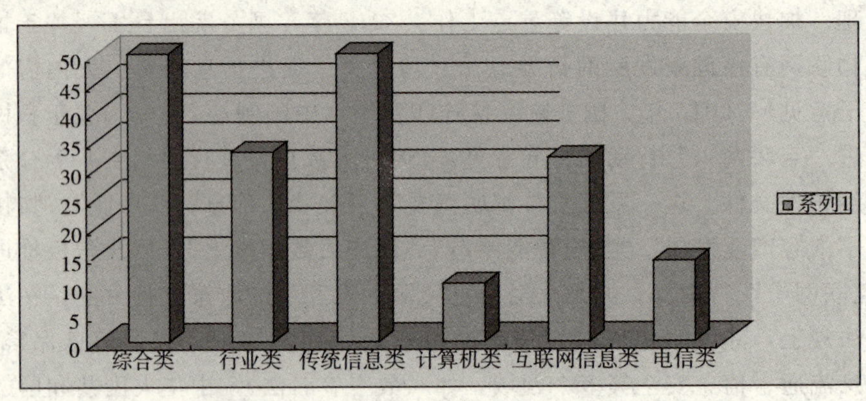

图 7-2　2000 年以后我国信息内容产业政策文件分类图

1. 法律法规

我国信息内容监管的政策法规数量较多，涉及信息内容的方方面面。这些政策法规互相配合，有效地规范了信息内容产业的发展秩序，保障了信息内容产业的良好发展环境。

涉及监管内容的信息政策法规以国务院和国家部委制定的条例、意见、办法等居多，人大等制定的法律不多。2001 年以来，我国人大制定的信息法律仅有《中华人民共和国数字签名法》《中华人民共和国著作权法》《中华人民共和国消费者权益保护法》《中华人民共和国广告法》《中华人民共和国统计法》《中华人民共和国测绘法》《中华人民共和国气象法》等不多的几部法律，其余都是国务院制定的《中华人民共和国电信条例》、

《中华人民共和国政府信息公开条例》等条例，以及国家部委制定的意见、办法等。我国的信息法规多集中在传统信息服务、电信、互联网管理类，尤其是在电信市场和互联网市场的监管上，如《互联网信息服务管理办法》《互联网电子公告服务管理规定》《互联网出版管理暂行规定》《互联网文化管理暂行规定》《互联网视听节目服务管理规定》《关于网络音乐发展和管理的若干意见》，文化部、信息产业部出台的《关于网络游戏发展和管理的若干意见》，以及《关于进一步加强移动通信网络不良信息传播治理的通知》和《关于规范短信息服务有关问题的通知》等。其中，2005年4月开始实施的《中华人民共和国数字签名法》，是我国第一部严格意义上的数字信息法律，确立电子签名的法律效力，规范电子签名行为。

在知识产权保护方面，除表中《保护知识产权行动纲要》和《信息网络传播权保护条例》外，我国在20世纪也制定了多部保护知识产权的法规，如1982年的《商标法》，1985年的《专利法》，1991年的《著作权法》和1991年《计算机软件保护条例》，同时，加入了世界知识产权组织和《保护工业产权的巴黎公约》。

在信息安全方面，主要是以行政法规和行政规章的形式体现出来，1994年，国务院颁布了《中华人民共和国计算机信息系统安全保护条例》；2001年，颁布了《计算机软件保护条例》；2007年，公安部、国家保密局、国家密码管理局、国务院信息化工作办公室四部门印发了《信息安全等级保护管理办法》，提出国家通过制定统一的信息安全等级保护管理规范和技术标准，组织公民、法人和其他组织对信息系统分等级实行安全保护，对等级保护工作的实施进行监督、管理；2012年，国务院印发了《关于大力推进信息化发展和切实保障信息安全的若干意见》，在信息安全方面提出要夯实网络与信息安全基础，加强网络信任体系建设和密码保障，提升网络与信息安全监管能力，加快技术攻关和产业发展等措施。另外，还有《计算机场地安全要求》《互联网出版管理暂行规定》等，在保障信息活动场所安全、信息内容安全、信息系统及国际联网安全等诸多方面发挥着作用。

2. 财政政策、投融资政策和税收政策

在财政政策方面，提出要加大财政投入，增加财政资金对相关信息内容业的支持力度。《关于加强信息资源开发利用工作的若干意见》提出政务信息资源的建设管理、采集更新、运行维护、长期保存和有效利用，相应经费要纳入预算管理。《全国文化信息资源共享工程“十一五”发展规划纲要》要求各级政府要按照规划任务，加大对数字资源和基层服务网点建设的投入力度，确保文化共享工程建设所需的设施设备经费、资源建设经费、网络维护经费、日常运行经费等。各级人民政府应根据《文化产业振兴规划》，通过贷款贴息、项目补贴、补充资本金等方式，加大对文化产业的投入。大幅增加中央财政“扶持文化产业发展专项资金”和文化体制改革专项资金规模，不断加大对文化产业发展和体制改革的支持力度。设立中国文化产业投资基金，由中央财政注资引导，吸收国有骨干文化企业、大型国有企业和金融机构认购。《国务院关于加快发展服务业的若干意见》提出国家财政预算安排资金，加大投入和重点项目扶持力度。积极调整政府投资结构，国家继续安排服务业发展引导资金，逐步扩大规模，引导社会资金加大对服务业的投入。地方政府也要安排相应地资金，支持服务业发展。《国务院办公厅关于加快发展服务业若干政策措施的实施意见》提出加大财政对服务业发展的支持力度，加大对公共服务的投入力度。《中国制造 2025》提出充分利用现有渠道，加强财政资金对制造业的支持，为制造业发展创造良好的政策环境。运用政府和社会资本合作（PPP）模式，创新财政资金支持方式，逐步从“补建设”向“补运营”转变。完善和落实支持创新的政府采购政策，推动制造业创新产品的研发和规模化应用。落实和完善使用首台（套）重大技术装备等鼓励政策，健全研制、使用单位在产品创新、增值服务和示范应用等环节的激励约束机制。国务院《促进大数据发展行动纲要》提出强化中央财政资金引导，集中力量支持大数据核心关键技术攻关、产业链构建、重大应用示范和公共服务平台建设等。利用现有资金渠道，推动建设一批国际领先的重大示范工程。完善政府采购大数据服务的配套政策，加大对政府部门和企业合作开发大数据的支持力度。

在投融资政策方面，提倡多渠道扶植信息内容产业发展。《关于推动我国动漫产业发展若干意见》要消除阻碍社会资本进入动漫产业的各种障碍，鼓励利用各种所有制企业投资和参与各类动漫产品的研究开发和创作生产。政策性银行对符合条件的动漫企业要提供融资支持。将具备条件的动漫中小企业纳入“科技型中小企业技术创新基金”资助范围。优先安排符合条件的动漫企业境内上市融资。在《关于促进广播影视产业发展的意见》中，指出要积极推行广播影视产业领域公有制经济的多种有效实现形式，大力发展和积极引导广播影视产业领域的非公有制经济，“凡是法律法规未禁入的领域都要允许非公有资本进入或参与。同时逐步加大广播影视市场的开放力度，逐步放宽市场准入，吸引、鼓励国内外各类资本广泛参与广播影视产业发展，允许各类所有制机构作为经营主体进入除新闻宣传以外的广播电视节目制作业，并指出条件成熟的广播电视节目（包括电视剧）生产营销企业经批准可以上市融资。《文化产业振兴规划》鼓励金融机构加大对文化内容企业的支持力度，倡导鼓励担保和再担保机构支持文化产业发展。支持有条件的文化企业上市融资，鼓励已上市文化企业通过公开增发、定向增发等再融资方式进行并购和重组，支持符合条件的文化企业发行企业债券。《国务院关于加快发展服务业的若干意见》提出拓宽投融资渠道，加大对服务业的投入力度。引导和鼓励金融机构对符合国家产业政策的服务企业予以信贷支持，在控制风险的前提下，加快开发适应服务企业需要的金融产品。积极支持符合条件的服务企业进入境内外资本市场融资，通过股票上市、发行企业债券等多渠道筹措资金。鼓励各类创业风险投资机构和信用担保机构对发展前景好、吸纳就业多以及运用新技术、新业态的中小服务企业开展业务。国务院《关于推进物联网有序健康发展的指导意见》提出鼓励金融资本、风险投资及民间资本投向物联网应用和产业发展。加快建立包括财政出资和社会资金投入在内的多层次担保体系，加大对物联网企业的融资担保支持力度。对技术先进、优势明显、带动和支撑作用强的重大物联网项目优先给予信贷支持。积极支持符合条件的物联网企业在海内外资本市场直接融资。鼓励设立物联网股权投资基金，通过国家新兴产业创投计划设立一批物联网创业投资基金。

在税收政策方面，给予内容产业相应的税收优惠。《关于推动我国动漫产业发展若干意见》规定经国务院有关部门认定的动漫企业通过自主开发、生产动漫产品，可申请享受软件产业发展的有关增值税、所得税优惠；动漫企业自主开发、生产动漫产品涉及营业税应税劳务的（除广告业、娱乐业外），暂按3%的税率征收营业税。动漫企业自主开发、生产动漫确需进口的商品可享受国家优惠政策免征进口关税及进口环节增值税。企业出口动漫产品均可享受国家统一规定的出口退（免）税政策。企业出口动漫版权可适当予以奖励。不征收动漫企业在境外提供劳务获得的境外收入营业税，境外已缴纳的所得税款可按规定予以抵扣。《文化产业振兴规划》要求按照确定文化产业支撑技术的具体范围，加大税收扶持力度。

《国务院办公厅关于加快发展服务业若干政策措施的实施意见》要求进一步扩大税收优惠政策，完善服务业价格、收费等政策。加快推进开展鼓励技术先进型服务企业发展所得税、营业税政策试点，积极扩大软件开发、信息技术应用、知识产权服务、工程咨询、技术推广、服务外包、现代物流发展等鼓励类生产性服务业发展的税收优惠政策试点。国务院《关于推进物联网有序健康发展的指导意见》提出支持符合现行软件和集成电路税收优惠政策条件的物联网企业，按规定享受相关税收优惠政策，经认定为高新技术企业的物联网企业按规定享受相关所得税优惠政策。《中国制造2025》提出实施有利于制造业转型升级的税收政策，推进增值税改革，完善企业研发费用计核方法，切实减轻制造业企业税收负担。

3. 技术政策

一是明确信息内容产业相关领域的范围。如《互联网出版管理暂行规定》明确互联网出版是指互联网信息服务提供者将自己创作或他人创作的作品经过选择和编辑加工，登载在互联网上或者通过互联网发送到用户端，供公众浏览、阅读、使用或者下载的在线传播行为。包括已正式出版的图书、报纸、期刊、音像制品、电子出版物等出版物内容或者在其他媒体上公开发表的作品；经过编辑加工的文学、艺术和自然科学、社会科学、工程技术等方面的作品。《互联网电子公告服务管理规定》明确电子公告服务，是指在互联网上以电子布告牌、电子白板、电子论坛、网络聊天室、留言板等交互形式为上网用户提供信息发布条件的行为。《互联网视听节目服务管理规定》明确互联网视听节目服务，是指制作、编辑、集成并通过互联网向公众提供视音频节目，以及为他人提供上载传播视听节目服务的活动。

二是建立产业所需的技术支撑体系。《中华人民共和国国民经济和社会发展第十一个五年规划纲要》指出，鼓励教育、文化、出版、广播电视等领域的数字内容产业发展，发展动漫产业，并从完善信息基础设施、积极发展信息服务业、加强社会主义文化建设三个方面规划了数字内容产业的发展。《现代服务业科技行动纲要》提出建立现代服务业共性技术支撑体系，包括现代服务业共性服务技术与平台，电子商务与物流关键技术与平台，数字内容关键技术与平台。《国务院关于加快培育和发展战略性新兴产业的决定》要求对面向应用、具有明确市场前景的政府科技计划项目，对企业研究开发加大投入力度。依托骨干企业，围绕关键核心技术的研发和系统集成，支持建设若干具有世界先进水平的工程化平台。加强财税政策引导，激励企业增加研发投入。加强产业集聚区公共技术服务平台建设等。《关于网络音乐发展和管理的若干意见》注重利用数字技术和网络技术改造提升传统音乐产业。建立优秀原创网络音乐产品评选、奖励和推广机制，提升网络音乐制作质量和水平。《国务院办公厅关于加快发展服务业若干政策措施的实施意见》提出充分发挥国家相关产业化基地的作用，建立一批研发设计、信息咨询、产品测试等公共服务平台，建设一批技术研发中心和中介服务机构。

三是加强产业技术发展的机制、体制和标准体系建设，鼓励相关理论研究。《国务院关于加快培育和发展战略性新兴产业的决定》要求优化市场准入的审批管理程序，加快建立有利于新兴产业发展的行业标准和重要产品技术标准体系。《现代服务业科技行动纲要》提出要加强现代服务业发展战略与相关产业技术政策的研究与制定，持续开展现代服务业科技发展理论、模式、标准和核心竞争力的研究。《关于推动我国动漫产业发展若干意见》提出信息产业部门要通过现有渠道对动漫产业发展中基础性、战略性和前瞻性核心技术的研发和产业化加大支持力度，积极建立动漫技术设备和公共技术平台支撑服务体系与共享机制。鼓励国内外企业、科研机构、高等院校向有关单位提供动漫创作工具及其相关服务。《关于进一步加强全国文化信息资源共享工程建设的意见》明确文化信息资源共享工程建设的核心是数字资源建设，数字资源建设要坚持统一标准、共同实施；要积极采用数字图书馆技术，不断完善“工程”技术平台，“工程”要与各地图书馆自动化、网络化设施建设紧密结合。国务院《关于积极推进“互联网＋”行动的指导意见》提出加快制定融合标准。按照共性先立、急用先行的原则，引导工业互联网、智能电网、智慧城市等领域的基础共性标准、关键技术标准的研制及推广。加快与互联网融合应用的工控系统、智能专用装备、智能仪表、智能家居、车联网等细分领域的标准化工作。不断完善“互联网＋”融合标准体系，同步推进国际国内标准化工作，增强在国际标准化组织（ISO）、国际电工委员会（IEC）和国际电信联盟（ITU）等国际组织中的话语权。国务院《促进大数据发展行动纲要》提出推进大数据产业标准体系建设，加快建立政府部门、事业单位等公共机构的数据标准和统计标准体系，推进数据采集、政府数据开放、指标口径、分类目录、交换接口、访问接口、数据质量、数据交易、技术产品、安全保密等关键共性标准的制定和实施。加快建立大数据市场交易标准体系。积极参与相关国际标准制定工作。

4. 产业政策

这里指狭义的产业政策，主要包括市场准入、进出口、产业发展重点和产业发展方式等。

市场准入方面，我国对互联网信息服务、网络游戏、网络音乐等信息内容经营活动都明确了准入政策，对从事这些经营性信息服务的单位规定了设立条件。对从事音像制品网上经营活动和信息网络传播视听节目业务实行许可证制度，禁止未经音像市场行政管理部门备案、批准，擅自从事音像制品网上经营活动。如《互联网信息服务管理办法》第四条规定，国家对经营性互联网信息服务实行许可制度；对非经营性互联网信息服务实行备案制度。未取得许可或者未履行备案手续的，不得从事互联网信息服务。《互联网视听节目服务管理规定》规定，从事互联网视听节目服务的网站必须取得广播电影电视主管部门颁发的信息网络传播视听节目许可证。对一些涉及百姓切实利益的信息发布，采取双重审核制度。如《互联网医疗卫生信息服务管理办法》第六条规定，任何经营性或非经营性医疗卫生网站以及登载医疗卫生信息的网站在向国务院信息产业主管部门或省、自治区、直辖市电信管理机构申请办理经营许可证或办理备案手续之前，应当经同级卫生行政部门审核同意。《互联网药品信息服务管理办法》第五条规定，拟提供互联网药品信息服务的网站，应当在向国务院信息产业主管部门或者省级电信管理机构申请办理经营许可证或者办理备案手续之前，按照属地监督管理的原则，向该网站主办单位所在地省、自治区、直辖市（食品）药品监督管理部门提出申请，经审核同意后取得提供互联网药品信息服务的资格。

进出口政策上，除严格审查信息内容是否健康、积极向上、适合我国国情外，鼓励进出口和国际社会交流。《关于网络游戏发展和管理的若干意见》要求严格实行进口网络游戏产品内容审查制度，有选择地把世界各地的优秀网络游戏产品介绍进来，又防止境外不适合我国国情和含有不健康内容的网络游戏产品的侵入。《关于推动我国动漫产业发展若干意见》通过补助译制经费，支持我国动漫企业开拓海外市场。通过“中小企业国际市场开拓资金”，鼓励优秀国产动漫作品和产品到海外参展。中国进出口银行可以为动漫企业出口动漫产品提供出口信贷支持。《文化产业振兴规划》要求在市场开拓、技术创新、海关通关等方面落实优惠政策，鼓励文化企业通过多种形式，在国外建立产品营销网点，兴办文化实体，实现落地经营，支持文化企业参加境外图书展、影视展、艺术节等国际大型展会和文化活动。《国务院办公厅关于加快发展服务业若干政策措施的实施意见》积极支持服务企业“走出去”，鼓励贸易、咨询、法律服务、知识产权服务、人力资源等企业积极为服务业“走出去”提供服务。国务院《促进大数据发展行动纲要》提出，积极推进大数据技术交流与合作，充分利用国际创新资源，促进大数据相关技术发展。引导国内企业与国际优势企业加强大数据关键技术、产品的研发合作，支持国内企业参与全球市场竞争，积极开拓国际市场，形成若干具有国际竞争力的大数据企业和产品。

产业发展重点上，在加快建设宽带、泛在、融合、安全的信息网络设施的基础上，以信息资源的开发、利用和共享为核心，立足于数字技术和网络技术的创新和推广应用，强调在不同的信息内容领域发展不同的重点。文化创意产业要大力发展数字虚拟等技术，着力扶植文化科技、音乐制作、艺术创作、动漫游戏等企业。影视制作业要提升节目的生产能力，满足多种媒体、多种终端对影视数字内容的需求。演艺业要加快推出一批大型演艺集团，加强演出网络建设。出版业要推动从主要依赖纸介质出版物向多种介质出版物的数字出版产业转型。动漫产业要着力打造深受观众喜爱的国际化动漫形象和品牌。印刷复制业要发展高新技术及特色印刷，建成各具特色、技术先进的印刷复制基地。

同时，支持创新和新兴信息业态。要求积极推进下一代广播电视网、新一代移动通信、下一代互联网建设，促进物联网、云计算的研发和示范应用。提升软件服务、网络增值服务等信息服务能力。通过制定和完善网络标准，推进三网融合，促进互联互通和资源共享。支持发展移动多媒体广播电视、网络广播影视、数字多媒体广播、手机广播电视，为各种便携显示终端提供内容服务。加快广播电视传播和电影放映数字化进程。积极发展纸质有声读物、电子书、手机报和网络出版物等新兴出版发行业态。发展高新技术印刷。运用高新技术改造传统娱乐设施和舞台技术，鼓励文化设备提供商研发新型电影院、数字电影娱乐设备、便携式音响系统、流动演出系统及多功能集成化音响产品。

产业发展方式上，强调因地制宜。提出了开展示范试点，实施重大项目带动战略，培育骨干企业和龙头企业，加快产业园区和基地建设，培育产业孵化器，创新商业模式等措施。

7.2.3 现状评价

总体看来，国内外主要国家认识到了信息内容产业对国家发展的意义重大，纷纷开展信息政策法规研究和制定。国外发达国家信息内容产业起步较早，信息政策起步也早，政法规策体系涉及面广，研究的问题深入，同时，针对信息活动实践中出现的新问题，不断开辟了新的究领域。目前，基本达到通过信息立法，如出台知识产权保护、信息安全、信息自由和公开法等相关法律法规，建立内容产业发展秩序和有效的监管体系；通过加强信息基础设施建设、信息技术研发和推广应用，为信息内容产业的发展创造有利的物质技术条件；通过优惠政策如税收、人才、吸引投资、鼓励出口等扶持信息内容产业发展；通过规划、标准体系、市场竞争等一系列管理机制的建构和运作，推进信息内容产业快速发展。国际信息政策法规的研究和制定既有鲜明的地域特色，又呈现出全球一体化的发展趋势。

同国外发达国家的信息政策和我国信息内容产业发展需要相比，我国虽然出台了一系列信息政策法规，如《中华人民共和国数字签名法》、《中华人民共和国政府信息公开条例》、《国务院关于加快培育和发展战略性新兴产业的决定》、《文化产业振兴规划》、《关于加强信息资源开发利用工作的若干意见》、《关于推动我国动漫产业发展若干意见》等，为我国信息内容产业发展和信息化建设提供了一定的保障，但信息政策法规体系还有待完善，在政策法规内容、政策法规制定、政策法规执行和监督方面都存在不少问题。

1. 政策法规内容方面

(1) 以监管为主，内容空泛，可操作性差。为了研究问题的需要，对2000年以来我国信息内容产业政策法规文件目录（见附录一）进行精简，选取一部分有代表性的政策法规文件（见表7－1），对其内容从投融资政策、税收政策、技术政策、产业政策、进出口政策、市场准入政策、电信市场监管、互联网监管、宏观管理和环境建设政策等九个方面进行分类归纳。可以得出，在36个文件中，有关宏观管理和环境建设政策和产业政策的文件最多，涉及30个，占83.3%。市场准入、电信监管、互联网监管涉及的政策的文件累计达32个（包括重复计算的文件个数），技术文件16

个，进出口政策的文件有16个，而涉及税收政策和投融资政策的文件各为12个，占比为33.3%（见表7-2）。由此可以看出，在我国现有信息内容产业相关政策中，政策文件监管的内容多，鼓励扶持的内容少；行政措施多，经济措施少；宏观规划多于微观规划，定性多于定量的目标性的阐述。另外，政策文件存在内容空泛、条文不够细化、可操作性差的现象。例如，我国现有的信息文件中，关于“接入单位对其管辖范围内用户提供的信息或侵权行为是否负有责任、ISP的法律权利与义务、信息监控作用与能力”等条款的详细阐述，我们就很难找到，给信息政策的实施、执行造成了障碍。又如，要想全面了解我国对“开放经营电信业务”的规定，需要查找近20部政策法规文件。再如，现有的信息网络政策法规中，缺乏网络主体的法律地位、网络纠纷的解决办法等具体问题的阐述。

表7-1　2000年以来我国信息内容产业代表性政策文件目录表

	名　称	发布部门	时间
1	互联网信息服务管理办法	国务院	2001
2	互联网出版管理暂行规定	新闻出版署等	2002
3	互联网电子公告服务管理规定	信产部	2000
4	互联网文化管理暂行规定	文化部	2003
5	互联网视听节目服务管理规定	广电总局等	2007
6	关于网络游戏发展和管理的若干意见	文化部等	2005
7	关于净化网络游戏工作的通知	文化部等	2005
8	关于进一步加强移动通信网络不良信息传播治理的通知	信息产业部	2005
9	关于规范短信息服务有关问题的通知	信息产业部	2004
10	保护知识产权行动纲要（2006—2007）	国务院办公厅	2006
11	现代服务业科技行动纲要	国务院办公厅	2006
12	全国文化信息资源共享工程“十一五”发展规划纲要	文化部	2006
13	国家“十一五”时期文化发展规划纲要	中央办公厅	2006
14	关于进一步加强全国文化信息资源共享工程建设的意见	文化部等	2005
15	关于规范增值电信业务代理收费行为的通知	信息产业部	2005
16	信息网络传播权保护条例	国务院	2006
17	关于推动我国动漫产业发展若干意见的通知	国务院办公厅	2006

（续上表）

	名　称	发布部门	时间
18	关于实施“中国民族网络游戏出版工程”的通知	新闻出版署	2004
19	关于网络音乐发展和管理的若干意见	文化部	2006
20	互联网医疗卫生信息服务管理办法	卫生部	2001
21	互联网药品信息服务管理办法	食品药品局	2004
22	关于音像制品网上经营活动有关问题的通知	文化部	2000
23	互联网等信息网络传播视听节目管理办法	广电总局	2003
24	关于加强信息资源开发利用工作的若干意见	中办、国办	2004
25	关于加快发展服务业的若干意见	国务院	2007
26	关于加快发展服务业若干政策措施的实施意见	国务院办公厅	2008
27	电子信息产业调整和振兴规划	国务院	2009
28	文化产业振兴规划	国务院	2009
29	关于加快培育和发展战略性新兴产业的决定	国务院	2010
30	进一步鼓励软件产业和集成电路产业的若干政策	国务院	2011

表 7－2　2000 年以来我国信息内容产业代表性政策法规文件覆盖表

NO.	政策方向	文件数目（个）
1	投融资政策	8
2	税收政策	8
3	技术政策	13
4	产业政策	21
5	进出口政策	12
6	市场准入政策	13
7	电信市场监管	7
8	互联网监管	6
9	宏观管理和环境建设政策	24

（2）缺乏整体性和协调性，系统性差。我国信息内容产业没有明确的主管部门，各管理机关根据自身权限制定相关政策法规，缺乏整体性和协调性，系统性差，表现在下位法与上位法之间、不同部门颁布的政策法规

之间，以及我国信息政策法规兼容性等方面。

第一，政府部门的行政指令同法律法规间存在相互冲突。虽然我国《立法法》等都规定，“下位法应当符合上位法的规定”。但在现实立法过程中，由于多种多样的原因，下位法违反上位法的现象还是时有发生。例如，国务院颁布的《中华人民共和国计算机信息网络国际联网管理暂行规定》中规定的主体是“从事国际联网业务的单位和个人”；而随后邮电部制定的《中国公用计算机互联网国家联网管理办法》、公安部制定的《计算机信息网络联网国家安全保护管理办法》中的主体却定位为“任何单位和个人”，这种对主体宽泛性地改动与上位法发生冲突，降低了网络信息政策法规实施的效率。

第二，政府部门间的信息政策法规相互协调性差。政府各部门颁布的政策法规仅针对所管辖领域，缺乏整体上的考虑，使得内容重复交叉，而且各发布机构间的利益冲突反映在所颁布的政策法规上，造成彼此间不协调。如国信办对民间开发信息资源主张开放鼓励，而广电部门是谨慎和限制的态度；知识产权局的“知识产权千年行动”主张加强网络信息知识产权保护，而《关于加强信息资源开发利用工作的若干意见》主张在公益信息资源和政府信息资源层面有所松动；档案局、国家安全部门希望对国家档案实施必要的密级保护，而《政府信息公开条例》却主张给民众一定程度的知情权。

第三，我国信息政策法规的国际兼容性差。由于互联网本身没有国界，随着信息技术的发展，经济一体化进程的加速，一些跨国信息问题需要在国际范围内通过相关政策和法规予以协调。我国的信息政策法规，不少是处于国际环境下的被动地位“被迫”制定出来的，由于没有明确的目标和科学的指导方针，不仅与发达国家的法律制度、国际惯例、国际公约等衔接不够，而且有些信息政策法规的国际接轨显得非常“盲目”，出现了与国情脱节的现象。

另外，对于内容产业来说，信息政策系统性差还突出表现在人为地割裂了产业链。以电视播放平台的改制、融资政策为例。播放平台一直是政府管治的重点。目前，电视对系统外资金，特别是民营资本参股产业相关性较高的播放平台仍采取严格的限制政策。由于播放平台体制不顺、机制不活，无论是国有体制还是民营体制的内容生产企业都无法真正经营好，要大发展就更为不易。

（3）覆盖面不全，存在一些盲点。我国现有的政策覆盖面不全，存在一些盲点和空白点。如通信自由和个人隐私是公民的基本权利，而到目前为止，我国还没有一部个人隐私法，单靠《宪法》和《民法》等一些原有的法律法规条款的规定，显然已不能解决网络上出现的新问题。

（4）层次低，权威不足，效力较弱。我国的信息政策法规中以行政法规居多，不少是以通知、管理办法及意见等形式存在的，约束力普遍较差。同时，由于长期条块分割的管理体制，各行业、各部门原先制订的行业政策，特别在广播电视、网络通信资费、通信平台建设、计算机信息服务业管理等方面，不可避免地带有部门利益的色彩，权威不足。

（5）内容更新慢，对调整新的社会关系缺乏适用性。目前我国信息政策法规中能直接适用于数字化、网络化时代的信息法律关系的不超过1/3，现存的《专利法》《广告法》《档案法》等法律中，有些法律条文是20世纪制定的，需要不断地修改完善，以适应网络信息内容的发展需要。现有的商标、专利、商业秘密、著作权等知识产权法要涵盖网上智力创作成果，防范和制止层出不穷的网上不正当利用他人智力创作行为。处罚方式上，信息侵权法律责任绝大多数只属于民事责任，作用力度相对较弱，致使网络侵权行为屡禁不止。调控手段大都依靠行政手段，经济手段的干预性不强，执行时缺乏有效约束力。

2. 政策法规制定方面

（1）缺乏一个统一协调的组织机构。在我国现存的信息政策法规中，发布机构多种多样、参差不齐，从人民代表大会、人大常委会、国务院、国务院下属的各部委，到一些小组，以及最高人民法院、最高人民检察院，还有一些银行、公司、协会等，条块分割，各自为政，缺乏一个全国性信息管理组织机构的整体协调。

（2）前瞻性不够。信息政策法规的制定，缺乏总体规划和科学的前期研究支持，战略重点不明确，目标体系不科学。

（3）信息用户的参与意识不强。我国信息政策法规的制定机构长期习惯于一种上对下的被动管理关系，造成公民信息意识不强，社会对信息政策的了解不够，信息政策制定中的公民参与性不高。

（4）理论研究体系需要提高。一是缺乏一批具有较高理论水平、掌握政策研究方法的研究队伍，政策的研究和咨询不够活跃。二是信息政策法规研究缺乏有效的基础理论，一些基本的概念和范畴尚未明确，对政策科学研究中常用的研究方法如运筹学、系统科学、管理科学、决策科学吸收和运用不够，尚未形成严谨的方法论体系。三是理论研究范围新领域拓展不够，对世界范围的网络信息流动问题显得无能为力。

3. 政策法规执行和监督方面

(1) 信息政策调控能力弱，手段单一。我国信息的调控大都依靠行政手段，由于法律手段、经济手段的干预性不强，导致信息政策在实施时缺乏有效的约束力和抗击力，效果不佳。另外，已经出台的政策法规，如专利、商标、计算机软件等方面的法规条例，在社会上并未取得高度重视，执行时缺乏监督机构，执法力度不够，缺乏权威性和约束性。

(2) 我国缺乏完善的政策法规反馈渠道。我国长期以来只注意政策的制定而不注意政策实施效果的反馈，没有建立反馈机制。信息政策法规从提出、编制、执行到监督都由政府主管机构负责，制定者和被执行者之间缺乏必要的信息沟通，被执行者却处于被动地位，造成信息政策制定机构无法掌握执行效果，及时补充和完善，极大地影响了政策的科学性、可行性及有效性。

(3) 监督环节薄弱。我国信息政策法规的实施，是由国家机关依照法定职权和程序，通过相应的程序和手段如行政组织管理、行政裁决、行政监督检查等予以贯彻实施的。有些政府部门，如国务院各组成机构和直属部门，既有制定信息规章的职能、执行的权力，也有对信息政策法规监督的权力与职责。这就意味着，我国现行的信息政策法规的制定机关与其执行、监督机构之间紧密相连，有些甚至就是同一部门，降低了信息政策法规实施的公正性。此外，政府信息公开及公众信息获取渠道不畅，各政府部门制定的信息规章常以红头文件形式下发执行，公众无法获取相关信息；加之，公民信息意识淡薄，公众监督力量薄弱。例如，2008年实施的《中华人民共和国政府信息公开条例》至今一些条款得不到有效落实，如需要公开的政府信息有哪些，哪些政府信息属于主动公开范围等。

7.3　信息内容产业政策的发展趋势

把握信息内容产业政策的发展趋势，是正确制定信息内容产业政策的前提。当前，随着信息技术的发展和国际国内政治经济形势的变化，信息内容产业政策的制定呈现出制定主体多元化、导向市场化、性质竞争化、内容社会化、形式法律化、范围国际化和前瞻性不断加强等趋势。

(1) 信息内容产业政策制定的主体日益多元化。我国目前的信息化建设是政府推动型的，许多重大的信息化工程如“十二金”等都是由政府投资实施，主要信息化项目建设也是由政府管理的。随着我国信息化进程的不断深入，社会主义市场经济体制的不断完善，市场需求的多样化，各类投资主体、信息行业协会和公众舆论对信息政策制定的影响力会不断加大，我国信息内容产业政策的制定主体将会出现国家、企业、信息协会和社会公众等多元化局面。

(2) 从政府主导型为主转向市场主导型。目前，由于政府是我国信息化建设投资和管理的主体，决定了信息政策的主体也只能是政府，所以我国的信息政策的导向也只能是政府主导的。但随着信息化投资主体的多元化，信息政策制定主体的多元化，信息政策的导向也必将向市场主导型发展。

(3) 从规制政策转向竞争政策。从政策现状的分析可知，我国目前的信息政策以规制政策为主，但公平、公正、自由的环境是信息内容产业发展的必要条件，随着我国政治体制改革的逐步推进，信息采集和媒体播放平台的开放，我国未来的信息政策将从规制政策转向竞争政策，信息内容产业将会逐步打破垄断性，从垄断走向竞争或有限竞争状态。

(4) 解决社会问题的内容将会不断增加。信息内容产业是一个涉及社会方方面面的行业，随着信息化进程的不断深入，信息内容产业涉及的社会问题将会日益明显，信息政策所要解决的社会问题也将会不断增加。例如，数字鸿沟如何消除，网络世界的精神文明如何建设等都会成为今后信息政策所要反映的内容。

(5) 政策趋向法律化。信息政策不具备强制力的属性，有些信息活动需要国家法律法规来规范，因此，信息内容产业单靠信息政策而无法律法规的配合，难以健康发展。当前，信息立法受到社会各界的重视，相关的立法工作也不断加强，信息政策的法律化将成为趋势。

(6) 信息内容产业政策的前瞻性不断加强。目前我国信息内容产业政策法规主要是作为应对现实信息环境的手段。面对信息社会的来临，要加快信息内容产业政策的建设步伐，使信息政策不仅能够处理现有的社会矛盾和问题，而且还应具备对信息环境的灵活性、动态性和互动性，能够解决正在形成或将要发生的矛盾和问题。

(7) 信息内容产业政策呈现出国际化趋势。随着信息技术的高速发展，信息交流活动已经成为全球性的活动。面对这种发展趋势，需要加强对国际信息交流中的各种政策问题的探讨和研究，推进我国信息政策与国际标准相兼容的进程，促进我国信息政策研究体系的完善，使信息内容产业政策能够为我国的跨国信息活动提供政策依据和指导，又能加快我国信息内容产业的国际化进程，同时也有利于发挥我国的后发优势，实现信息内容产业的跨越式发展。

7.4　我国信息内容产业政策的目标和原则

政策目标和原则是信息内容产业政策支撑体系的灵魂。要结合我国实际，把握信息内容产业政策的发展趋势，针对当前我国信息内容产业政策存在的问题，确定我国信息内容产业政策的目标和原则。

7.4.1　信息内容产业政策的目标

确定信息内容产业政策的主要目标是制定信息政策法规的关键性环节。在参照发达国家的成功经验，同时结合我国现有的经济发展水平、信息化建设水平、技术结构情况，确立我国现阶段信息内容产业的政策目标为：通过信息内容产业政策的制定实施，达到以公平为目标实现信息服务社会化，以效率为目标实现信息资源市场化，以安全为目标实现信息管理科学化，在此基础上，促进信息内容产业的健康快速发展，从而提高我国的综合国力，满足人民群众日益增长的物质文化生活需求。

具体目标如下：

(1) 加强信息基础设施建设，保证信息能够有效、低耗地传输，创造信息内容产业发展的良好基础设施条件。

(2) 加强信息资源的合理管理和有效利用，增加信息内容产品种类，提高信息内容价值，提高信息公共服务水平，满足人民群众的物质文化生活需求，弘扬中华民族的传统文化。

(3) 培育信息内容市场，引导、扶植信息内容企业和信息服务机构做大做强，鼓励创新与公平竞争，促进内容产业与传统产业和国际市场的连接与融合，提高我国信息内容产业的国际市场竞争力。

(4) 开展教育和培训，提供训练有素的信息人才和信息用户，为信息内容产业提供良好的社会基础。

(5) 培育信息意识，促进信息利用和信息消费。

(6) 建立面向未来、面向世界的社会、文化和政治信息政策，保障我国信息内容产业健康茁壮成长。

7.4.2 信息内容产业政策的原则

(1) 遵循信息活动特点和规律的原则。制定信息政策的首要原则是要遵循信息活动的特点和规律。当前信息活动有三个比较突出的特点：一是信息活动的全球性。信息网络的发展与应用，使政府、企业和个人的信息活动，几乎不受距离和时间的限制，将国与国、地区与地区连接成一个整体。信息活动的全球性决定了信息政策的国际性。二是信息活动的多变性。信息技术不断发展推动着信息活动不断变化，信息活动的多变性不断给信息政策法规提出新课题。三是信息活动的技术性。信息技术的应用和普及不但扩展了信息政策的广度和深度，为信息政策提出了新的课题，而且信息技术对信息政策产生越来越大的影响。与传统立法相比，信息政策法规更具技术性，一方面，政策法规概念在术语表述上要科学、严密、明确、易解；另一方面，政策法规要有大量的条款内容来鼓励信息技术的发展以解决同信息活动有关的问题。

(2) 立足国情与同国际接轨的原则。制订信息法律法规，要充分考虑到信息活动的全球性和国际信息交流的需要，信息活动“无国界”，树立大信息、大网络的观念，既要立足国情，又要与国际接轨。主要做好以下几个方面工作：一是要反映信息活动的共同内容，向国外法律制度的某些“共性”接近；二是立足国情，吸收国外信息法律法规中的科学成分，当外来法律法规同本国传统价值观发生抵触时，要根据我国的实际情况，制定相应的法律，既要逐步与国际惯例接轨，又要保护本国信息资源和国家安全；三是要尊重国际信息法规，保障国际准则、国际惯例和国际公约在国内的实行。

(3) 现实性和前瞻性相结合的原则。制定信息政策法规，既要充分考虑经济和社会发展的现实需要，又要准确把握信息活动的发展趋势，将制定信息政策法规的现实性和前瞻性紧密结合起来，保证所制定的信息政策法规在一定时期内能够适应未来信息活动的发展变化，有根据地“超前立法”，使信息政策与信息活动之间形成良性互动。

（4）系统性原则。信息政策法规是一个体系，任何一项信息政策都是在一个“政策系统”中运行。这是因为单独的信息政策只能从一个侧面来解决问题，有它的局限性，而且每项政策既能产生正面效果，也有负面影响。一些政策在实际执行过程中出现问题，原因不一定是这项政策不正确，有可能是缺少相关政策的配合。因此，要以系统的观点把握信息法制建设，要保证中央和地方之间，权力机关和行政机关之间等各层次立法的协调统一，坚决避免各政策法规之间相互抵触，维护国家信息立法的统一性。

（5）公民信息自由与社会公众利益相结合的原则。信息自由权是公民的基本权利，也是规范和协调一切信息活动的基础。没有公民信息自由权的尊重和保护，信息资源的开发利用就失去了意义，也不可能产生效益，信息内容产业的发展也就成为一句空话。但是，信息自由也存在个人信息自由和社会公共利益的冲突，绝对的个人信息自由是不存在的。这就要求在信息政策法规制定中，要把握好个人信息自由同社会公众利益的关系，正确理解二者间局部和整体、长期和短期的辩证关系，认真寻求信息自由和社会公共利益的有机结合。

（6）兼顾经济效益和社会效益的原则。信息政策法规作为反映信息活动中产生的社会关系，必然要将信息内容的经济效益和社会效益纳入其基本的价值范畴中。信息政策不仅要体现信息内容是一种产业，着力培育信息市场竞争，使内容产业通过提供的各种相关服务，提高信息的资源开发利用的效率，获得可观的经济收入，而且要考虑到信息内容的精神属性，保障信息内容正确的社会价值取向。同时，兼顾信息活动所有参加者的利益，无论对个人或者国家，政策法规面前人人平等。

7.5　我国信息内容产业政策支撑体系的构建

本书所构建的信息内容产业政策支撑体系，主要由法律法规体系、经济政策体系、行政政策体系和思想政策体系等部分组成（如图7-3）。

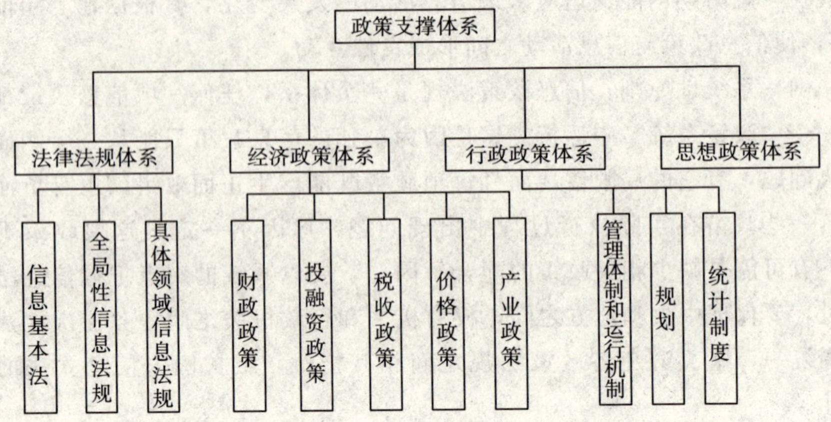

图 7－3　信息内容产业政策支撑体系示意图

7.5.1　法律法规体系

法律法规具有稳定性和规范性等特点，能够有效规范信息资源的开发利用，协调解决信息活动出现的矛盾和利益冲突。法律法规是通过立法、司法等手段调整信息内容产业发展的。有学者认为，在政策实施过程中，最佳方式是立法，使得违法行为能够通过诉讼解决，实现公平公正，从而较好地维护各方权利人的利益。本书的信息政策法规体系框架，包括信息基本法、调整和保障整个信息活动的全局性政策法规，以及对信息活动的各个具体领域进行调整的政策法规三个层面。信息内容产业的法律法规体系结构，如图 7－4。

1. 信息基本法

基本法（Basic Law），顾名思义是在一个国家或地区拥有最高法律效力的法律。信息基本法就是最高层次的信息法。制定信息基本法，就是要从全局的角度，根据信息活动的特点，明确信息政策法规体系的立法宗旨、立法原则、调整对象及范围，对其他信息政策法规起到宏观指导作用。信息基本法需要涵盖信息活动的主要问题，要调整整个信息活动领域的社会关系，成为其他信息法律法规的立法依据，使各种具体信息法律法规的制定和执行有法可依、有章可循，减少立法、执法时的片面和矛盾。

当前，我国已具备了制定信息基本法的社会条件。一方面，随着信息技术的飞速发展和广泛应用，信息活动已渗透到社会的各个层面，由信息

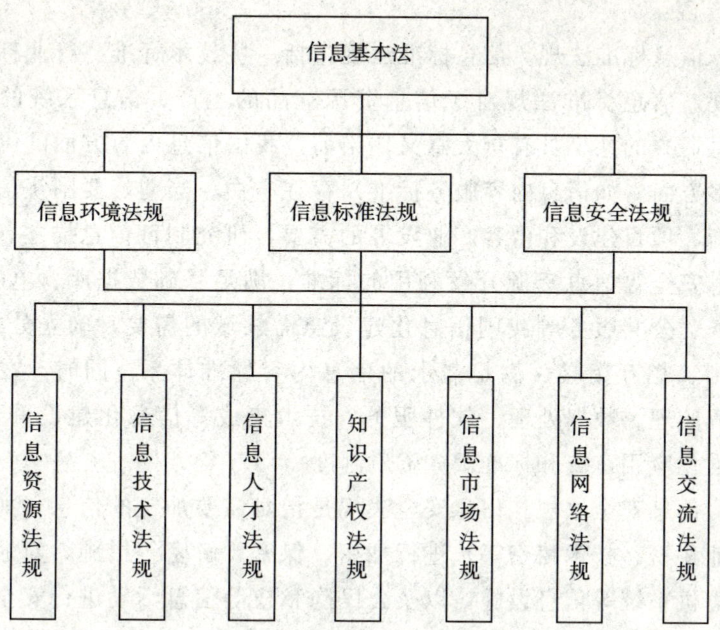

图7-4 信息内容产业法律法规分类结构图

传播、收集、处理、存贮、利用、交换等环节中产生的一系列新的社会关系和社会问题难以在原有的法律框架内解决，或只能得到比较原则的解释，需要制定专门的信息法加以调整。另一方面，信息法已经获得了较大的发展，知识产权、信息保密、计算机犯罪防止、信息流通等均有了相应的法律、法规，具备了独立或从原属于各部门法分离出来的需要和条件。

制定信息基本法有利于更大程度地发挥法律的政策导向功能，保证信息政策的贯彻实施，促进信息内容产业的快速健康发展。

2. 全局性信息法规

全局性信息政策法规是调整和保障整个信息活动的政策法规，包括信息环境、信息标准和信息安全等政策法规。

(1) 信息环境法规。信息环境法规是指调整信息活动的宏观环境，对信息的产生、处理和传输提供指导性和管理性的法律法规。信息环境法规涉及面较广，包括社会经济生活、信息内容产业政策、信息机构设置等。当前，我国制定的信息环境法规有《信息公开条例》《数字签名法》等，需要制定和完善的信息环境法规有《个人信息保护法》《信息流程法》《电子证据法》《电子合同法》《电子支付法》《电子信用法》《网络知识产权法》等。

（2）信息标准法规。信息标准法规包括一些技术标准、行业标准等方面的法规。信息标准法规对于信息资源产品的生产、信息系统的互联互通、信息资源的共享具有重大意义。当前，我国信息内容方面的国家级标准在很多方面（如信息内容服务标准）存在空白。当前，要围绕信息内容技术创新、项目建设和内容产业发展的需要，研究制订信息描述、信息传输、信息安全等信息资源开发利用的标准，满足基础数据库、电子政务、电子商务、公共服务等我国信息化建设急需领域的需要，确立分类明确、层次清晰、相互衔接、满足需求的信息内容标准体系。同时，在咨询设计、工程监理、数据处理、软件服务、技术集成等信息化建设重要环节，建立标准化应用审查和标准服务资质制度。

（3）信息安全法规。信息安全法规是指对需要加密的信息（如国家秘密、商业秘密、技术秘密等）进行加密、保密、解密等措施，对通信、网络、计算机系统等信息设施，以及公民隐私权等信息活动进行安全保护的技术和制度方面的规定。信息安全法规对于保证信息活动的正常运行，保障信息生产者、使用者的合法权益具有重要意义。当前，我国信息安全法规主要由行政法规、规章等构成的，缺乏集中性、系统性和权威性。今后要针对我国信息化建设的需要，加快信息安全法规建设，完善信息安全政策法规体系。一方面，修订完善原有的《保守国家秘密法》《档案法》等法律法规，使之适应社会经济发展新形势的需要；另一方面，针对社会需求，制定《信息安全保障法》《信息质量保障法》《网络信息安全法》等新的信息安全法规，解决信息污染、打击网络犯罪、侵害国家信息主权等新问题。

3. 具体领域的信息法规

调整的具体领域的信息法规可分为三类：第一类是信源类法规，是指调整信息生产和提供信息来源的法律法规，涉及的领域主要有信息资源、信息技术、信息人才、知识产权等；第二类是信道类法规，是指调整信息提供渠道及途径的法律法规，涉及的领域主要有信息市场、信息网络、信息交流等；第三类是信宿类法规，是指调整信息利用能力的教育培养和用户权益保障的法律法规，涉及的领域主要有信息技术应用能力的培养教育和消费者权益保护等，信息技术应用能力的培养教育在本书的论述中被包含在信息人才政策法规中，消费者权益保护在本书的论述中被包含在信息市场管理的法规中。

(1) 信息资源法规。信息资源法规可以分为调控信息资源本身的法规和调整开发信息资源行为的法规两部分。前者包括对市场信息、政府信息、档案、合同、出版物、网络信息等信息资源本身进行调整的法规，如《中华人民共和国档案法》等。后者包括对信息活动的各个环节，即信息搜集、检索、传递、共享、信息公开或披露、信息分析或处理等方面进行调整的政策法规，如《关于加强上市公司信息网上披露有关工作的通知》等。

当前，我国信息资源的开发利用与信息基础设施的建设、信息技术的发展水平很不相称，已经成为信息化进程中最为薄弱的一环，存在“五多五少”现象，即积累原始信息多，经过人们加工整理的信息少；孤立分散、无序混乱的信息多，交流共享、互通互用的信息少；以常规方式存在的多，以电子形式存在的少；静态信息多，动态信息少；为政府部门宏观服务的信息多，为企业单位微观服务的信息少。因此，要制定相应的信息资源政策法规，促进信息资源的开放和开发利用，一方面，制定《信息资源法》等原来没有的法规，明确各类信息资源开发利用的具体规则，促进信息资源的开发利用，约束非法信息的制造和传播；另一方面，调整、补充和完善已有的信息资源法律法规如《发布地震预报的规定》《统计法》《发布天气预报管理暂行办法》等，使之适应新时期信息资源开发利用的需要。

(2) 信息技术法规。一个国家或区域在技术领域的拥有水平决定了其产业的发展模式，决定了其在国际产业链分工中的地位。随着计算机技术、信息共享和国际互联网的不断发展，信息内容技术活动在信息化社会中也愈来愈占据重要的位置，信息内容技术影响愈来愈大、愈来愈复杂，需要加强对信息内容技术政策法规建设，建立诸如信息网络技术的配置与应用、开发与创新、引进与出口、技术标准化等一系列政策，包括计算机、信息系统、软件、数据库系统、通信系统、检索系统等领域。

加快培育信息内容产业，必须着眼于突破一批核心技术，对涉及信息内容产品生产的信息技术发展进行扶持，尤其要通过技术手段来加强内容产业的管理，整合行业技术力量，研发数字内容产业相关核心技术及确立产业标准，加紧对数字内容监管系统的研究和开发，不断升级监管技术手段。调研发现，我国信息内容技术虽然在系统设备研发方面取得了明显进展，但在集成电路、光电、高性能计算等领域的基础性技术还有待突破。因此，我国在十二五期间重点要统筹布局新一代移动通信网、下一代互联网、数字广播电视网、卫星通信等设施建设，形成超高速、大容量、高智能国家干线传输网络；推动物联网关键技术研发和在重点领域的应用示范；加强云计算服务平台建设；实现电信网、广电网、互联网三网融合，促进网络互联互通和业务融合。

(3) 信息人才法规。信息内容产业是一个智力密集型的产业，需要大量高素质人才的创造性劳动。制定信息人才法规，用于规范信息人才的培养、考核、认证和交流活动，对于提供强大的人力资源支持，保障信息内容产业的发展有着重要意义。

当前，信息人才法规的制定和完善要着眼于数字技术、网络技术的发展，加大人才培养力度，通过各种措施吸引人才、留住人才，从教育培训、职称评定、学位设置、从业资格认定等方面引导人才向有利于信息内容产业的发展方向聚集。当前，可从以下几个方面加强信息人才法规建设：一是积极推动高校开设信息内容产业相关专业课程，通过专科、本科和研究生等多层次教育模式，培养相关人才，或鼓励信息内容企业与高校联合办学培养急需人才。二是要重视对现有人才的开发和利用。一方面，鼓励企业对现有信息内容研发人才和管理人才的培训和再教育；另一方面，改进信息内容产人才的管理和使用制度，充分调动和激励各种人才参加信息内容产业建设的积极性。三是创造信息产业内容人才交流的良好环境，建立规范的人才流动管理机制，加强国际的交流与合作，积极引进我国急需的各种类型信息内容产业人才，如经营管理人才、文化经纪人才和科技创新人才等。四是健全信息人才市场，使得人才能够在市场上充分、完全的自由流动。

(4) 知识产权法规。信息内容产业是以知识产权为核心的产业，保护知识产权是信息内容产业生存和发展的关键。由于信息内容产品的非消耗性、非物质性、非排他性，使得信息产品易于复制、模仿和传播，在信息内容产品生产和消费中极易发生“搭便车”行为，使信息内容产品生产者和投资者的利益受损。信息内容由于具有无损耗复制和易于传播的特点，其先天就有利于不加责任的扩散和侵权[184]。因此，为了防止信息内容产品受到非法复制、非法传播的损害，保护信息生产者的积极性，需要尽快制定和完善相关法律制度，保护知识产权。一方面，调整完善现行的专利法、商标法和著作权法的相关内容，加强对数字内容产品的专利、商标、版权、著作权、商业秘密等知识产权的保护；另一方面，在现有知识产权法律体系的基础上，探讨制订域名、网络知识产权、非独创性数据库保护等目前的法律法规尚不明晰的地带。

目前，我国已颁布了一些保护知识产权的法律法规，但与信息内容产业发展的需求相比，这方面的法律法规还远远不够。比如，在网络环境下，盗版不仅容易而且方便，只要进行拷贝、粘贴就可以完成。以电子图书为例，国内真正拥有版权的电子网站大概只有 4.3%，其余大部分网站都是盗版。因此，提高知识产权保护力度就显得愈发重要，现阶段，加强知识产权法规的建设可从以下几个方面着手：第一，目前我国的知识产权法律是单行法，彼此之间各行其是，没有形成系统的法律体系。因此，要改变这种状况，建立系统的知识产权法律体系以及顺畅高效的司法保护体制和机制。第二，完善数字内容知识产权保护的相关法律制度。目前我国数字内容产业正处在起步阶段，其立法还处于萌芽阶段，现存的数字内容法规大多是行政规章，法律效力层次低。因此，我国把握数字内容产业发展趋势，在借鉴西方国家立法经验的基础上，完善数字内容知识产权保护的相关法律制度，强化其法律效力，加强对数字内容知识产权的保护。第三，加强对消费者权益的保护。网络技术的发展和普及，使数字内容产品如数字音乐、网络游戏的消费走入寻常百姓家，成为人们日常生活中的一部分。但新的消费形式带来了诸如账号被盗、虚拟财产被偷等新的问题，需要政府加强这方面的法律保护，数字内容消费者权益保护立法已成为我国发展数字内容产业的重要保障。

（5）信息市场法规。完善的信息市场可以降低企业乃至整个社会的交易成本，也可以使各个环节的信息技术创新行为变得科学、合理和可行。要围绕培育信息市场，完善市场应用配套服务体系，建立健全市场规制，如市场准入机制、标准体系、价格机制等，营造良好的市场环境，发挥市场的主导作用。要在加强对已有法律修改完善的同时，着手制定或完善规范信息市场主体、维护信息市场体系和市场秩序的法律制度。当前，从我国信息市场建设来看，应该重点发展信息传输业和信息服务业，特别是电子信息传输业和服务业，为市场主体获得信息提供服务。同时，对信息产品和服务涉及的各类市场，包括电信市场、广播电视市场、邮政市场、电影市场、出版发行市场、广告市场、咨询市场等加强管理，提高信息市场的效率。

（6）信息网络法规。网络是信息传播、信息产品及服务提供的重要途径。当前，我国信息网络法规的制定是处于行业分散状态下制定的，包含有部门利益，处于部门垄断状态，不适合信息内容产业发展对信息网络提出的新要求。如《电信法》迟迟不能出台、独立的监管机构千呼万唤出不来。中国电信业在经历分拆、股份公司改造、重组、全业务牌照发放后，在政策层面主要体现为国有资本的重新排列而产业间、部门间的管制政策、开放法规等均没有实质性的变化。要对网络基础设施建设、管理和利用等方面的法律法规进行进一步修改和完善，尽快出台《电信法》，对多网融合和各种传输体系条块分割和部门割裂等问题，要以立法的形式和手段解决，尤其要按照信息化与工业化融合的要求，从法律层面保障网络的互联互通，促进三网融合，防止重复建设和“信息孤岛”现象。

（7）信息交流法规。保证信息流通渠道畅通和信息市场秩序是发展信息内容产业的重要环节。制订和完善信息交流政策法规，有利于信息资源的共享，提高信息管理水平和信息内容产业的运营效率。信息交流法规包括三个方面：一是传播媒体政策，要在保障传播媒体正当权益的前提下，防止传播媒体有意和无意制造假信息、垃圾信息和不良信息危害社会和公众。二是传播途径政策、传播手段政策。由于现代信息技术的飞速发展，媒体传播的途径和手段也在不断地更新发展。而在众多传播途径和手段的同时使用中，难免会产生一些摩擦和冲突。解决这些问题，协调传播媒介关系，就要制定相应的传播政策。三是区域间的信息交流政策法规，包括国际信息交流、区域信息交流、行业信息交流等。

7.5.2 经济政策体系

经济政策是对财政、金融、税收等政策的统称，其作用是按照客观经济规律，调节经济活动中不同利益主体之间的关系。我国信息内容产业尚处于新兴产业起步阶段，其培育和发展是一个长期、持续的过程，初期高投入、高风险的特征十分突出，面对国外的强势竞争对手成长艰难，需要强有力、系统性的经济政策支持。我们可以借鉴欧美信息内容产业发展的经验和教训，制定有利于信息内容产业发展的金融、税收、投资方面的优惠政策，促使其快速发展。

1. 财政政策

信息内容产业具有赢利性和公益性双重特点，政府财政进行必要的扶持，才能实现产业的公益性。

(1) 财政资金直接投入。信息内容产业有一定的公益性，一些信息资源的开发利用如大型数字图书馆建设、信息资源共建共享工程等具有很强的正外部性，需要得到政府财政资金的支持，在其发展初期可以采用财政专项资金注入的方式进行启动，对其正常运营维护进行财政补贴，使公益性信息资源开发利用具有可持续发展能力。对于那些开发利用周期较长的商业性信息资源，企业进入初期投资巨大而回报收益不明显，也可通过财政资金给予一定的补助，以促进其快速成长。

(2) 设立政府引导基金。政府应采取贷款贴息、项目补贴、补充资本金等方式，建立信息内容产业发展引导基金，根据区域战略布局和发展规划，有侧重地利用政府资金引导社会资金提升信息基础设施建设，完善产业支撑服务体系，支持在内容产业基地建设和内容产业领域新产品、新技术的研发等方面，起到产业发展催化剂的作用。

(3) 政府购买或消费。在政府投资的信息内容项目建设中，普遍存在着重硬件轻软件现象，认为计算机、服务器等硬件设备是实实在在的东西，而软件采购“看不见、摸不着”，价值不易体现，钱用多了容易出问题；在日常管理中，注重信息系统的建设，而忽视信息系统的运用维护；在业务开展上，对于需要的数据，习惯于靠行政命令采集和处理，不愿花钱购买。以至于很多政府机构内部服务的信息系统，缺乏高水平的应用软件和维护运营费用，政务信息资源的开发应用程度不深，浪费了行政资源和政府财力，也阻碍了我国信息内容产业的发展。因此，在政府购买或消费信息化设备上，我国各级政府部门要认识到信息资源的重要价值和作用，改变重硬件轻软件现象，增加政务信息系统软件建设、数据库建设和运营维护的投入，加大公共信息的数字博物馆、数字图书馆、基础文化科普等方面的政府采购力度。在政务信息的采集和管理上，一方面改变传统单纯靠行政手段的做法，鼓励政府部门通过购买服务的方式将电子政务建设和数据处理工作中的一般性业务发包给专业软件和信息服务企业；另一方面，鼓励政府机构将现有的信息中心等服务业务机构剥离，成立专业软件和信息服务企业，为全行业和全社会提供服务。

2. 投融资政策

信息内容产业是一个资本密集型产业，需要大量的资金投入。除财政资金投入外，政府应当充分借鉴国内外先进经验，逐步完善信息内容产业投融资政策，形成以政府投入为引导、企业投入为主体、社会资金广泛参与的新型投融资体制，促进资金的有效投入和良性循环。

（1）政府信用担保。信息内容企业多为中小型企业，发展前景虽佳，但有形资产不足，相对于其他固定资产较多的产业，较难取得融资。政府可以通过提供信用保证等方式创造多元化、高效率、低成本的投融资环境，支持金融机构为中小信息内容企业提供更多融资服务。

（2）设立各类内容产业风险基金。以投资者为中心，政府通过制定一系列优惠政策，完善投资硬环境和软环境，吸引国内外投资机构设立各类内容产业风险基金，建立信息内容产业的孵化制度，使不同性质的基金支持不同的内容企业，推动信息资源产业的成果转化。

（3）提高无形资产比例。目前公司法规定一般公司无形资产占总资产的比例上限为20%，特殊企业可提高到35%。信息内容企业主要的资产就是无形资产，这种标准大大限制了信息内容产业在资本市场上的融资能力。要根据信息内容产业的现实需要，制定产业发展扶植政策，对于一些市场潜力大、公司管理规范、市场形象较好的信息内容服务企业，可适当提高其无形资产所占的最高比例，将特殊企业法定无形资产所占总资产的比例上限提高到50%。

（4）推动内容企业与金融企业的产业互动。金融界贷款是企业最主要的融资渠道。如果金融界不了解内容产业的属性及获利潜能，内容企业也就不容易贷到所需资金。政府应当通过多种形式推动金融界和内容企业的互动，促进投资者对内容企业、内容企业对融资渠道的了解。引导和鼓励金融机构对符合国家产业政策的内容企业予以信贷支持，在控制风险的前提下，加快开发适应内容服务企业需要的金融产品。要充分发挥行业协会作用，形成涵盖企业、政府、协会、研究院所以及投资机构在内的产业互动氛围，推动企业间、企业与投资机构间的定期项目投融资交流。

（5）支持资本市场融资。积极支持符合条件的内容企业进入境内外资本市场融资，通过股票上市、发行企业债券等多渠道筹措资金。依托产业基地、企业孵化器等产业集聚区，扩大信息内容中小企业集合发债试点。

3. 税收政策

税收的高低对信息内容产业的发展有重大影响，美国对信息服务业的增值税一般是5%～7%，美国信息服务业在国际竞争中始终保持优势。欧洲则高达17%，导致欧洲企业不愿在这一领域投资。当前，我国可以比照高新技术产业、软件业等行业，制定信息内容产业的税收优惠政策。

（1）减免信息内容企业所得税和内容产品的增值税等税率。信息内容企业是一个成长期长的知识型企业，初期难有很多收益来支持扩大再生产，政府实行初期的采取减免税政策是非常必要的。减免税是以资金来奖励做得好的企业，对于产品竞争力强、用户多、销售额大的内容企业，减税额度越多，起到了正反馈的激励作用，促进信息内容企业向良性循环发展。可以参照当前软件企业认定办法，经过专门机构认定的内容企业，减免企业所得税和产品增值税税率。同时，对非营利性组织的信息资源开发，可以通过免税的方式进行鼓励。

（2）降低职工工资缴纳所得税的负担。信息内容产业是知识密集的产业，需要大批高水平的知识分子和专家来参与工作，其行业职工工资要明显地高于市场的平均工资，高科技人员享受高工资是一种合理的社会成本。如果对信息内容企业超出社会平均工资部分，征收过高的个人工资所得税，势必加重企业的负担，不利于信息内容产业人才培育和使用，也不利于提高行业的服务质量和长远发展。因此，要结合国务院目前正在开展的个税法修正案（草案），提高全社会个人所得税免征额，降低超额累进税率，扩大低档税率的适用范围，帮助信息内容等高科技产业吸引人才、减少企业成本。另外，有学者提出取消对信息内容服务业的职工工资纳入公司成本的限额，这也是一个很好的做法，能够提高企业员工待遇，促进产业发展。

（3）鼓励信息内容产品进出口。对电影、电子出版物、图书、期刊、报纸和电视片等享受出口退税政策，境外演出取得的收入不征营业税。对一些国内不能生产的信息内容企业自用设备及配件、备件，要免征进口环节增值税和关税等。

（4）鼓励信息内容产业技术创新。对信息内容企业开发新技术、新产品、新工业等产生的研发费用，在计算应纳税所得额时要加以扣除。对生产信息内容产业的高新支撑技术的企业，税收要给予重点扶持，降低企业所得税税率。

（5）参照日本政府为创新和中小型信息内容企业提供特别折旧制度的做法，出台我国相关内容产业的资产折旧税收优惠政策。

4. 价格政策

信息产品市场流动性的关键是合理的价格、合理的利润率。当前，我国信息内容产品和服务沿用传统的定价机制，价格水平整体偏低，抑制信息内容生产者的积极性，阻碍了信息内容产业的快速发展。当前，要按照信息内容产品的成本结构、功能特征，创造条件，进一步减少服务价格政府定价和指导价，确立由市场调节的内容产品价格体系。同时，要降低内容企业的生产成本，对信息内容服务业的用水用电实现优惠价格，减少各种收费项目。

5. 产业政策

这里的产业政策是指狭义的产业政策。

首先，确定发展战略。产业政策是我国调控产业发展的基本手段之一，当前，我国的信息内容产业政策主要是沿用了通常高新技术产业的优惠政策，扶持指向模糊，建构的政策支撑体系没有体现信息内容产业的独特性方面，不能够很好地促进该产业的长远发展。根据韩国、台湾等发展信息内容产业的经验，我国发展信息内容产业首先要明确产业长期的发展战略。信息内容产业的发展战略要体现我国的历史、地理、民族、文化和经济社会发展状况；要明确信息内容产业的发展路径，通过促进信息内容企业聚集，推动信息内容产业链和产业集群发展，培育特色信息内容产业园；要培养特色信息内容产品，塑造知名品牌，形成一批富有我国民族特色的信息内容产品品牌。同时，积极发展新兴的数字内容产业业态，促进我国信息内容产业的健康可持续发展。

其次，按照国务院《关于加快培育和发展战略性新兴产业的决定》的精神，加快出台《信息内容产业促进意见》和《信息内容产业发展指导目录》，编制多层次、分类型和综合的国家信息库目录体系，放开信息内容行业市场准入范围，明确公共类、非营利类和市场竞争类产业项目，对现有的文化产业、创业产业、动漫产业、数据库、网络资源信息资源开发利用等相关内容产业政策进行汇总、归纳，进一步提出扶持信息内容资源建设和共享的产业政策，以便于分类指导，建立合理竞争的市场秩序，促进信息资源的有效开发利用。

第三，完善信息技术市场。信息技术市场是信息技术交易和扩散的重要渠道。目前，由于我国信息技术市场的发展落后，科技成果推广率仅为10%～30%，造成信息技术资源浪费，有许多国际上广泛被采用的先进技术在被我国引进后也不能尽快扩散。因此，要加快信息技术市场建设，借助于技术市场使信息技术进行有偿交流，不但可以加快信息技术的推广应用，促进信息内容产业的发展，而且也有助于科研机构和创新者回收资金，进行再次技术创新。健全技术市场要注意培育信息技术市场主体，包括信息技术服务机构、营利性信息咨询公司、信息科技公司等单位，这些部门专业性强，对信息内容技术动态把握比较准确。

7.5.3 行政政策体系

行政手段是利用行政机构的权威性，通过行政命令、指示、规定等手段，按照行政系统进行政策实施的强制性措施。行政手段解决问题有一定的针对性和高效性，可以强制性地调整和干预信息资源开发利用活动。行政手段种类众多，本书只重点阐述管理体制、规划和统计制度三个方面。

1. 管理体制

与西方国家的信息自由传播制度相比，我国政府更趋向于将信息传播作为政府的喉舌，引导积极健康的信息内容而限制糟粕信息的传播。在这个管理制度基础上，我国信息内容产业的公共事业属性较强，发展受政策影响较大。在管理体制上，政府主要从以下三个方面来影响信息内容产业发展：其一，政府对信息内容产品的审核与监管较为严格，审核与监管的经济时间成本较高；其二，对信息内容产业生产经营的纵向环节实行分立管理，信息内容资源共享困难；其三，信息内容产业的进入政策壁垒较高，国内开展信息内容生产经营者较少，产业竞争不够充分，效率低下。

根据国内外信息内容产业的实践经验，笔者认为我国的信息内容产业必须走市场化道路，内容企业的生产经营活动不能靠行政指令来进行，而要按照市场规则运作。因此，发展信息内容产业要在保证社会利益的基础上，将信息资源按照其属性分成两大部分：属于社会功能的政府传播资源和属于经济功能的普通资源，与此相对应将信息内容产业划分为公益性产业和经营性产业。公益性产业包括新闻、宣传等部分；经营性产业包括电影、音乐、出版、娱乐等部分。政府及下属事业单位可以控制公益性信息内容产业的生产，而对于经营性信息内容产业则交给市场管理，这样才能实现信息内容资源的公益性和经营性资产的分开管理，协调好信息内容产业的社会效益和经济效益，真正促进我国的信息内容产业发展。

针对信息内容产业的现行管理体制，可从建立协调机构、成立行业协会、改革服务机构等方面进一步加强和完善。

(1) 建立健全信息内容产业统一协调、权责均衡的协调机构。目前，我国信息内容产业的监督管理体制，较为混乱。主要的监管部门有工业和信息化部、宣传、文化、新闻、科技、改革和发展、出版、教育、卫生、工商行政管理，以及公安、国家安全等有关主管部门（省、市、县设有相应的管理机构），这些部门因职责不同对信息内容实施不同程度的监督管理。这种“多部门共管信息内容市场”的现状，如果处理不当，就会造成一方面监管机构林立、将信息内容产业“管僵管死”，窒息信息内容产业发展的活力；另一方面，权力管辖重叠，出现“都不管”或“争管辖”的现象，不利于提高工作效率。更为有害的是，某些部门虽然参与信息内容市场监管的具体工作，却因为没有相应的法律责任承担机制而免于责任追究。

为了解决现存管理体制的弊端，应建立统一协调、职责明确、运转有效的信息内容监管体制。这种监管体制应当是以一个部门为主导，相关部门配合的监管体制，这个主导部门可由国务院和各地政府根据实际需要建立或指定，主要职能是规划、协调、指导信息内容产业的发展，统筹和推进重点信息内容产业领域和关键环节的改革。这种体制不是将所有信息内容的执法权力集中在单一的监管部门，而是强调一个部门领导或协调下的各部门间的协作监管。当然，这个主导部门相对于其他职能部门要具有一定的权威性。

(2) 规范许可制度，简化审批程序，完善登记备案制度。当前，我国对信息内容市场实行严格的行政许可制度，这种准入许可制度限制了信息内容产业的发展和市场公平竞争。在信息内容的某些领域实行许可制度是必要的，便于信息内容市场的规范，而在一些竞争性和经营性的信息内容领域实行过严的准入总量控制政策，加上行政许可或审批的手续过于烦琐，窒息了我国信息内容产业发展的活力。

事实上，信息内容产业是在信息技术发展到一定阶段，国家监管放松的条件下发展起来的，如通信、邮政、广播、报刊等传播媒介间的相互融合，本书第5章分析的信息内容产业的融合发展模式等。因此，要改革现存的信息内容产业监管体制，打破人为割裂产业链的做法，放开部分领域信息内容生产经营的管制，利用现有文化体制改革试点的有利条件，积极探索信息传播平台如非公益性频道频率的公司制改造，鼓励他们采取更加灵活的所有制形式，以解放内容生产力，尽快形成公平竞争、开放有序的市场环境。同时，在实施信息内容产业开放经营和许可制度规范化、宽松化，简化审批程序的同时，进一步完善登记、备案制度，提高行政效率，降低监管成本。

（3）确立事后监督的监管原则与机制。“事先审查”的监管模式不能适应数字化时代信息内容产业的发展。事先审查制度产生于传统媒体的监管经验，目的是要事先防止出现违反国家法律、法规或政策舆论导向的宣传内容。然而，随着数字化、网络化的发展，信息内容呈现出信息量大、实时传输等特点，监管部门难以在适当、合理的期限内完成事先审查工作。这种形势要求监管部门要改革“事先审查”的监管模式，实行以“事后监督”为主，事先审查为特例的监管制度。依法实施事后审查不仅充分尊重了信息自由传播的权利，也使监管机关大大减少工作量，提高监管工作效率。

（4）改革信息服务机构。现有的信息服务机构，多是计划经济体制下成立的科技情报机构，机制僵化，已经不适应互联网时代的需要。要创造条件，推行信息资源市场化改革和信息公开，促进公平竞争。当前，实现信息资源市场化，要做好以下几个方面的工作：一是使所有国有信息内容事业单位摆脱“准行政机构”性质，实现企业化转型，自主经营、自负盈亏。二是运营市场化。所有经营性信息资源都必须向市场开放，所有信息内容生产经营单位都必须面向市场，不得借用行政权力从事信息内容产业的运营活动。三是培育统一竞争的信息内容市场。目前我国信息内容市场的监管权分属中央和地方，部门利益和区域利益使信息资源呈现出“地域垄断”和“行业垄断”，政府应采取有效措施打破这种垄断，培育全国统一、公开公平竞争的信息内容市场。

（5）成立信息内容业协会。成立行业协会等非营利性的代表信息内容行业利益的民间组织，成员主要由信息内容企业组成。信息内容业协会可以加强企业与政府的沟通，代表企业提出有关政策建议，推动行业自律，组织内容企业参加会议交流、培训、考察，进行国际维权活动等。

2. 规划

事实上，规划是实现信息内容产业发展目标的一个重要政策工具，也是政府经济管理职能的重要体现。培育信息内容产业是一项涉及经济、科技、改革、政策法规等多方面的系统工程，需要政府产业规划的引导和扶持。政府有关部门要在研究国内外信息内容产业发展动态和需求的基础上，出台信息内容产业发展规划，明确信息内容产业的指导思想、原则与方针，重点发展的领域与行业、主要工程与保障措施等，引导我国信息内容产业发展的方向。此外，更为重要的是，要在规划中明确信息内容产业作为新兴产业发展的地位。同时，要统筹协调，做好中央、区域和地方之间的规划衔接。2010年，国务院发布的与信息内容产业密切相关的《文化产业振兴规划》就是一个很好的开端，它指明了文化产业的发展方向。

3. 统计制度

目前对信息内容产业统计的缺乏，阻碍了信息内容产业的研究和发展。因此要把握信息内容产业的技术特性，加快建立科学、统一、全面、协调的服务业统计调查制度和信息管理制度，完善服务业统计调查方法和指标体系，建立政府统计和行业统计互为补充的服务业统计调查体系，健全行业信息发布制度。同时，鼓励社会力量加强对于生产、生活的信息采集力度。

7.5.4 思想政策体系

信息内容产业发展，既要靠法治，又要靠德治。法治是德治的前提，德治是法治的基础。思想手段主要是利用非强制性方式，通过宣传、教育、协商等方式引导政策实施对象自觉执行相关政策内容。长期以来，我国有思想教育的优良传统，现阶段应用比较广泛的一种思想手段是自律机制，即采取自我约束的方式进行信息资源的开发利用活动。在新时期，一方面，要努力提高内容生产者和消费者的素质，切实履行《中国互联网自律公约》《中国新闻界网络媒体公约》《中国互联网协会反垃圾邮件规范》《全国青少年网络文明公约》等自律性规范，提高他们对知识产权、政府机密、个人隐私等方面的认识，增强他们尊重知识产权、保守政府机密、维护个人隐私权的自觉性，自觉依法开展数字内容的生产、销售、传播、交易和使用。另一方面，强化社会舆论的教育引导和批评监督。同时，要针对新形势，与时俱进地增加和改进信息内容方面思想政策手段的内容、方式和方法，保障信息内容产业的健康发展。

7.6　本章小结

本章对信息内容产业政策体系的一系列问题进行了分析，包括信息内容产业政策的作用、现状、发展趋势、政策目标和制定原则，在此基础上，从法律法规体系、经济政策体系、行政政策体系和思想政策体系四方面对我国信息内容产业的政策支撑体系进行了构建。

分析评价了国内外已有的信息内容产业相关政策。我国的信息内容产业政策法规已有一定的基础，但国外发达国家的信息政策和我国信息内容产业发展需要相比，我国的信息政策法规体系远未完善，在政策法规内容、政策法规制定、政策法规执行和监督方面都存在诸多问题。

近年来，信息内容产业政策的制定呈现出制定主体多元化、导向市场化、性质竞争化、内容社会化、形式法律化、范围国际化和前瞻性不断加强等趋势。

明确了制定信息内容产业政策的目标和原则。信息政策的目标是通过信息政策的制定实施，促进信息内容产业的健康快速发展，满足人民群众日益增长的物质文化生活需求。信息政策制定的原则是遵循信息活动特点和规律原则、立足国情与同国际接轨原则、现实性和前瞻性相结合原则、系统性原则、公民信息自由与社会公众利益相结合原则以及兼顾经济效益和社会效益原则等。

论述了我国信息内容产业政策支撑体系框架，包括法律法规体系、经济政策体系、行政政策体系和思想政策体系等部分。其中法律法规体系是核心，分为信息基本法和信息环境、信息标准、信息安全等全局性政策法规，以及信息资源、信息内容技术、信息人才、知识产权、信息市场、信息网络和信息交流等具体领域的信息法规三个层面。经济政策体系，包括财政政策、投融资政策、税收政策、价格政策产业政策等。行政政策体系重点阐述了信息内容产业的管理体制、规划和统计制度。思想政策体系强调自律、教育、协商等工作。

第8章 总结与展望

8.1 总　结

本书围绕如何发展信息内容产业这一主题，从信息内容产业的定义出发，通过信息内容产业的链式发展模式、集群发展模式和融合发展模式分析，阐述政府发展信息内容产业，要采取政府引导市场的调控方式，最后，提出了如何构建我国信息内容产业政策体系的建议。主要研究及创新性工作，有以下几个方面：

（1）信息、产业、信息内容产业和产业发展模式的概念是本书在研究的基本概念。信息是对客观事物及其运动状态和存在方式的反映，是一种重要的资源，具有普遍性和客观性、可知性和可度量性、可转换性和可传递性、超前性和滞后性、可存贮性和可处理性，以及虚拟性和多维性。

产业是指国民经济的各行各业，简言之“产业”是指具有同一特性的企业集合。

信息内容产业是本书在吸收近年来国内外经济界和理论界对信息内容产业的新发展、新认识的基础上，系统定义的概念，是指从事信息的生产、采集、存储、加工、传递、交流，向社会提供各种信息产品或服务的产业。信息内容产业可分为传统信息内容产业和现代信息内容产业。“内容”是信息内容产业的核心，数字化和网络化是其存在的技术基础，传统和现代信息内容产业在一定条件下长期共存并可以相互转化。信息内容产业具有产品虚拟性、技术互联性、交流互动性、产业多重性、产品衍生性、高风险和高收益性等特性。信息内容产业同相近的信息资源开发建设、信息资源产业、信息产业、信息服务业、文化产业、创意产业和数字内容产业等既有区别又有联系。信息内容产业概念体系的定义，为本书以后的研究和交流奠定了基础。

模式是指人们可以用来参照的某种事物的标准样式，强调的是形式上的规律，在经济领域中可以是结构、类型，也可以是对多因素相互作用构成整体的认识和把握。产业发展模式是一种资源利用方式，通过产业的内部和外部结构所反映。产业发展模式受经济发展水平、产业基础、生产要素基础以及市场与政策环境影响。

(2) 信息内容产业发展模式的理论模型是本书最主要的理论框架，由信息内容产业链式发展模式、集群发展模式和融合发展模式构成。在产业链、产业集群和产业融合成为信息化时代产业发展新趋势的背景下，找出信息内容产业链式发展、产业集群发展和产业融合发展这些准市场或准企业网络结构的产业组织形式的发展规律，提炼出相应的信息内容产业发展模式，具有一定的理论创新价值。这不仅是对当前信息内容产业发展理论的创新，也是对现代产业发展理论的继承和发展，尤其是信息内容产业融合发展模式是本书的首创。三种模式分别从三个不同的层面描述信息内容产业发展规律：信息内容产业链式发展模式解决内容企业之间的组织形式问题；信息内容产业集群发展模式解决内容企业之间的空间布局问题；信息内容产业融合发展模式解决信息内容来源和发展的问题。三种发展模式相互渗透、相互支持，构成信息内容产业发展的理论模式。关于信息内容产业三种发展模式，本书不仅给出了相关概念、发展机理，而且结合实际，提出每种发展模式的实现途径，具有较强的现实指导意义。

(3) 信息内容产业链由内容素材、信息创意、内容生产、内容传播、内容消费、衍生品开发及配套服务等环节构成。信息内容产业链式发展就是信息内容产业链的构建、延伸和整合，包括纵向链式发展和横向链式发展两种模式。链式发展的实质是通过信息内容产业组织的持续变化，寻求使产业组织分工深化和交易费用降低，以实现信息内容产业价值增值的途径与方法。它要求发展信息内容产业要用链式发展的思路，把握内容开发、衍生品开发等关键环节，建立合适的产业链接纽带。

(4) 信息内容产业集群就是以信息内容企业为主的集群主体为了适应市场竞争态势，获得单个企业所无法比拟的“集体”持续竞争优势，在一定区域内，按照一定的经济技术关系，通过竞争与合作而形成的网络体系。产业集群模式发展信息内容产业具有获取整体优势、降低企业成本、催生新的企业、促进企业创新和打造“区域品牌”等优势。集群内柔性生产组织网络、社会关系网络和缄默知识的集聚与传播诠释了信息内容产业集群的发展机理。信息内容产业集群可借助历史文化、自然资源、人才特色、产业基础和资本技术等条件，按照信息内容企业间的经济技术联系，合理布局产业园区等途径加快发展。

（5）产业融合源于数字技术的出现，是一个分层次、多方位、过程性概念，从不同视角研究，有不同的特征和规律。产业融合具有促进传统产业创新、市场结构合理化、产业组织方式创新、产业竞争力培养和区域经济一体化的效应。信息内容产业融合发展是信息内容借助信息技术同其他产业及其产业内部的渗透、延伸和重组，信息技术又被称为信息融合技术。信息内容产业融合发展机理是以信息内容产业同传统产业的融合发展为重点加以阐述的；信息内容同传统产业的融合发展，体现在信息内容同传统产业的生产方式、生产技术、企业管理、组织结构、竞争方式、交易方式和产业要素等方面的融合过程中。在这个过程中，一方面，信息内容借助信息技术改造和提升其他行业，产生了隐形信息内容产业；另一方面，传统行业不断提供给信息内容产业发展需要的“内容”，形成新的信息内容产业。最后，提出了大力推广应用信息技术，加快制造业服务化进程，推进信息内容产业链内融合，积极推动融合创新等融合发展模式的实现途径。

（6）信息内容产业需要政府的培育、扶持和监管。信息内容产业在美国、日本、德国等发达国家起步较早，这些国家从自己的国情出发，积累了不少发展信息内容产业的经验和教训，如美国的宏观管理与市场自由调节相结合的调控方式，日本的基于中观产业层次的调控方式，德国的地方分权方式等。在比较分析这些国家调控方式的基础上，提出了我国在信息内容产业发展中要采取的政府引导市场的调控方式。政府引导市场就是既要以市场为基础，发挥市场自发调节和资源配置功能，又要发挥政府的引导作用，同时，政府还要根据产业发展和市场情况，在不同时期采取不同的支持政策和调控措施，加以引导和扶持。结合实际，提出了当前我国政府要强化全民信息意识，培养信息内容需求，加快信息资源开发利用的市场化进程，加强信息基础设施建设，实施非均衡发展战略等重点任务。本书提出的政府引导市场调控方式是一种符合我国国情的信息内容产业发展路径的创造。

（7）政府对信息内容产业的调控手段主要依靠信息内容产业政策。一个能够促进信息内容产业发展的政策体系一定是与时俱进的。当前，我国信息内容产业政策法规已有一定的基础，但同发达国家和我国信息内容产业发展需要相比政策法规体系远未完善，在政策法规内容、政策法规制定、政策法规执行和监督等方面还存在诸多问题。建立健全我国的信息政策法规体系，要把握信息政策法规制定主体多元化、导向市场化、性质竞争化、内容社会化、形式法律化、范围国际化和时间前瞻化等趋势；明确信息政策法规的目标，促进信息内容产业的健康快速发展，满足人民群众日益增长的物质文化生活需求；同时，要遵循信息活动特点和规律、立足国情同国际接轨、现实性和前瞻性相结合、政策法规系统性等原则。我国要建立的信息内容产业政策支撑体系，是由法律法规体系、经济政策体系、行政政策体系和思想政策体系四部分构成。本书提出的政策支撑体系具有系统性、前瞻性和国际性，可以作为下一步我国信息内容产业政策的建议或信息政策储备。

8.2 展　望

信息内容产业是一个新兴产业，本书尽管作了一些研究，但仍然存在不足，很多重要的问题还有待于今后更为深入的研究和思考：

(1) 信息内容产业是新兴产业，定义和概念是对新生事物总体认识水平的概括。本书立足数字化和网络化的特点，阐述了信息内容产业的演变、范畴和特征，比较了相关产业概念的区别和联系，从而为本书的研究定义了一个新的信息内容产业概念体系。但不同的研究可能会有不同的定义。同时，随着信息技术的发展，信息内容产业新业态会层出不穷，信息内容产业的内涵和范畴还会不断深化和扩大。

(2) 一个产业的发展，从不同的角度研究有不同的发展模式。本书从宏观经济学的角度，结合现代产业发展的趋势，概括提炼出链式发展模式、集群发展模式和融合发展模式，构成信息内容产业发展模式体系，为产业的发展提供宏观思路选择。但信息内容产业发展可能还有其他的发展模式可以研究，本书没有做更多的探讨。

(3) 我国信息内容产业的发展，在当前尚处于初级阶段。本书在阐述信息内容产业发展模式时主要是使用定性分析方法，虽然使用了一些公式，但总体上没有进行过多的数理分析。但随着实践的深入，产业发展需要更深入的理论指导时，对信息内容产业的研究可能就需要更多的定量分析。

（4）不同的国家对信息内容产业有不同的调控方式。本书提出的政府引导市场的调控方式，是在比较分析国外发达国家经验和教训的基础上提出的，调控的实际效果还有待实践的检验。

（5）本书构建的信息内容产业政策支撑体系，是由法律法规体系、经济政策体系、行政政策体系和政治思想体系构成的。其中法律法规体系阐述了信息基本法、全局性政策法规和具体领域政策法规三个层面；经济政策体系阐述了财政政策、投融资政策、税收政策、价格政策四个方面；行政政策体系阐述了管理体制、规划和统计制度三个重点；思想政策体系强调了自律、教育、协商等工作。然而事实上，一个产业的政策支撑体系包含的内容可能还有很多，本书限于篇幅没有做更多的研究。

（6）本书阐述的信息内容政策支撑体系，是一个政策法规体系框架，目的是为我国信息内容产业的发展提供政策思路建议或政策措施储备，对其中所涉及的具体政策条款没有做更详细的设计。

以上不足也是后期研究的方向，有待今后更深入地探讨。

参考文献

[1] 戴维．莫谢拉（美）．权力的浪潮 [M]．北京：社会科学文献出版社，2002.

[2] 徐丽芳．内容产业的价值链和技术模式——一项欧盟的项目研究成果 [J]．瞭望（国外出版），2001，(16)：25.

[3] 国家发改委．《国务院关于加快培育和发展战略性新兴产业的决定》解读 [DB/OL]．北京：国家发改委网站．http://xwzx.ndrc.gov.cn/zcjd/t20101021_376170.htm，2010-10-21.

[4] 雷弯山．福建省数字内容产业发展问题研究 [J]．中共福建省委党校学报，2008 (12)：95-102.

[5] 亚当·斯密 [英]．国富论 [M]．北京：华夏出版社，2005.

[6] Marshall A. Principles of Economics [M]. London: Macmillan，1920.

[7] 刘志迎．现代产业经济学教程 [M]．北京：科学出版社，2007.

[8] Stevens and Graham. Integrating the Supply Chain [J]. International Journal of Physical Distribution and Material Management，1989，19 (8)：3-8.

[9] 泰勒尔．产业组织理论 [M]．北京：中国人民大学出版社，1997.

[10] Porter，Michael E. Competitive advantage [M]. NewYork: Free Press，1985.

[11] Harrison，J. S.，Hall，E. H. Resource Allocation as an Outcropping of Strategic Consistency: Performance Implications [J]. Academy of Management Journal，1993，36 (10)：1026-1051.

[12] 龚勤林．论产业链延伸与统筹区域发展 [J]．经济学家，2004，(3)：121-123.

[13] 曹群，姜振寰．产业链的内涵及特性分析［J］．商业研究，2008，(11)：133－136.

[14] 周敏．产业链式发展，区域经济新布局［J］．科技智囊，2008，(2)：18－29.

[15] 姜安印，杨银涛．产业链式发展：提升区域产业竞争力的有效途径［J］．甘肃理论学刊，2010，(7)：61－63.

[16] Chen X（Chen，Xin）. Analysis For Ddigital Content Industry Value Chain［A］. IEEE International Conference On Network Infrastructure And Digital Confent［C］. Proceedings，2009，349－352.

[17] 彭祝斌．中国电视内容产业链成长研究［D］．湖南大学，2008，2.

[18] 孔令刚，蒋晓岚．基于产业融合视角的文化创意产业发展战略［J］．华东经济管理，2007 (6)：49－52.

[19] 刘蔚．文化产业集群的形成机理研究［D］．济南大学，2007，5.

[20] 刘兆科．内容产业平台管理研究［D］．北京邮电大学，2009，2.

[21] 刘翔．"内容为王"——中国动漫内客产业发展的必由之路［D］. 四川大学，2007，4.

[22] 谭天，谭奋博．电视内容产业链的解构与建构［J］．中国广播电视学刊，2006，(12)：21－22.

[23] 赛迪顾问. 2008—2009 年中国数字内容产业发展研究年度总报告［R/OL］．北京：赛迪顾问，http：//market. ccidnet. com/report/content/5/200901/105481. html，2009－05－02.

[24] 李亮．发展成趋势文化创意产业链出色源头是关键［J］．文化月刊，2010，(7)：30－31.

[25] 任国强．我国动漫产业链发展模式研究［J］．长春理工大学学报(社会科学版)，2010，(1)：30－32.

[26] 徐贵宝．我国 IPTV 产业链发展模式分析［J］．世界电信，2007，(3)：55－56.

[27] 凌勇．电视节目产业链的思考［J］．管理与财富，2006，(11)：25－26.

[28] 阿尔弗雷德·韦伯．工业区位论［M］．北京：商务印书馆，1997.

[29] Thorellihb. Networks：between Markets and Hierarchies［J］.

Strategic Management Journal. 1986，(7)：37-51.

[30] Haksnasson H.. Industrial Technological Development：a Network Approach [M]. London：Croom Helm，1987.

[31] Tichy G.. Clusters：Less Dispensable and More Risky than Ever [A]. M. Steiner. Clusters and Regional Specialization [C]. London：Pion，Ltd.，1998，211-225.

[32] Myerson. Graphs and Cooperation in Gamer [J]. Mathematics of Operations Research. 1997，(3)：225-229.

[33] Sengenberger Pyke. Small firm industrial districts and local economic regeneration [J]. Labour and Soeiety，1991，(16)：l.

[34] Markusen A. Sticky Places in Slippery Spaces：A Typology of Industrial Districts [J]. Economic Geography，1996，(72)：293-313.

[35] 骆静，聂鸣. 发展中国家集群比较分析及启示 [J]. 外国经济与管理，2002，(3)：13-17.

[36] Martin B. Knowledge Systems and Technological Dynamism in Industrial Clusters in Developing Countries [J]. World Development，1999，27 (9)：1715-1734.

[37] 青木昌彦. 比较制度分析 [M]. 上海：上海远东出版社，2001，(12).

[38] Elisa G，Martin B. The Microdeterminants of Meso－level Learning and Innovation：Evidence from fl Chilean Wine Cluster [J]. Research Policy，2005，34 (8)：4768.

[39] Granovetter. M. the Strength of Weak ties [J]. the America Journal of Sociology，1973，(78)：1360-1380.

[40] Burt，Ronald. Structure Holes：The Social of Competition [M]. Cambridge. MA：Harvard University Press，1992.

[41] Johanson J.，L. G. Mattson. Internationalization in Industrial System－A Network Approach Compared with The Transaction Costs Approach [J]. International Studies of Management and Organization，1988，17 (1)：34-48.

[42] Markusen A. Sticky Places in Slippery Spaces：A Ty－pology of Industrial Districts [J]. Economic Geography，1996，72 (3)：293-313.

[43] Tichy N M，Tushman M L，Fombrun C. Social Network

Analysis for Organizations [J]. Academy of Management Review, 1979, 4 (4): 507-519.

[44] 翁智刚. 产业集群论 [D]. 西南财经大学, 2008, 1.

[45] 邝国良, 阳水长. 政府主导模式下产业集群的企业网络特征分析 [J]. 改革与战略, 2008, 24 (11): 203.

[46] 王发明. 创意产业园区可持续发展研究: 基于集群效应的视角 [J]. 经济问题探索, 2010 (3): 60-65.

[47] 梁志民, 肖淑红. 中部地区发展模式与战略思考 [J]. 宏观经济管理, 2009 (2): 41-44.

[48] 丰志勇, 何骏. 中国生产性服务业的发展模式研究 [J]. 软科学, 2009, 23 (1) (卷 (109): 47-50, 64.

[49] 蔡宁, 等. 产业集群复杂网络的结构与功能分析. 经济地理, 2006, 26 (3): 378-382.

[50] 仇保兴. 小企业集群研究 [M]. 上海: 复旦大学出版社, 1999.

[51] 王缉慈. 创新的空间——企业集群与区域发展 [M]. 北京: 北京大学出版社, 2001.

[52] Scott. A. J. TheOtherHollywood: TheOrganizationalandGeographicBasesofTelevision - program Produetion [J]. Media, Culture&Society, 2004, 26 (2): 183-205.

[53] Scott. A. J. Cultural - Products Industries and Urban Eeonomic Development prospects For Growth and Market Contestation In Global Context [J]. Urban Affairs Review, 2004 (39): 4.

[54] Storper, Susan. Flexible Specialization and Regional Industrial Agglomerations: The Case of the U. S. Motion Picture Industry [J]. Annals of the Association of American Geographers, 1997, 77 (1): 104~117.

[55] 毕强, 韩洁平, 赵娜. 信息内容产业集群形成机理分析 [J]. 情报资料工作, 2010, (2): 20-24.

[56] 钱竞, 胡波. 创意产业发展模式借鉴与探索 [J]. 经济论坛, 2006, (4): 25-27.

[57] 魏利, 王玉光. 浅议我国产业园区的发展趋势及规划对策 [J]. 中国新技术新产品, 2009, (1): 56.

[58] 雷光华. 西方国家信息内容产业发展模式与发展趋向探析 [J].

湘潭大学学报（哲学社会科学版），2004，28（2）：23-30.

[59] 安筱鹏，曹远肖．我国电子信息产业区域发展模式探讨［J］．中国科技论坛，2004，（1）：106.

[60] 任秀琼．我国创意产业发展模式研究［D］．福建师范大学，2008，11.

[61] 张功让，陈敏姝．产业融合理论研究综述［J］．经济研究，2011，（1）：68.

[62] Brand，Stewart. The media lab：inventing the future at MIT［M］. New York：Viking Press，1987.

[63] 植草益．信息通讯业的产业融合［J］．中国工业经济，2001，（2）：24-27.

[64] Yoffie B David. Competing In The Age of Digital Convergence［J］. Califonia Management Review，1996，38（4）：31-53.

[65] Warren P，Greenop D，Crawley B. The content industry — Convergence and diversity［J］. Journal of the Institution of British Telecommunications Engineers，2001，2（2）：59-66

[66] Greenstein Shane，KhannaTarun. What Does Industrial Convergence Mean?［A］. Competing In The Age of Digital Convergenee［C］. Harvard Business School Press：1997.

[67] Witt U. Evolutionary Economics：AnInterpretative Survey. InK. Dopfer（ed.），Evolutionary Eeonomies：Program and Scope［M］. Kluwer Aeademie Publishers. 2001.

[68] Colin R. Convergence Between Telecommunications And Other Media［J］. Telecommunication Policy，1998，22（3）：163-170.

[69] Fai，F. and Tunzelmann. Industry — specific competens and coverging technological systems：evidence from patents［J］. Structualange and Economic Dynamics，2001，（12）：141-171.

[70] 岭言．产业融合发展—美国新经济的活力之源工厂管理［J］．工厂管理，2000，（3）：25-26.

[71] 厉无畏．产业融合与产业创新［J］．上海管理科学，2002，（4）：4-6.

[72] 聂子龙，李浩．产业融合中的企业战略思考［J］．软科学，2003，2：80-83.

[73] 于刃刚，李玉红．产业融合论［M］．北京：人民出版社，2003.

[74] 周振华．信息化与产业融合［M］．上海：上海人民出版社，2003.

[75] 马健．产业融合论［M］．南京：南京大学出版社，2006.

[76] 胡永佳．产业融合的经济学分析［M］．北京：中国经济出版社，2008.

[77] 王展祥．中国信息化与工业化互动发展机制研究［D］．武汉理工大学，2005，(3)．

[78] 胥军．中国信息化与工业化融合发展的影响因素及策略研究［D］．华中科技大学，2008，(10)．

[79] 王金杰．我国信息化与工业化融合的机制与对策研究［D］．南开大学，2009，(5)．

[80] 秦丽洁．从 OCLC 看我国内容产业的发展模式［J］．情报杂志，2005，(1)：67-70.

[81] 王琏．基于产业融合的数字产业发展研究［D］．北京邮电大学，2010，(3)．

[82] 张恒毅．信息化推动经济发展的机制研究［D］．天津大学，2009，(5)．

[83] 张维达．政治经济学［M］．北京：高等教育出版社，2000.

[84] 周毅，白文琳．欧美信息内容产业的发展：内涵、路径及启示［J］．国外社会科学，2010，(3)：44-49.

[85] 杨列勋．国外信息产业发展模式比较研究［J］．报资料工作，1994，(1)：38-40.

[86] 刁军．中日美三国信息产业发展模式的比较［J］图书情报工作，2000，(8)．68-71.

[87] 贯光．探索中国信息产业发展模式［J］．情报科学，2000，18(9)：787-789.

[88] 贺修铭．亚太地区信息产业发展模式和中国信息产业对策研究［J］．湖南师范大学社会科学学报，1998，(4)：57-63.

[89] 赵小波．欧洲动画产业发展模式研究——以法、英、德为例［D］．浙江大学，2009，(3)．

[90] 温燕．武汉文化创意产业发展模式研究［D］．武汉理工大

学，2008.

[91] 孙淑慧，杨培芳，孙延福，等. 世界信息产业发展模式和对我们的启发 [J]. 国际技术经济研究，1988，(3)：33-36.

[92] 王有刚. 我国信息服务业发展模式探讨 [J]. 特区经济，2005，(12)：313-314.

[93] 许欢，侯大悖. 我国信息服务业发展战略模型 [J]. 情报科学，2005，23 (6)：932-936.

[94] 伊藤元重，等. 产业政策的经济分析 [M]. 上海：学林出版社，1991.

[95] 李孟刚，蒋志敏. 产业经济学 [M]. 北京：高等教育出版社，2008.

[96] 罗曼. 国外信息政策研究解析 [J]. 情报杂志，2005，(9)：107-110.

[97] Weingarten F. W. Federal Information Policy Development：the Congressional perspective [M]. NJ：Ablex，1989.

[98] Galvin TJ. Rights in conflict：public policy in an information age [C] //New worlds in information and documentation：Proceedings of the 46th FID Conference and Congress. The Hague The Netherlands：FID，1994：59-66.

[99] 孙健夫，陈兰杰. 基于知识图谱的国际信息政策研究热点与前沿分析 [J]. 情报科学，2010，28 (3)：389-394.

[100] 卢泰宏. 国家信息政策 [M]. 北京：科学技术文献出版社，1993.

[101] 梁俊兰. 台湾信息政策研究 [M]. 北京：北京图书馆出版社，2006.

[102] 罗曼. 信息政策 [M]. 北京：科技文献出版社，2005.

[103] 杜佳. 中国国家信息政策法规体系构成研究——基于“国家信息政策法规数据库”的实证分析 [D]. 武汉大学，2005，10.

[104] 乌家培. 信息内容开发与信息内容产业发展的法治与规制问题 [J]. 技术经济与管理研究，2005，(4)：5-7.

[105] 王福泉. 信息政策研究定量分析 [J]. 情报科学，2009，27 (10)：1513.

[106] 王鑫．欧盟与我国信息政策比较研究［J］．科技情报开发与经济，2009，(20)：84-86.

[107] Bill Holland. Congress to tackle tough cright issues［J］. Billboard，1997，(109)：5-6.

[108] Joseph Suda. Copyright Tyranny［J］. Poptronics，2000，(1)：2-2.

[109] Howard Besser. Will Copyright Protect the Public Interest?［J］. Peace Review，1999，(11)：25-31.

[110] Michelle Manafy. Lend Me Your Ear［J］. Econtent，2004，(27)：9.

[111] Dames，K. Matthew. OPYRIGHT LEARANCES［J］. Online，2005，(29)：32-34

[112] Johan A. Pouwelse，Pawel Garbacki，Dick Epema，Henk Sips. Pirates and Samaritans：A decade of measurements on peer production and their implications for net neutrality and copyright［J］. Telecommunications Policy，2008，(32)：11.

[113] Pamela Samuelson. DRM {AND，OR，VS.} THE LAW［J］. Communications of the ACM，2003，(46)：41-45.

[114] 王株梅，马海群．效率和公平：网络信息资源建设和配置中信息政策法规的价值［J］．图书与情报，2006，(5)：43-47，55.

[115] 吴钢．信息资源开发利用政策实施机制探析［J］．情报科学，2009，27 (6)：919-923.

[116] 赵大鹏，张锐昕．我国信息政策制定策略探析［J］．现代情报，2009，29 (4)：20-22.

[117] 袁文清．美国政府信息资源的开发利用：经验和启示［J］．图书馆，2009，(2)：67-69.

[118] 汪礼俊．数字内容产业——英国经济新引擎［J］．通信企业管理，2008，(6)：62-63.

[119] 尤小明．俄罗斯国家信息政策［J］．图书馆建设，2004，(4)：79-80.

[120] 肖秋会．20 世纪 90 年代以来俄罗斯国家信息政策综述［J］．图书情报工作，2006，50 (5)：139-143.

[121] 麦侨生．印度政府信息政策对其信息化建设的影响［J］．情报

科学，2008，26（2）：205－209.

［122］曾红颖．中国台湾省数字内容产业政策简评［J］．经济研究参考，2006，（38）：45－48.

［123］汪少敏，郑满满，王爱群．我国信息政策研究评述［J］．情报杂志，2009，（8）：37－39.

［124］马费成，裴雷．我国信息资源政策与法律研究进展评析［J］．图书馆论坛，2007，27（12）：226－230，288.

［125］李婧，李凌汉．中国数字内容产业发展中存在的问题及政府调控［J］．经济研究导刊，2009，（4）：21－22.

［126］刘社瑞，黎敏霞，李晓佳．湖南省数字内容产业发展现状及对策［J］．湖南大众传媒职业技术学院学报，2009，（1）：21－26.

［127］黄充．我国信息政策法规体系结构初探［J］．情报科学，2004，22（10）：1176－1179，1183.

［128］相丽玲，史尚元．我国地方性信息法规建设的调查与分析［J］．情报科学，2006，24（5）：697－700.

［129］杨蒙达．中美信息政策模式比较研究及对我国的启示［J］．图书情报工作，2009，53（4）：43－46.

［130］李东业，王志立．中日国家信息政策比较研究［J］．兰台世界，2009，（2）：30－31.

［131］李雪英．美、日、中信息政策比较分析［J］．情报资料工作，2006，（2）：21－24.

［132］纪玉山．网络经济学引论［M］．吉林：吉林教育出版社，1998.

［133］陈禹，等．信息经济学教程［M］．北京：清华大学出版社，1998.

［134］李悦．产业经济学［M］．北京：中国人民大学出版社，1998.

［135］European Commission. The G8 Global Information Society Pilot Projects Final Report［EB/OL］．（1999 /08）［2005－12－10］．http：//europa. eu. Int/ISPO.

［136］乌家培．信息内容开发与信息内容产业发展的法治与规制问题［J］．技术经济与管理研究，2005，（4）：5－7.

［137］赖茂生．信息资源管理教程［M］．北京：清华大学出版

社，2006.

［138］王明明．我国信息内容产业发展的意义和当前需求分析［A］．信息经济与国民经济增长方式的转变：中国信息经济学会2006年学术年会论文集［C］．北京：清华大学出版社，陈禹等，2006，3－9.

［139］侯亮．国内外数字内容产业发展现状分析［J］．软件导刊，2007，（11）：6－8.

［140］张玲，李辉．基于网络结构的信息内容产业集群式发展机理研究［J］．情报科学，2008，（6）：934－938.

［141］李晓玲，李会明．内容产业的产生及其影响［J］．现代国际关系，2003，（5）：54－59.

［142］2007～2008年中国数字内容产业发展研究年度报告［R/OL］．北京：中商情报网 http：//www.askci.com，2009－04－20.

［143］2008～2009年中国数字内容产业发展研究年度总报告［R/OL］. 北京：赛迪顾问，http：//market.ccidnet.com/report/content/5/200901/105481.html，2009－05－02.

［144］郑长军．中国信息市场发展模式研究［J］．图书与情报，1994，（2）：9.

［145］李晓鹏，孙建军．现代内容产业及其产业模式探析［J］．情报资料工作，2008，（3）：8－13.

［146］赵斌．信息内容产业的初步探讨［D］．中国科学技术信息研究所，2006.

［147］厉无畏．创意产业导论［M］．上海：学林出版社，2006.

［148］娄勤俭．中国电子信息产业发展模式研究［M］．北京：中国经济出版社，2003.

［149］安筱鹏．电子信息产业发展模式的探讨［J］．现代经济探讨，2005，（7）：38－41.

［150］陈洪涛．新兴产业中政府作用机制研究［D］．天津大学，2009，12.

［151］罗文，马如飞．产业融合的经济分析及其启示［J］．科技和产业，2005，（6）：59.

［152］曹群，姜振寰．产业链的内涵及特性分析［J］．商业研究，2008，（11）：133.

［153］Ceoase R H．The Nature of the firm［J］．Economic. 1937，(4)：386－405.

［154］芮明杰．论产业链整合［M］．上海：复旦大学出版社，2006.

［155］李亮．发展成趋势文化创意产业链出色源头是关键［J］．文化月刊，2010，(7)：30－31.

［156］姚展雄．为中国动漫把脉［J］．西部大开发，2003（4）：36－37.

［157］赵小波．欧洲动画产业发展模式研究——以法、英、德为例［D］. 浙江大学，2009.

［158］邵昶．产业链形成机制研究［D］．中南大学，2005.

［159］斯蒂格勒（美）．产业组织和政府管制［M］．潘振民译．上海：上海人民出版社，1996.

［160］亚当·斯密（英）．国民财富的性质和原因的研究［M］．孙羽译．北京：中国社会出版社，1999.

［161］Cheung S. N. S. The Contraetual Nature of the Firm［J］. Journal of Law and Eeonomics，1983，(l)：21.

［162］Willimson OE. Markets and Hierarchies［M］. NewYork：Free Press，1975.

［163］韩士元，陈柳钦．论产业价值链的集群效应和链式效应［J］．财会月刊（理论），2007，(9)：83－85.

［164］卢小雁，茅静莉，等．论动漫产业的成长规律与政策引导［EB/OL］［2007－10－18］．传媒学术网．

［165］向志强．媒介产业链的延伸与整合——以《超级女声》为研究案例［J］．新闻知识，2006，(10)：28－30.

［166］靳松．信息内容产业链结构及整合研究——以动漫产业为例［D］. 北京交通大学，2006.

［167］李晓华．产业组织的垂直分解与网络化［M］．北京：经济管理出版社：2009，(10)．

［168］李陈续．芜湖方特是个信息内容奇迹［N/OL］．中安在线. 2009，12，7. http：//ah. anhuinews. com/system/2009/12/07/002473389. shtml.

［169］任文凭，胡永军．创意产业园区产业生态链构建分析［J］．价值工程，2009，(3)：5－7.

［170］Rosenberg N. Technological change in the machine tool

industry, 1840—1910 [J]. The Journal of Economic History, 1963, Vol. 23, 414-416.

[171] 陈柳钦. 产业融合的发展动因、演进方式及其效应分析 [J]. 西华大学学报（哲学社会科学版），2007，(6)：69-73.

[172] 史炜，马聪卉，王建梅. 工业化和信息化融合发展的对策研究——以融合类业务发展及业务模式探讨"两化融合"的发展对策 [J]. 数字通信世界，2011，(2)：19-24.

[173] 王宪磊. 信息经济论 [M]. 北京：社会科学文献出版社，2004.

[174] 约翰·托夫勒. 第四次浪潮 [M]. 北京：华龄出版社，1996.

[175] 童洁，张旭梅，但斌. 制造业与生产性服务业融合发展模式与策略研究 [J]. 软科学，2010，(2)：75-78.

[176] 崔旭，张晓文，邵力军. 美国版权制度与版权产业：发展、特征、关系 [J]. 新世纪图书馆，2004，(1)：74-77.

[177] 郑艳玲. 唐山市信息服务产业现状分析与对策研究 [D]. 河北理工大学，2007，(3).

[178] 谢汪送. 社会市场经济：德国方式的解读与借鉴 [J]. 经济社会体制比较（双月刊），2007，(2)：70-74.

[179] 陈晓春. 日本产业政策理论与启示 [J]. 国外财经，2001，(4)：52.

[180] 中国互联网络信息中心（CNNIC）. 第 27 次中国互联网络发展状况统计报告 [EB/OL]. http://www.cnnic.net.cn/dtygg/dtgg/201101/t20110118_20250.html，2011-01-19.

[181] 赵国俊. 浅议我国信息资源开发利用战略思想的形成与发展 [J]. 档案学通讯，2009，(3)：4-6.

[182] 王爱国，张淑芬. 国外信息产业政策和措施对我国的启示 [J]. 科技情报开发与经济，2004，14 (2)：41-42.

[183] 马费成，杜佳. 我国信息法规建设现状评价与对策研究——基于"中国信息法规数据库"的实证分析（Ⅱ）：我国信息法规建设现状分析 [J]. 情报学报，2004，23 (2)：209-215.

[184] Michelle Manafy. Lend Me Your Ear [J]. Econtent, 2004, (27)：9.

附　录

附录1　2000年以来我国信息内容相关政策分类目录

（一）综合类（包括全部信息服务及相关的信息化大环境建设状况的描述、规定）

No	名称	发布部门	时间
1.	中华人民共和国著作权法	人大	2001
2.	中华人民共和国著作权法实施条例	国务院	2002
3.	指导外商投资方向规定	商务部	2002
4.	关于进一步加强人才工作的决定	中央　国务院	2003
5.	关于加强信息资源开发利用工作的若干意见	中办　国办	2004
6.	中华人民共和国电子签名法	人大	2004
7.	关于进一步加强和改进未成年人思想道德建设的若干意见	中央　国务院	2004
8.	全国物流标准2005—2010年发展规划	国标委等	2005
9.	2006—2010年全国对外宣传工作规划（中办发[2005] 19号）	中办	2005
10.	电子政务标准化指南	国标委等	2005
11.	关于加快电子商务发展的若干意见	国办	2005

12.	关于促进流通业发展的若干意见（国发〔2005〕19号）	国务院	2005
13.	进一步加强信息安全学科专业减少和人才培养工作的意见	教育部	2005
14.	2006—2020年国家信息化发展战略	中办　国办	2006
15.	全国服务标准2005—2008年发展规划	国标委等	2006
16.	关于进一步加强全国文化信息资源共享工程建设的意见	中办	2006
17.	全国文化信息资源共享工程“十一五”发展规划纲要	文化部	2006
18.	中国教育发展纲要（2006—2020）	教育部	2006
19.	“十一五”国家统计信息化建设规划纲要	统计局	2006
20.	全民科学素质行动计划纲要（2006—2010—2020）	国务院	2006
21.	安全生产“十一五”规划（国办发〔2006〕53号）	国务院	2006
22.	关于实施《国家中长期科学和技术发展规划纲要（2006—2020）》若干配套政策的通知	国务院	2006
23.	保护知识产权行动纲要（2006—2007）	国办	2006
24.	“现代服务业科技行动”纲要	科技部	2006
25.	劳动和社会保障事业发展“十一五”规划纲要（2006—2010）	劳动部等	2006
26.	关于信息服务类用户申诉调查处理的实施细则	信息产业部	2006
27.	关于实施科技规划纲要增强自主创新能力的决定	中央　国务院	2006
28.	关于推进社会主义新农村建设的若干意见	国务院	2006

29.	关于加强和改进社区服务工作的意见（国发［2006］14号）	国务院	2006
30.	中宣部2006年宣传思想工作要点（中办［2006］2号）	中宣部	2006
31.	关于加强汉语国际推广工作若干意见的通知	国办	2006
32.	关于加强电子口岸建设的通知（国办发［2006］36号）	国办	2006
33.	关于全面加强应急管理工作的意见（国发［2006］24号）	国务院	2006
34.	关于加强信息资源开发利用工作任务分工的通知	国信办	2006
35.	公共商务信息服务体系建设“十一五”发展规划	商务部	2007
36.	关于加快发展服务业的若干意见	国务院	2007
37.	关于加快发展服务业若干政策措施的实施意见	国办	2008
38.	中华人民共和国政府信息公开条例	国务院	2008
39.	文化产业振兴规划	国务院	2009
40.	关于加快培育和发展战略性新兴产业的决定	国务院	2010
41.	关于加快推进信息化与工业化深度融合的若干意见	工信部等	2011
42.	关于加快发展高技术服务业的指导意见	国办	2011
43.	关于促进战略性新兴产业国际化发展的指导意见	商务部等	2012
44.	关于大力推进信息化发展和切实保障信息安全的若干意见	国务院	2012
45.	“十二五”国家战略性新兴产业发展规划	国务院	2012
46.	关于促进信息消费扩大内需的若干意见	国务院	2013

No	名称	发布部门	时间
47.	关于推进物联网有序健康发展的指导意见	国务院	2013
48.	关于推动传统媒体和新兴媒体融合发展的指导意见	中央深改小组	2014
49.	中国制造 2025	国务院	2015
50.	关于积极推进“互联网+”行动的指导意见	国务院	2015

(二) 行业和专业信息服务（包括科技、教育、农业、医疗卫生等传统行业信息服务）

No	名称	发布部门	时间
1.	气象资料共享管理办法	气象局	2001
2.	气象预报发布与刊播管理办法	气象局	2004
3.	2005 年农村信息资源共享与整合计划	农业部	2005
4.	关于进一步加强农村文化建设的意见	中办国办	2005
5.	“三电合一”农业信息服务试点项目资金管理暂行办法	农业部	2005
6.	公路水路交通中长期科技发展规划纲要（2006—2020）	交通部	2005
7.	关于进一步加强全国文化信息资源共享工程建设的意见	文化部等	2005
8.	关于加强交通信息资源开发利用的指导意见	交通部	2005
9.	关于加强档案信息资源开发利用工作的意见	国家档案局	2005
10.	国土资源信息化“十一五”规划（国土资发［2006］141 号）	国土资源部	2006
11.	关于推进社会主义新农村建设工作的意见	信产部	2006
12.	农业信息化投入保障机制研究（农办市函［2006］12 号）	农业部	2006

13.	新农村商务信息服务体系建设工程	商务部	2006
14.	关于开展农村信息化综合信息服务试点工作的意见	信息产业部	2006
15.	农村信息化综合信息服务试点管理办法（试行）	信息产业部	2006
16.	关于加强城乡市场信息服务体系项目管理工作的通知	商务部	2006
17.	关于推进城乡市场信息服务体系建设工作的通知	商务部	2006
18.	涉农信息资源共享工作技术方案	农业部	2006
19.	信息产业科技发展“十一五”规划和2020年中长期规划	信息产业部	2006
20.	关于2006年“扫黄打非”行动方案（中办发［2006］8号）	中宣部等	2006
21.	社会主义新农村建设示范村（场）信息服务站建设方案	农业部	2006
22.	关于印发《公路交通出行信息服务工作规定（试行）》和《交通部公路交通阻断信息报送制度（试行）》的通知	交通部	2006
23.	公共商务信息服务专项资金管理暂行办法	商务部等	2006
24.	关于开展城乡市场信息服务体系暨《商务天气预报》地方平台试运行工作的通知	商务部办公厅	2006
25.	加强数字中国地理空间框架建设与应用服务的指导意见	测绘局等	2006
26.	气象行业管理若干规定	气象局	2006
27.	涉外气象探测和资料管理办法	气象局	2006
28.	信息安全等级保护管理办法	公安部等	2007
29.	电子信息产业调整和振兴规划	国务院	2009

30.	关于建立工业节能减排信息监测系统的通知	工信部	2011
31.	电子信息制造业“十二五”发展规划	工信部	2012
32.	网络发票管理办法	税务总局	2013
33.	促进大数据发展行动纲要	国务院	2015

（三）传统信息服务类（包括新闻出版、广播、电视、电影和音像、文化艺术等）

No	名称	发布部门	时间
1.	中华人民共和国统计法	人大	
2.	中华人民共和国测绘法	人大	
3.	中华人民共和国气象法	人大	
4.	音像制品管理条例	国务院	
5.	出版管理条例	国务院	
6.	营业性演出管理条例	国务院	
7.	娱乐场所管理条例	国务院	
8.	广播电视管理条例	国务院	
9.	电影管理条例	国务院	
10.	音像制品管理条例	国务院	
11.	广告管理条例	国务院	
12.	中华人民共和国认证认可条例	国务院	
13.	外国记者和外国常驻新闻机构管理条例	国务院	
14.	中华人民共和国测绘成果管理规定	测绘局	
15.	新闻出版保密规定	国家保密局等	
16.	新闻记者证管理办法	新闻出版署	
17.	出版物市场管理规定	新闻出版署	
18.	新闻出版保密规定	新闻出版署	

19. 图书质量管理规定	新闻出版署	
20. 报纸管理暂行规定	新闻出版署	
21. 期刊管理暂行规定	新闻出版署	
22. 关于当前繁荣文艺创作的意见	中宣部等	
23. 音像制品批发、零售、出租管理办法	文化部	
24. 音像制品出版管理办法	文化部	
25. 音像制品进口管理办法	文化部	
26. 音像制品内容审查办法	广电总局　文化部	
27. 音像市场整顿规范方案	文化部	
28. 电影剧本（梗概）立项、电影片审查暂行规定	广电总局	
29. 广播电台电视台审批管理办法	广电总局	
30. 电视剧管理规定	广电总局	
31. 电视剧审查管理规定	广电总局	
32. 广播电视节目制作经营管理规定	广电总局	
33. 广告经营许可证管理办法	工商行政管理总局	2004
34. 保险经纪机构管理规定	保监会	2004
35. 经纪人管理办法	工商行政管理总局	2004
36. 广告管理条例施行细则	工商行政管理总局	2004
37. 测绘资质监督检查办法	测绘局	2005
38. 中华人民共和国统计法实施细则	国务院	2005
39. 涉外调查管理办法	统计局	2005
40. 工程咨询单位资格认定办法	发改委	2005
41. 认证咨询机构管理办法	质检总局	2005
42. 关于认证咨询机构审批工作有关事项的通知	国家认证认可委	2005

43.	涉外社会调查活动管理暂行办法	统计局	2006
44.	工程造价咨询单位管理办法	建设部	2006
45.	音像制品内容审查办法	新闻出版总署	2007
46.	电子出版物管理规定	新闻出版总署	2008
47.	关于促进主流媒体发展网络广播电视台的意见	广电总局	2013
48.	中华人民共和国消费者权益保护法（修订）	人大	2013
49.	测绘资质管理规定（修订）	测绘地理信息局	2014
50.	中华人民共和国广告法（修订）	人大	2015

（四）计算机相关服务类（包括计算机硬件、软件、系统集成、数据处理、数据库服务等）

No	名称	发布部门	时间
1.	鼓励软件产业和集成电路产业发展的若干政策	国务院	2000
	计算机软件保护条例	国务院	2001
2.	振兴软件产业行动纲要（2002—2005）	国办	2002
3.	关于确定职业院校开展计算机应用与软件技术专业领域技能型紧缺人才培养培训工作的通知	教育部等	2004
4.	国家鼓励的集成电路企业认定管理办法（试行）	发改委等	2005
5.	进一步鼓励软件产业与集成电路产业发展的若干政策	发改委	2005
6.	关于外国企业在华提供信息系统的运行维护及咨询服务征税问题的批复	国税总局	2005
7.	关于发展软件及相关信息服务出口的指导意见	商务部等	2006
9.	进一步鼓励软件产业和集成电路产业的若干政策	国务院	2011
10.	软件和信息技术服务业“十二五”发展规划	工信部	2011

（五）互联网信息服务类（包括互联网新闻出版服务、互联网电子公告服务、网络游戏、网络动漫、网络广告、网络演出剧（节）目、网络音像制品、搜索引擎服务、远程教育服务）

No	名称	发布部门	时间
1.	关于维护互联网安全的决定	人大	2000
2.	关于音像制品网上经营活动有关问题的通知	文化部	2000
3.	互联网站从事登载新闻业务管理暂行规定	新闻办等	2000
4.	教育网站和网校暂行管理办法	教育部	2000
5.	关于加强对教育网站和网校进行管理的公告	教育部	2000
6.	互联网电子公告服务管理规定	信产部	2000
7.	互联网信息服务管理办法	国务院	2001
8.	关于互联网药品信息服务管理有关情况说明的通知	药品监督局	2001
9.	互联网医疗卫生信息服务管理办法	卫生部	2001
10.	互联网上网服务营业场所管理条例	国务院	2002
11.	加强互联网新闻宣传和信息内容安全管理工作的意见	中办　国办	2002
12.	互联网出版管理暂行规定	新闻出版总署等	2002
13.	现代远程教育校外学习中心（点）建设和管理的原则意见	教育部	2002
14.	互联网文化管理暂行规定	文化部	2003
15.	互联网等信息网络传播视听节目管理办法	广电总局	2003
16.	关于实施“中国民族网络游戏出版工程”的通知	新闻出版总署	2004
17.	互联网药品信息服务管理办法	食品药品局	2004

18.	关于净化网络游戏工作的通知	文化部等	2005
19.	中科院向国务院呈报“新一代网络的建议”	科技部	2005
20.	互联网新闻信息服务管理规定	新闻办等	2005
21.	关于网络游戏发展和管理的若干意见	文化部等	2005
22.	非经营性互联网信息服务备案管理办法	信产部	2005
23.	互联网药品交易服务审批暂行规定	食品药品局	2005
24.	互联网站管理协调工作方案	中宣部等	2006
25.	关于网络音乐发展和管理的若干意见	文化部	2006
26.	互联网新闻宣传事业发展“十一五”规划	新闻办	2006
27.	信息网络传播权保护条例	国务院	2006
28.	关于推动我国动漫产业发展若干意见	国办转	2006
29.	关于进一步加强网吧及网络游戏管理工作的通知	文化部等	2007
30.	互联网视听节目服务管理规定	广电总局等	2007
31.	关于办理利用信息网络实施诽谤等刑事案件适用法律若干问题的解释	最高法院和最高检察院	2013
32.	即时通信工具公众信息服务发展管理暂行规定	中央网信办	2014

（六）电信类（包括电信服务、手机内容服务、文化创意等服务等）

No	名称	发布部门	时间
1.	中华人民共和国电信条例	国务院	2000
2.	外商投资电信企业管理规定	国务院	2001
3.	电信业务经营许可证管理办法	信产部	2001
4.	关于重新调整《电信业务分类目录》的通告	信产部	2003
5.	关于规范短信息服务有关问题的通知	信产部	2004

6.	关于办理利用互联网、移动通讯终端、声讯台制作、复制、出版、贩卖、传播淫秽电子信息刑事案件具体应用法律若干问题的解释	高等法院	2004
7.	关于规范增值电信业务代理收费行为的通知	信产部	2005
8.	关于进一步加强移动通信网络不良信息传播治理的通知	信产部	2005
9.	电信普遍服务基金筹集使用管理办法	发改委	2005
10.	禁止发布含有不良内容声讯、短信息等电信信息服务广告	工商总局等	2005
11.	关于规范移动信息服务业务资费和收费行为的通知	信息产业部	2006
12.	移动信息服务企业业务宣传明码标价指导规范	信息产业部	2006
13.	电信和互联网用户个人信息保护规定	工信部	2013
14.	“宽带中国”战略及实施方案	国务院	2013

资料来源：政策法规专业网站：法制中国网、北大法律信息网、法律图书馆等；信息服务相关部门网站：中央人民政府、发改委、财政部、工信部、科技部、教育部、商务部、广电总局、新闻出版总署、国知局、文化部、税务总局、海关总署、人民银行（及其他金融监管机构）、气象局等。

后　记

本书是在我的博士论文基础上撰写而成的。我的博士论文成稿于2011年，阐述的是信息内容产业发展模式及政策支撑体系。时至2015年5月，一群师兄弟和老师相聚，提及我的论文和观点，评论说当初的论文选题和观点同近几年的信息内容产业发展高度吻合，建议修改出版，为我国当前经济“调结构、转方式、促升级”“腾笼换鸟”贡献一份绵薄之力。归后翻出论文细细研读，发现近年来，随着宽带中国、移动通信等基础设施的完善，信息内容产业的开发应用进展迅速，两化融合、电子商务、“互联网十”行动、大数据、工业4.0等无一不是推动信息内容产业的发展，尤其是2015年国务院印发《国务院关于积极推进“互联网十”行动的指导意见》(国发〔2015〕40号）和《促进大数据发展行动纲要》（国发〔2015〕50号），更是把信息内容的产业发展提到了一个新的高度。本文提出的信息内容产业发展模式和政策支撑体系，不仅没有落后于产业理论的发展，而且其指导价值逐渐被近年的产业实践所证明，并对信息内容产业今后一段时期的发展，具有很强的现实意义。虽然，文中有些概念被一些热点名词或概念如“大数据”等所冲淡，但产业内涵、发展模式、政策体系并无根本差别。为体现论文的逻辑体系和学术价值，本书在出版前除部分地方略作修改外，总体保留了论文当时的原汁原味。同时，也便于读者在阅读该文时，能在较长的时间跨度基础上对该文观点进行欣赏和批评指正。

说到博士论文的话题，不得不谈一谈我攻读博士研究生的经历。“读博”，可以说是我人生中一段相当沉重的履历。本人自2006年考上博士研究生以来，历时五年，加上准备考试的两年，称得上是一个比较漫长艰辛的过程。在此过程中，我体验了边工作边学习的辛苦忙碌，研读资料、撰写论文常常熬夜，长时间的静坐使我患上前列腺炎和眼疾；品尝了年逾不惑诸事皆需劳心而又必须静心研学的矛盾，牺牲了许多人生乐趣和事业机遇。但研读博士又是一个收获喜悦的过程，我收获了学习知识和思考问题的快乐，收获了教授们传道授业解惑的魅力。借此论文出版之机，谨向所有帮助我完成博士学业的老师、领导、同事、家人和朋友致以崇高的敬意和衷心的感谢。

感谢合肥工业大学良好的治学环境和校风。本人在学业上取得的成绩和进步，蕴含着教授们的关心，凝结着管理学院的培育。感谢辛勤培育我的导师杨善林教授。导师严谨的治学态度、敏锐的学术思想、积极的进取精神，与他渊博的学识一起，成为我学习的榜样，并激励我今后更加努力地工作和学习。在我博士毕业一年多以后，杨教授当选为中国工程院院士，这是他多年治学和研究心血的结晶，尤其是对他在智能决策、信息管理方面取得成就的肯定。当然，为老师欣喜之余也倍感自身成为院士弟子的荣耀。感谢梁昌勇、马溪骏、寿志勤等教授的指导，当我遇到学业上的疑惑时，他们饱含智慧的耐心指点，使我找到克服困难的方法；感谢一起“书生意气”读博的师兄妹冯南平、黄飞、梁祥君、方重、潘若愚、高丽等人的帮助，在和他们探讨论文的过程中，经常能得到很好的建议；感谢我所在单位的领导和同事贺凌、吴晓明、罗荣选、张佩华、刘三新等对我的支持，他们提供的学习时间、论文资料和实地调研的机会，使我顺利地完成了学业和论文；感谢我的爱人和我的家人多年来对我的理解、支持和默默无闻的贡献。感谢所有帮助和关心过我的人。

古人有“立德、立功、立言”之说，我自谓达不到这些所谓的“三不朽”层次，也无心想证明或留下什么东西。但此书是我出版的第一本著作。以前发表过不少文章，但限于各种原因，都没有以个人名义汇集成册。借此机会，我想谈一谈我的家人，一如莫言在领取诺贝尔奖仪式上的发言一样，我尤其想说一说我的母亲。我出生在孕育过先秦众多诸子百家的黄淮海大平原，四季分明，坦荡如坻，我家乡所在的村庄，有一条护村河环绕其外，村内绿树成荫，数十间青砖碧瓦散落其间，极富乡土气息。村庄何时形成不得而知，我只知道我爷爷的爷爷就开始居住于此了。我父母皆为 1935 年出生的人。父亲少年时参加过淮海战役支前，年轻时求过学，当过中学教师，后改行当医生，经营牙科诊所，算是我们村庄有学问见过世面的人。母亲家离父亲的村庄不远，经人介绍嫁到父亲家。除了抚育我们兄妹四人之外，母亲的主要精力还要从事农田耕种，以帮助父亲共同维持一家人的生活。母亲 1994 年 8 月去世，走时还不到 60 岁。那时我刚刚参加工作，尚不具备“乌鸦反哺”“羔羊跪乳”的能力，故而每每想起母亲，心中都会泛起“子欲养而亲不在”的伤痛。

母亲离世20多年了，给我印象最深的是，我上高中住校期间，每次周末回家或离家上学，母亲总是以各种形式等我归来，或提行李送我到村口、车站，不论深夜还是黎明。脑海中一个定格的印象是：一个冬天飘着雪花的夜晚，当我饥肠辘辘摸黑赶到村口时，就听到母亲唤我的名字，她站在路边等我归来，帮我拿行李。要知道，那时候是没有手机等通信工具的，我何时回家具有很大的不确定性，母亲候我回家俨然已成为一种习惯。家和家乡的概念就是这样在一个少年的心里扎下的根。多年以后听到有人说“有父母的地方就是家”，真真说到了内心深处，以致在外工作多年以后返回故乡，只要看到村口我都有一种说不出的乡情和亲切感。

母亲善良。我很小的时候，全国农村实行的是集体经济，土地是整个生产队的人共有的，还没有包产到户。那时候不知为什么，地里总是长不出供大家吃饱饭的粮食。我们家小孩多、挣口粮的人少，能吃饱饭的矛盾就更为突出。在我现在的记忆中，关于吃饭有两点最为强烈：一是那时我们家有时整月整月地吃红薯，以至于我现在看到红薯就冒胃酸；二是那时家中能吃的东西不足，饭是分着吃的，我们姐弟由于吃不饱，常常偷吃自家地中还没成熟的瓜果和母亲藏起来招待客人的馒头。那时农村经常有人挨家挨户的讨饭，到我们家讨饭的人，母亲从来不让他们空手而归，叹口气说大家都不容易。母亲的善良更多地体现在她的乐于助人和包容别人过失，所以母亲与亲戚邻里相处得很好，我们家逢年过节总是有招待不完的客人。现在想来，我们姐弟和善、宽容和乐观的品行，多半来自于母亲对子女长时期潜移默化的熏陶。

母亲孝顺。母亲去世前几个月，自感来日无多，拖着病体，将高龄的外祖母接到家中奉养，强颜欢笑，以尽人子之孝。忍到自身病痛无法忍受时，才让人把外祖母接走。外祖母活到近百岁高龄，去世前无人愿告知她母亲病逝的消息，外祖母有时想念母亲，总叨唠说母亲这么长时间不去看望她，变得如此不孝了。闻听此言，亲人们总忍不住背后暗暗落泪。

母亲对子女最大的期望是希望自己的孩子们长大能自食其力、有所出息。为此，母亲一生勤劳，省吃俭用，甚至自己生病都舍不得花钱去治，把省下来的费用用于培养我们姐弟。我小时候，认为读书是苦差事。母亲在我学习愁苦的时候总是激励我说，上学是为自己未来上的，学了本领才能自强自立。母亲的爱和期望成为我努力学习、发奋图强的动力。工作上，我兢兢业业从县城走到省城；学业上，我勤勤恳恳从本科读到博士。今天我已年过不惑，感叹此生终是碌碌无为，想借这篇论文，奉献给我那早逝的慈母，愿她能在天堂中得到慰藉；也将它作为一颗天下儿女同有的赤诚之心，奉献给那些对子女付出爱的父母，希望他们能在有生之年得到子女们应有的报答；同时，将它作为一片学子的砖瓦之情，奉献给我们那蒸蒸日上的祖国母亲，希望她更加民主繁荣富强。

2015 年 11 月于合肥

图书在版编目（CIP）数据

信息内容产业发展模式及政策支撑体系研究/杨全城，孙利华著．—合肥：合肥工业大学出版社，2015.12

ISBN 978-7-5650-2537-2

Ⅰ.①信… Ⅱ.①杨…②孙… Ⅲ.①信息产业—产业发展—研究—中国 Ⅳ.①F49

中国版本图书馆 CIP 数据核字（2015）第 287147 号

信息内容产业发展模式及政策支撑体系研究

杨全城　孙利华　著　　责任编辑　权　怡　　责任校对　何恩情

出　版	合肥工业大学出版社	版　次	2015 年 12 月第 1 版
地　址	合肥市屯溪路 193 号	印　次	2016 年 1 月第 1 次印刷
邮　编	230009	开　本	710 毫米×1000 毫米　1/16
电　话	编 校 中 心：0551-62903210	印　张	16
	市场营销部：0551-62903198	字　数	260 千字
网　址	www.hfutpress.com.cn	印　刷	合肥现代印务有限公司
E-mail	hfutpress@163.com	发　行	全国新华书店

ISBN 978-7-5650-2537-2　　定价：50.00